Zu diesem Buch

Ein Land ist in die Schlagzeilen geraten, von dem man hierzulande bisher nur selten Notiz nahm: Kolumbien. Mordanschläge auf Politiker und Richter, Bombenexplosionen in Banken und öffentlichen Gebäuden – der «Drogenkrieg» hält die Medien in Atem. Doch Gewalt und Terror in Kolumbien, das ist nicht nur der Kampf zwischen Drogenkartellen und Sicherheitskräften; und die Fronten liegen nicht so klar, wie es die aktuelle Auseinandersetzung erscheinen läßt.

Seit über dreißig Jahren befindet sich das südamerikanische Land fast permanent im Ausnahmezustand. Trotz formal demokratischer Strukturen, trotz regelmäßiger Parlaments- und Präsidentschaftswahlen liegt die politische Macht in den Händen einer kleinen wirtschaftlichen Führungsschicht, der Oligarchie, die den Kampf der Bevölkerung um menschenwürdige Lebensbedingungen, gegen Hunger und Armut, mit Ausnahmegesetzen und militärischer Gewalt unterdrückt. In diesem schmutzigen Krieg gegen das eigene Volk sind die Sicherheitskräfte zahlreiche Bündnisse eingegangen mit den paramilitärischen Banden der Großgrundbesitzer und den Privatarmeen der Drogenbarone, um gemeinsam gegen vermeintliche und tatsächliche Oppositionelle vorzugehen.

Streikende Arbeiter, aufbegehrende Campesinos, Indianer, die sich gegen staatliche Umsiedlungsversuche zur Wehr setzen – sie alle können ihres Lebens nicht sicher sein. Die Gewalt reicht von willkürlichen Verhaftungen und Folterungen bis zum «Verschwindenlassen» von Personen, zu Exekutionen und Massakern an der Bevölkerung ganzer Dörfer. Häufig unterstehen die Todesschwadronen, die für diese Greueltaten verantwortlich sind, dem direkten Befehl hochstehender Militärs.

Heinz Mayer, Rechtsanwalt aus München, hat mehrere Monate in dem renommierten kolumbianischen Anwaltsbüro «Colectivo de Abogados» gearbeitet, das vornehmlich politisch Verfolgte verteidigt und sich für die Wahrung der Menschenrechte einsetzt. In eindringlicher Sprache schildert er in diesem Buch die Lebensbedingungen der Bevölkerung, er beschreibt die Herrschaftsstrukturen und die politische Gewalt in Kolumbien und geht in einem Rückblick auf die blutige Geschichte des Landes den Hintergründen für die heutige Situation nach. Die Darstellung wird ergänzt durch eine Vielzahl konkreter Erfahrungsberichte und Erzählungen vom Leben hinter der medienwirksamen Kulisse des «Drogenkrieges».

Heinz Mayer

Kolumbien: Der schmutzige Krieg

Zwischen Kaffeebaronen und Drogenmafia – ein Land im Ausnahmezustand

rororo

Rowohlt

rororo aktuell
Herausgegeben von Ingke Brodersen

Die Zeichnungen in diesem Band stammen von A. Puentes und sind der Zeitschrift *Solidaridad* entnommen.

Fotos: Heinz Mayer (S. 87, 88, 89, 163)
Reiner Dürr (S. 60, 81, 90 112)
Hartwig Weber (S. 53, 55, 77, 78, 79, 109, 111, 115)

Redaktion Thomas Becker

Originalausgabe
Veröffentlicht im Rowohlt Taschenbuch Verlag GmbH,
Reinbek bei Hamburg, Juni 1990

Umschlaggestaltung Büro Hamburg – Jürgen Kaffer / Peter Wippermann
(Foto: Timothy Ross / Focus)
Satz Times (Linotronic 500)
Gesamtherstellung Clausen & Bosse, Leck
Printed in Germany
1280-ISBN 3 499 12790 3

Inhalt

Ich widme dieses Buch der
Corporación Colectivo de Abogados
(Anwaltskollektiv) «José Alvear
Restrepo» in Bogotá und meiner
Tochter Silvia.

Vorwort

Kolumbien, ein reiches Land – aufgezehrt von Elend, Arbeitslosigkeit und extremer Armut.

Kolumbien, ein demokratisches Land – regiert im Ausnahmezustand und ausgeliefert an Militärs und Mafiosi.

Kolumbien, ein Rechtsstaat – zerrüttet von politischer, sozialer, militärischer und paramilitärischer Gewalt, ausgeblutet durch den Terror der Drogenkartelle und den schmutzigen Krieg der Staatsmacht gegen die eigene Zivilbevölkerung.

Zwei Parteien – die Konservative und die Liberale Partei – beherrschen seit mehr als einem Jahrhundert die politische Landschaft des Andenstaates im Nordwesten Südamerikas. Im Unterschied zu den meisten Ländern Lateinamerikas wurde Kolumbien in dieser Zeit nur einmal für wenige Jahre von einem Militärregime regiert. Das Land verfügt über eine demokratische Verfassung, und regelmäßig alle vier Jahre finden Parlaments- und Präsidentschaftswahlen statt.

Doch die demokratische Fassade täuscht: «Ich verstehe durchaus, daß es schwerfällt, die politische Situation Kolumbiens zu begreifen, wenn man sich das Bild vor Augen hält, das davon in der internationalen Öffentlichkeit gezeichnet wird: das Bild einer der wenigen Oasen, die in Lateinamerika überleben konnten, wo nur eine vorübergehende Diktatur von vier Jahren Dauer einen leichten Schatten auf die ansonsten zivile Tradition der letzten Jahrzehnte warf; das Bild eines Landes, in dem es vielleicht gerade dem Exzess bürgerlicher Freiheiten zu verdanken ist, daß sich der Drogenhandel so intensiv entwikkeln konnte, und wo sich in den vergangenen Jahren beispielhafte politische Dialoge zwischen Regierung und bewaffneten politischen Gruppierungen entwickeln konnten. Hinter diesem Bild, das man im Ausland verkauft, verbergen sich aber eine von Gewalt durchdrungene Wirklichkeit und einer der raffiniertesten Versuche des Staatsterrorismus.»

Als Javier Giraldo, kolumbianischer Jesuit und engagierter Menschenrechtsaktivist, Anfang 1988 diese Zeilen schrieb, wurde Kolumbien von der bundesdeutschen Öffentlichkeit kaum zur Kenntnis genommen. Berichte über das Treiben von 140 Todesschwadronen, die nach amtlicher Zählung im Dienste der Kokainmafia oder konservativer Großgrundbesitzer das Land terrorisierten, Meldungen über politische Morde, Massaker und das «Verschwindenlassen» von Personen, Reportagen über die soziale Verelendung und politische Entrechtung der Bevölkerungsmehrheit verirrten sich bestenfalls in Dritte-Welt-Magazine oder in die Regionalprogramme der Rundfunkanstalten.

Erst die Ermordung des liberalen Präsidentschaftskandidaten Luis Carlos Galán am 18. August 1989 und die anschließende, spektakulär inszenierte Kriegserklärung des kolumbianischen Präsidenten Barco an die Rauschgiftmafia erweckten das Interesse der internationalen Öffentlichkeit und katapultierten Kolumbien in die Toplisten der Nachrichtenagenturen und Massenmedien. Bilder von ermordeten Richtern, gefaßten Dealern, beschlagnahmtem Kokain und durch Bomben verwüsteten Gebäuden flimmern seitdem über unsere Bildschirme, und die Korrespondenten versorgen uns mit aktuellen Frontberichten aus dem kolumbianischen «Drogenkrieg».

Kein Zweifel: das öffentliche Interesse an Kolumbien ist gestiegen. Doch so begrüßenswert dieser Wandel auch sein mag – meist bleibt es bei oberflächlichen Momentaufnahmen, die mehr im dunkeln lassen, als daß sie aufklären, aufdecken und erläutern. Zurück bleiben bruchstückhafte Assoziationen wie: Kolumbien = Rauschgift = Guerilla = Gewalt und Chaos. Zusammenhänge, Hintergründe werden nur selten vermittelt.

Der kolumbianischen Regierung kommt diese Berichterstattung sehr gelegen, gibt sie ihr doch die Möglichkeit, sich selbst als Garant für Demokratie und Rechtsstaatlichkeit zu präsentieren. Fragen nach der Verantwortung dieser Regierung für systematische Menschenrechtsverletzungen werden durch das Medienspektakel um den angeblichen «Krieg gegen das Rauschgift» übertönt. Denn daß große Teile der politischen und wirtschaftlichen Elite des Landes, daß Politiker, Parlamentarier und Generäle ein inniges Bündnis mit den mystifizierten Mafiakartellen eingegangen sind und die paramilitärischen Killertrupps der Mafia mit Hilfe staatlicher Sicherheitskräfte aufgebaut, ausgebildet und organisiert wurden, wird dabei sorgsam verschwiegen. Ebenso wie die Tatsache, daß in Kolumbien neben dem «Drogenkrieg» noch ein anderer, ein weitaus blutigerer Krieg stattfindet – ein Feldzug gegen die Zivilbevölkerung.

Kolumbien
Karibik
Santa Marta
Barranquilla
Valledupar
Cartagena
Montería
PANAMA
VENEZUELA
Cúcuta
Bucaramanga
Arauca
Medellín
Puerto Carreño
Orinoco
Pazifik
Manizales
Tunja
Pereira
Bogotá
Buenaventura
Ibagué
Puerto Inirida
Cali
Neiva
San José del Guaviare
Popayán
Pasto
Mitú
ECUADOR
BRA-SILIEN
SÜD-AMERIKA
PERU
Leticia
Amazonas
300 km
© Globus
538

Der Terror gegen vermeintliche und tatsächliche Oppositionelle hat in den letzten Jahren erschreckende Ausmaße angenommen. Kolumbianische Menschenrechtler zählten allein 1989 über 20000 Morde, davon 2479 Morde mit politischen Motiven. Verantwortlich für die eskalierende Gewalt sind nach Darstellung der kolumbianischen Regierung sogenannte «Todesschwadronen», auf die der Staat keinen Einfluß habe. Nach Informationen von amnesty international und anderen Menschenrechtsorganisationen sind diese Mörderbanden jedoch «integrierter Bestandteil der Sicherheitskräfte».

Linke Politiker und Gewerkschafter, Prostituierte und Priester, Kinder aus Bogotá, Homosexuelle aus Cali, Indianer aus Popayan, Campesinos aus Antióquia – überall sind die Opfer des «schmutzigen Krieges», der Selbstjustiz eines allmächtigen Sicherheitsapparats, zu finden. «Durch den schmutzigen Krieg wird die ganze mittlere Generation ausgerottet», sagt Nubia Serrano, bis zu ihrer Flucht nach Spanien im Dezember 1987 Vorsitzende des Kolumbianischen Richterverbandes. «In Kolumbien gibt es überwiegend alte oder sehr junge Leute. Was fehlt ist die Generation der 25- bis 45jährigen, aus der 80 Prozent der Mordopfer kommen.»

Hinter der Fassade der parlamentarischen Demokratie verbirgt sich in Kolumbien ein Herrschaftssystem, in dem eine kleine wirtschaftliche und politische Elite seit Jahrzehnten permanent auf das Militär zurückgreift, um ihre Macht zu sichern. Seit 1948 wurde insgesamt fünfzehnmal der Ausnahmezustand verhängt und damit die Verfassung mit all ihren Freiheitsrechten und Schutzgarantien zu einem wertlosen Fetzen Papier gemacht. Gegenwärtig kann sich zum Beispiel kein Kolumbianer auf sein verfassungsmäßig garantiertes Streikrecht berufen, denn die legale Arbeitsniederlegung wurde durch Ausnahmedekrete des Präsidenten zum Tatbestand des Aufruhrs verwandelt, der mit drakonischen Freiheitsstrafen geahndet wird.

Diese Ausnahmedekrete verweisen deutlich auf den ökonomischen Sinn der politischen Gewalt: Die militärische Repression ist der Garant für eine schrankenlose Ausbeutung, die zur sozialen Verelendung großer Teile der Bevölkerung geführt hat. Von den rund 30 Millionen Einwohnern Kolumbiens leben 70 Prozent unterhalb der von der Weltbank definierten Armutsgrenze. 90000 Kinder sterben jährlich an Unterernährung und Infektionskrankheiten, bevor sie das 5. Lebensjahr erreicht haben.

Doch die Betrogenen nehmen ihre unmenschlichen Lebensbedingungen nicht unwidersprochen hin. Seit langem kämpfen Gewerkschaften und Massenbewegungen um eine gerechte Verteilung des Wohlstands im Land, und die sozialen Auseinandersetzungen nehmen zu. Der verstärkte Kampf der Kleinbauern um Land, die sich häufenden Streiks der Arbeiter um menschenwürdigen Lohn, der erbitterte Widerstand der Indianer gegen staatliche Umsiedlungsversuche zeigen, daß die Menschen nicht gewillt sind, sich der Repression zu beugen. Seit den sechziger Jahren operieren verschiedene bewaffnete Rebellenverbände in Kolumbien. Aus einigen dieser Organisationen sind legale linke Parteien hervorgegangen, die bei den letzten Wahlen überraschende Erfolge erzielen konnten – allen voran die 1985 gegründete «Union Patriótica». Das Machtkartell aus Liberalen und Konservativen hat auch auf parlamentarischer Bühne Konkurrenz bekommen.

Dennoch – oder gerade deshalb – hält der schmutzige Krieg gegen die Zivilbevölkerung in unverminderter Härte an. Und solange es den beiden traditionellen Parteien vorrangig darum geht, die überkommenen Herrschaftsstrukturen in Kolumbien aufrechtzuerhalten, sind die Chancen für einen grundlegenden, demokratischen Wandel nur gering. Aufklärung darüber, was sich hinter dem «Drogenkrieg» verbirgt, praktische Solidarität und internationaler Druck können aber helfen, sie zu erhöhen.

Dazu soll dieses Buch ein Beitrag sein.

München, im März 1990 — Heinz Mayer

Hundert Jahre Grausamkeit – Die Geschichte Kolumbiens

Simón Bolívar und die gescheiterte Befreiung

«Kolumbianer!

Ich will Euch nicht über Freiheit reden, denn wenn ich meine Versprechungen erfülle, werdet Ihr mehr als frei sein; man wird Euch schätzen und achten.»

Diese Worte stammen von Simón Bolívar. Als im Jahre 1810 in Südamerika die Unabhängigkeitskämpfe gegen die spanische Kolonialmacht begannen, verkörperte er mit seiner Vision einer besseren Zukunft die Hoffnungen der einfachen Menschen, der Llaneros und Negersklaven, der Indianer, Mestizen und Mulatten. Die Schreckensherrschaft der Spanier werde hinweggefegt werden, so versprach Bolívar, und am Ende des Kampfes werde die Einheit Amerikas sowie die Überwindung von Kolonialismus, Sklaverei, sozialer und nationaler Unterdrückung stehen. Für diese Hoffnung zogen Tausende unter seiner Führung in den Krieg. Und die Aussicht auf ein menschenwürdiges Leben ließ sie die Schneestürme der Anden, die glühende Sonne des Llanos und die Moskitoschwärme der Wildnis überstehen.

Um Neugranada, das damalige Kolumbien, zu befreien, mußte Bolívar mit seinen Leuten die unüberwindlich scheinende Gebirgskette der Anden überqueren, ein Unternehmen, das bisweilen mit Hannibals Überschreitung der Alpen verglichen wird. In seiner Simón Bolívar-Biographie beschreibt Josef Lawrezki diesen entbehrungsreichen Marsch in die Freiheit:

«Voller Verwunderung und Angst blickten die Llaneros auf die grandiosen Bergriesen. Je höher sie stiegen, desto größer wurde ihre Besorgnis. An die Llanos mit ihren reißenden Flüssen, an wilde Pferde, an den Zweikampf mit einem Stier, einem Krokodil oder Jaguar gewöhnt, wurden die Llaneros im Gebirge schwach und willenlos. Viele von ihnen gaben jede Hoffnung auf, dieser ungeheuren Schwierigkeit Herr zu werden ... Den Weg versperrten an vielen Stellen Bergstürze, und die Temperaturen sanken immer tiefer. Menschen und Tiere schliefen während des Marsches vor Erschöpfung ein und stürzten hin. Anstelle des Regens begann es zu schneien. Vier Tage nach Beginn des Aufstiegs waren alle Fuhrwerke ausgefallen, das Vieh starb dahin. Die Soldaten gingen halbnackt, litten an Ruhr und unter der Kälte, die immer spürbarer wurde. In 2000 Metern Höhe setzte die Bergkrankheit ein: Die von ihr Befallenen konnten nicht mehr richtig sehen und hören, manche verloren den Verstand.» (Lawrezki, S. 185)

Viele Soldaten überlebten die Strapazen nicht. Erschöpfung, Unterkühlung, Krankheiten brachten ihnen den Tod. Einem Großteil der Armee jedoch gelang die Überquerung der Anden, und schon bald darauf trafen sie mit den spanischen Truppen zusammen.

Am 7. August 1819 fand die berühmte Schlacht an der Brücke über den Rio Boyacá statt. Auf spanischer Seite standen knapp 3000 Mann, während Bolívar über etwas mehr als 2000 Mann verfügte. Auf beiden Seiten wurde erbittert gekämpft. Ein Teilnehmer der Schlacht schrieb später: «Es wurde in völligem Schweigen gefochten. Allen war klar, daß das Schicksal Neugranadas hier an dieser Brücke entschieden werde.»

Simón Bolívar gewann die Schlacht von Boyacá, die Befreiung Kolumbiens vom Joch der Spanier wurde Wirklichkeit. Im September 1819 zog Bolívar unter dem Jubel der Bevölkerung als glorreicher Befreier in die Hauptstadt Bogotá ein. Nur drei Monate später, im Dezember 1819, rief der Kongreß von Angostura die Republik Großkolumbien aus, die Neugranada, Quito und Venezuela vereinte. 1821 kam Panama und 1822 das Gebiet des heutigen Ecuador hinzu. Zwei Jahre später wurden in Peru, in der Schlacht von Ayacucho, die letzten spanischen Streitkräfte auf dem lateinamerikanischen Kontinent besiegt.

Doch der Traum der Libertadors von der Einheit des Kontinents und die Hoffnung der Völker Amerikas auf Freiheit und Gleichheit währten nur kurze Zeit. In allen Provinzen versuchte die regionale kreolische Oligarchie, die aus Nachkommen der spanischen Einwanderer bestehende Oberschicht, die Macht an sich zu reißen. Unter ihrem Einfluß blieben die kolonialen Strukturen und die Sklaverei erhalten. Und die Unabhängigkeit Großkolumbiens währte erst ein Jahrzehnt, da führten die Machtkämpfe zwischen konkurrierenden Allianzen von Großgrundbesitzern bereits zum Zerfall des neugegründeten Staates. Im Jahre 1830 spalteten sich Venezuela und Ecuador von Kolumbien ab.

Im selben Jahr trat Simón Bolívar von seinen politischen Ämtern zurück. Kurz vor seinem Tod im Dezember 1830 prophezeite er seinen Landsleuten: «Der Haß zwischen den sozialen Gruppen wird erneut aufflammen. Alle werden herrschen wollen, und das wird der Anfang vom Ende sein.» Von seinem General Urdaneta verabschiedete sich Bolívar mit den Worten: «Niemals werden wir glücklich sein – niemals!» Diese Prophezeiung sollte wie ein Fluch auf der Geschichte Kolumbiens liegen und das Land bis in die heutigen Tage begleiten.

Nach dem Tod Simón Bolívars regierte in Neugranada wieder unangefochten die kreolische Oligarchie, die der jungen Republik die feudalen Herrschaftsstrukturen der Kolonialepoche aufzwang. Die sklavenhaltenden Großgrundbesitzer, die Kirche, die staatliche Bürokratie waren gleichermaßen an der Aufrechterhaltung dieser überkommenen Ordnung interessiert. Die Handelsbourgeoisie und große Teile des Volkes dagegen traten für eine Überwindung der kolonialen Strukturen ein. Die Wortführer dieser politischen Bewegung sammelten sich alsbald in der Liberalen Partei, während die Verfechter des Status quo sich in der Konservativen Partei organisierten. 1849 wurden beide Parteien offiziell gegründet. Bis heute dominieren sie das politische Leben in Kolumbien.

Trotz der Unterschiede in der Rhetorik waren die programmatischen Differenzen zwischen diesen Parteien von Anfang an nur gering. Beide waren sie im wesentlichen Bündnisse verschiedener Interessengruppen innerhalb der Oberschicht, die gegeneinander um Macht und Einfluß konkurrierten. Ihre Politik war weniger an grundsätzlichen Prinzipien als an Personen orientiert, und ihre Hauptfunktion bestand darin, die Patronage und die Verteilung öffentlicher Ämter unter ihren Anhängern zu betreiben. Gab es anfangs noch ein paar grundsätzliche politische Streitfragen (z. B. Zentralismus oder Föderalismus, Verbindung oder Trennung von Staat und Kirche), so vermischten sich die Konturen mit der Zeit immer mehr, und mancher liberale Präsident verwandelte sich im Laufe seiner Amtszeit zum konservativen Diktator.

Das Volk war für die oligarchischen Parteiführer nur in den Wahlzeiten von Bedeutung. Waren sie erst einmal gewählt, so konnte man kaum noch unterscheiden, ob sie unter liberalem oder konservativem Banner angetreten waren. Denn in einem Punkt waren sich die Führer beider Parteien immer einig: in der Notwendigkeit, die breite Bevölkerungsmehrheit im Stande von Arbeitsvieh zu halten und die Interessen und angestammten Privilegien der Oberschicht notfalls mit Gewalt gegen das Volk durchzusetzen.

Diese weitgehende ideologische Übereinstimmung der «staatstragenden» Parteien hinderte deren Führer allerdings nicht daran, blutige Bürgerkriege zwischen ihren jeweiligen Anhängern anzuzetteln. Unter dem zynischen Vorwand, sie würden für eine bessere Zukunft kämpfen, wurden die liberalen Armen gegen die konservativen Armen und umgekehrt in die Schlacht geschickt. In Wahrheit ging es nicht um soziale Reformen in diesen Kämpfen, sondern um die Pfründe der konservativen und liberalen Oligarchie. Nach der Unabhängigkeit von Spanien wurden im 19. Jahrhundert nicht weniger als neun «Parteienkriege» geführt, die immer nur eine Wachablösung der einen traditionellen Partei durch die andere herbeiführten, die ungerechten Machtstrukturen aber nie in Frage stellten.

Zwar gab es in der Geschichte Kolumbiens immer wieder Politiker, die ehrlich versuchten, den Teufelskreis aus Gewalt und Gegengewalt zu durchbrechen; doch sie scheiterten kläglich. So versuchte beispielsweise Rafael Nuñez während seiner Präsidentschaft (1880), mit einem Befriedungsprojekt die Parteigrenzen zu überwinden. Er hatte keinen Erfolg. Und schlimmer noch: sein Projekt der sogenannten Regeneracion, das die Ära ständiger Bürgerkriege beenden sollte, mündete in den längsten und blutigsten Bürgerkrieg des 19. Jahrhunderts: den Krieg der tausend Tage (1899–1902).

Auslöser des Krieges waren die wachsende Korruption und Mißwirtschaft nach dem Tode von Nuñez (1894) und vor allem die Polizeiwillkür der regierenden «Nationalistischen Partei», einer Sammlungsbewegung aus reaktionären Konservativen und Liberalen. Sie manipulierte die Wahlen, zensierte die Presse, und viele oppositionelle Liberale wanderten unter ihrer Herrschaft ins Gefängnis oder ins Exil. Die Empörung gegen die Regierungspartei wurde immer breiter. Sie reichte von den «historischen Konservativen» bis zu den Liberalen, die schließlich offen zum Bürgerkrieg drängten. Am Ende dieses grausamen Krieges wurden über 100000 Tote gezählt – bei einer damaligen Bevölkerungszahl von 4 Millionen!

Doch nicht die zigtausend Toten und Verstümmelten veranlaßten die Politiker auf beiden Seiten, dem Morden Einhalt zu gebieten. Mit zunehmender Dauer schlug der Krieg immer tiefere Löcher in die Taschen der Besitzenden. Die häufige, wechselseitige Beschlagnahmung des Vermögens des jeweiligen Gegners drohte zudem die traditionellen Eigentumsvorstellungen, auf denen die Herrschaft der Oligarchie letztlich beruhte, zu untergraben. Hauptsächlich aus diesen Gründen unterzeichneten die Kriegsparteien im Jahre 1902 einen Friedensvertrag.

Kolumbien jedoch war durch den Krieg der tausend Tage ausgeblutet, verwüstet, ruiniert. Und nicht nur das: Kolumbien spaltete sich seitdem in zwei unversöhnliche Lager. Der tiefsitzende Haß zwischen Konservativen und Liberalen sollte sich von nun an von Generation zu Generation weitervererben und letztendlich zu den blutigen Exzessen der Gewaltepoche «Violencia» (1948–1958) führen.

Die USA «entdecken» Kolumbien

Im 19. Jahrhundert hatten sich die USA zur führenden Wirtschafts- und Militärmacht auf dem amerikanischen Kontinent entwickelt. Vor den Großmachtgelüsten des Nachbarn aus dem Norden hatte schon Simón Bolívar seine Landsleute gewarnt: «Die Vereinigten Staaten von Amerika sind von der Vorsehung selbst bestimmt, Südamerika ins Elend zu stürzen und sich dabei mit der Freiheit zu tarnen», schrieb er und fuhr fort: «Die Amerikaner des Nordens sind für uns Fremdlinge. Deshalb werde ich niemals damit einverstanden sein, sie einzuladen, wenn es gilt, unsere amerikanischen Angelegenheiten zu regeln.»

Doch die USA kommen auch ohne Einladung, wenn es um die Wahrnehmung «amerikanischer Angelegenheiten» geht. Bei den Auseinandersetzungen um den strategisch wichtigen Zugang zum Panama-Kanal mußte dies auch Kolumbien schmerzlich erfahren. Pläne zum Bau eines Kanals in der Panama-Zone bestanden schon zur Zeit der spanischen Eroberer, aber erst die technischen und finanziellen Möglichkeiten des 19. Jahrhunderts machten das Projekt realisierbar. In den Jahren 1881–1888 führte eine französische Gesellschaft die ersten Arbeiten aus. Nach dem Bankrott dieser Gesellschaft im Jahre 1889 trat die Regierung der USA in Verhandlungen mit Kolumbien über deren Provinz Panama ein. Der Vertragsentwurf wurde jedoch vom kolumbianischen Senat einstimmig verworfen, da ihm die Zugeständnisse an die USA zu groß und die Gegenleistungen zu gering erschienen.

Damit jedoch ließen sich die Vereinigten Staaten nicht abspeisen. Im Jahre 1903 inszenierten sie kurzerhand die «Unabhängigkeit» Panamas von Kolumbien, um sich die Kanalzone zu sichern. Der Historiker Eduardo Galeano hat diesen Coup beschrieben:

«Inzwischen haben die Vereinigten Staaten beschlossen, den Kanal fertigzustellen und ihn dann zu behalten. Es gibt nur ein kleines Problem: Kolumbien ist nicht einverstanden, und Panama ist eine Provinz Kolumbiens. In Washington empfiehlt Senator Hanna zu warten wegen der Eigenart der Tiere, mit denen wir es dort zu tun haben, doch Präsident Teddy Roosevelt vertraut nicht auf die Geduld. Roosevelt schickt ein paar Marines und macht Panama unabhängig. Und so wird diese Provinz ein einzelnes Land, dank der freundlichen Hilfe der Vereinigten Staaten und ihrer Kriegsschiffe. Manuel Amador, strahlend-frischgebackener Präsident von Panama, defiliert zwischen Fahnen der Vereinigten Staaten, auf einem Stuhl thronend, den die Menge auf ihren Schultern trägt. Amador läßt seinen Kollegen Roosevelt hochleben.

Vierzehn Tage später wird in Washington, im Blauen Salon des Weißen Hauses, der Vertrag unterzeichnet, der den Vereinigten Staaten auf unbegrenzte Zeit den halbfertigen Kanal und mehr als eintausendvierhundert Quadratkilometer panamaischen Territoriums überschreibt.

Eine fremde Flagge weht längs des Schnitts, der Panama von Meer zu Meer in zwei Hälften teilt. Es herrscht ein fremdes Gesetz, es wacht eine fremde Polizei, es wird eine fremde Sprache gesprochen. Die Panamaer können die Kanalzone nicht ohne besondere Erlaubnis betreten.» (Galeano, Erinnerung..., S. 12)

Die von den USA erzwungene Abtrennung Panamas führte zunächst zum Abbruch der diplomatischen und wirtschaftlichen Beziehungen zwischen Bogotá und Washington. Um sich den Zugriff auf kolumbianische Bodenschätze zu sichern, entschlossen sich die USA jedoch in den zwanziger Jahren, die Freundschaft der kolumbianischen Oberschicht zurückzugewinnen. Sie zahlten 25 Millionen US-Dollar Entschädigung für den «Verlust» Panamas, hohe Kredite flossen von den USA nach Kolumbien, und beide Staaten schlossen zahlreiche Außenhandelsverträge ab. Eine Epoche begann, die als «Tanz der Millionen» in die kolumbianische Geschichte einging.

Der Dollarboom, der zwischen 1922 und 1930 über 280 Millionen US-Dollar ins Land schwemmte, bewirkte einen bis dahin unbekannten wirtschaftlichen Aufschwung. Die Industrieproduktion wuchs enorm an: Die US-Monopole gründeten Ölraffinerien, Kaffee- und Bananenplantagen, machten sich in den Gold- und Silberminen Kolumbiens breit und beherrschten bald den gesamten Transport- und Kommunikationssektor des Landes. Kolumbien geriet in eine wachsende wirtschaftliche Abhängigkeit von den USA – dem Dollarregen folgte der Ausverkauf staatlicher Souveränität. Rigoros unterdrückten die nordamerikanischen Konzerne die nationale Industrie und jede Art von Produktion, an der sie nicht beteiligt waren. So «tanzten» die ins Land transferierten Dollarmillionen nur für ausländische Unternehmer und ihre Agenten und Geschäftspartner in der einheimischen Oligarchie.

Die breite Bevölkerung dagegen verarmte immer mehr. Die Industrialisierung und die Plantagenwirtschaft führten dazu, daß viele Campesinos ihre Parzellen verließen und versuchten, in den großen Städten, in Minen und auf Plantagen Arbeit zu finden. Doch längst nicht alle Zuwanderer wurden dort gebraucht, denn die US-Industrie verfügte über moderne arbeitsplatzsparende Produktionstechniken. Durch dieses Mißverhältnis zwischen dem Arbeitskräfteangebot und der Aufnahmefähigkeit der Industrie entstand ein riesiges Arbeitslosenheer. Zudem wurde durch die Landflucht der Bauern und den großflächigen Anbau von Exportfrüchten die Grundnahrungsproduktion für den inländischen Bedarf gefährdet. Die Nahrungsmittel wurden knapp, die Preise stiegen und konnten vom Industrieproletariat und den Arbeitslosen nicht mehr bezahlt werden. Millionen Kolumbianern brachte der «Tanz der Millionen» Hunger, Elend und Verzweiflung.

Der Streik der «Bananeros»

Aber das Proletariat begann sich gegen die unmenschlichen Arbeits- und Lebensbedingungen zu wehren. Ende der zwanziger Jahre entstand die Sozialistische Partei Kolumbiens, die erstmals von Klassenkampf sprach. Wenig später wurden an den Ufern des Rio Magdalena die ersten Gewerkschaften gegründet, dort, wo die wichtigsten Eisenbahn- und Schiffsverbindungen zusammenliefen und die riesigen Petroleum- und Bananenzonen angesiedelt waren.

1928 traten die Arbeiter auf den Bananenplantagen des US-Multis United Fruit Company in den Streik. Es war der größte und mächtigste Arbeitskampf in dieser Epoche der zügellosen Ausbeutung des Landes durch das nordamerikanische Kapital. Als «Huelga de los Bananeros» (Streik der Bananenarbeiter) ging er in die Geschichte Kolumbiens ein.

Bereits kurze Zeit nach der Niederlassung der United Fruit Company an der Nordküste Kolumbiens Ende des 19. Jahrhunderts hatte sich die gesamte Region in eine riesige Bananenplantage verwandelt. Das größte Landgut des kolumbianischen Staates mit einer Fläche von 58000 Hektar besten Anbaulandes war im Handumdrehen in den Besitz des transnationalen Riesen übergegangen. Die Städte Cienaga, Aracataca und Fundacion wurden zu Metropolen des Bananenanbaus. Neue Straßen- und Eisenbahnverbindungen wurden aus dem Boden gestampft, Bars und Bordelle überschwemmten nun die vormals verschlafenen Küstendörfer. Zu Tausenden kamen die Bauern, um sich für ein paar Cents der United Fruit zur Verfügung zu stellen. Im Jahre 1928 arbeiteten bereits 33000 kolumbianische Tagelöhner für das Unternehmen.

Jahrelang waren diese Arbeiter gehorsam und billig gewesen, hatten für weniger als einen Dollar am Tag Unkraut und Bananenbüschel geschlagen und hatten es hingenommen, in heruntergekommenen Baracken zu hausen und irgendwann an Malaria oder Tuberkulose zu sterben. Doch im Jahre 1928 gründeten sie eine Gewerkschaft und protestierten. Sie forderten bessere Arbeitsbedingungen und Löhne, menschenwürdige Unterkünfte und eine ausreichende ärztliche Betreuung. Die United Fruit war zu keinerlei Zugeständnissen bereit, und so begann der Streik der 33000 «Bananeros».

Bereits einen Tag nach Ausbruch des Streiks, am 12. November 1928, sandte der Präsident der United Fruit Company, Thomas Bradshaw, ein Telegramm an den Präsidenten Kolumbiens, Miguel Abadia Mendez:

«Vor einigen Tagen haben verantwortungslose Elemente eine Diffamierungskampagne gegen unser Unternehmen angezettelt mit der Folge, daß seit gestern nachmittag nicht mehr gearbeitet wird. Die Situation ist äußerst besorgniserregend. Wir fordern daher die Unterstützung der Regierung, um dem Aufstand energisch entgegentreten zu können. Wir sind zu jeglicher Zusammenarbeit mit der Regierung bereit.»

Die kolumbianische Regierung handelte unverzüglich. Bereits wenige Tage nach Streikbeginn wurden vierhundert Bananenarbeiter festgenommen. Doch der Streik ging unvermindert weiter. Am 5. Dezember 1928 erklärte die konservative Regierung für die bestreikte Bananenzone den Ausnahmezustand. Coronel Carlos Cortes Vargas wurde als ziviler und militärischer Oberbefehlshaber der Region eingesetzt und erhielt von der United Fruit Company und der Regierung sämtliche Vollmachten, den Aufstand zu beendigen.

Am Abend desselben Tages gab der US-Konzern Oberbefehlshaber Vargas zu Ehren ein feierliches Bankett. Dieser verfluchte in seiner Tischrede die bolschewistischen Aufwiegler und kündigte unter Beifall der Tischrunde an, daß er schon morgen an der Spitze seiner Truppe in das Streikgebiet nach Cienaga marschieren werde, um energisch einzuschreiten.

Tausende von streikenden Arbeitern versammelten sich am folgenden Tag mit ihren Frauen und Kindern in Cienaga. Man hatte ihnen versprochen, daß die United Fruit an diesem Abend einen Vertrag unterschreiben werde, um den Streik zu beenden. Doch nun sahen sie sich General Vargas gegenüber. Statt eines Vertrages hatte er ein Ultimatum und Soldaten mitgebracht. Ein Armeeleutnant verlas ein soeben verabschiedetes Gesetz, in dem das Heer ermächtigt wurde, die Versammlung mit Waffengewalt aufzulösen. Doch die Arbeiter forderten weiter ihr Recht, sie wichen nicht zurück.

Was dann geschah, hat Gabriel García Márquez in seinem Roman «Hundert Jahre Einsamkeit» festgehalten:

«Nach Verlesung des Gesetzes löste ein Hauptmann inmitten eines ohrenbetäubenden Pfeifkonzertes den Leutnant auf dem Stationsdach ab und gab mit dem Grammophontrichter ein Zeichen, daß er zu sprechen wünsche. Die Menge verstummte.

‹Señoras und Señores›, sagte der Hauptmann mit leiser, langsamer, etwas müder Stimme. ‹Sie haben fünf Minuten, auseinanderzugehen.›

Das Pfeifkonzert und das verstärkte Geschrei übertönten den Trompetenstoß, der den Beginn der Frist verkündete. Niemand rührte sich.

‹Die fünf Minuten sind vorbei›, sagte der Hauptmann im gleichen Ton. ‹Noch eine Minute, dann wird geschossen.› (...)

Der Hauptmann gab den Befehl zum Feuern, und vierzehn Maschinengewehrnester antworteten. Doch alles schien nur eine Posse zu sein. Es war, als seien die Maschinengewehre mit Platzpatronen geladen, denn man hörte zwar ihr keuchendes Geknatter, man sah ihr weißglühendes Spucken, aber man merkte nicht die geringste Reaktion, nicht eine Stimme, nicht einmal ein Seufzen in der festgefügten Menge, die von augenblicklicher Unverwundbarkeit schien. Plötzlich, auf einer Seite des Bahnhofs, zerriß ein Todesschrei den Zauber: ‹Aaaay, meine Mutter.› Und nun brach inmitten der Menge mit unheimlichem Druck eine Erdbebenkraft aus, ein vulkanischer Atem, ein Weltuntergangsgebrüll.» (Márquez, S. 350/351)

Wenige Minuten später war der Platz mit Toten übersät. Doch damit nicht genug: Erbarmungslos jagte die Armee in den folgenden Tagen die Verwundeten und diejenigen, die mit heiler Haut davongekommen waren. Von fahrenden Zügen wurden die Menschen geworfen, viele wurden auf der Flucht an den Bahnstationen abgefangen und erschossen. Sie hatten sich des Verrats an der Republik schuldig gemacht, Bananenplantagen in Brand gesetzt und Telefonleitungen zerstört, so hieß es offiziell. «Sie haben mit ihrem vergifteten Dolch das liebende Herz des Vaterlandes durchbohrt», erklärte der Präsident. Er beförderte General Vargas zum Chef der nationalen Polizei und kündigte Belohnungen für alle Offiziere an, die an der Niederschlagung des Streiks beteiligt waren.

Das Massaker an den Bananenarbeitern der United Fruit Company kostete über 3000 Menschen, darunter viele Frauen und Kinder, das Leben. Cienaga wurde zum Symbol für die Brutalität eines Systems, das sich mit Haut und Haaren an die Interessen nordamerikanischer Wirtschaftsgiganten verkauft hatte, ein System, das nicht mehr davor zurückschreckte, im Auftrag eines ausländischen Unternehmens die eigene Zivilbevölkerung zu massakrieren.

Die Liberalen und das Ende einer Hoffnung

Das Blutbad von Cienaga hatte einschneidende Konsequenzen für die weitere innenpolitische Entwicklung Kolumbiens. Den oppositionellen Liberalen gelang es, die Verantwortung der konservativen Regierungspartei an den Ereignissen nachzuweisen.

Eine Schlüsselrolle nahm hierbei der junge liberale Abgeordnete Jorge Eliecer Gaitán ein. Als sozial engagierter Rechtsanwalt vertrat er nicht nur die Opfer des Massakers vor den kolumbianischen Gerichten, sondern sorgte in seiner Eigenschaft als Parlamentarier dafür, daß die Komplizenschaft der Konservativen an dem Massenmord zum Dauerthema im Abgeordnetenhaus wurde. In einer aufsehenerregenden Rede vor dem kolumbianischen Parlament widersprach Gaitán der offiziellen Version, wonach für «vereinzelte Übergriffe die United Fruit die Verantwortung zu tragen hätte», und beschuldigte die kolumbianische Armee, auf Befehl eines ausländischen Unternehmens Massenmord begangen zu haben. Gaitán deckte zudem auf, daß der United Fruit vom kolumbianischen Staat riesige Ländereien zum Nulltarif übertragen worden waren und das Unternehmen völlige Steuerfreiheit genoß.

Durch diese Enthüllungen geriet die konservative Regierungspolitik bei der Bevölkerung immer mehr in Mißkredit, was schließlich bei den Präsidentschaftswahlen von 1930 zum längst überfälligen Machtwechsel führte. Nach fünfzig Jahren ununterbrochener konservativer Alleinherrschaft wurde erstmals wieder ein Liberaler, nämlich Enrique Olaya Herrera, Präsident des Landes. Sein Nachfolger Alfonso López Pumarejo (1934–1938) nahm dann tatsächlich die von der Bevölkerung ersehnten sozialen und wirtschaftlichen Reformen in Angriff. Pumarejo suchte und fand seine Unterstützung nicht – wie seine liberalen Vorgänger – in der Oligarchie, sondern bei den Kleinbauern, Arbeitslosen und vor allem dem riesigen Industrieproletariat. Durch seine fortschrittliche Gewerkschaftspolitik (z. B. erstmalige

Einführung des Streikrechts, Legalisierung der Gewerkschaften) gewann er enormen Einfluß auf die Arbeiterbewegung und sogar die Unterstützung der Kommunistischen Partei. Zum erstenmal in der Geschichte des Landes wurden Lohnsteigerungen erzielt, die nicht durch die Inflationsrate aufgesaugt wurden.

Doch der Höhenflug der «liberalen Revolution» war nur von kurzer Dauer. Bereits der nächste liberale Präsident, Eduardo Santos, der 1938 sein Amt antrat, besann sich wieder auf die traditionelle Zusammenarbeit mit der Oligarchie. Die liberale Regierungspolitik unterschied sich bald nur noch um Nuancen von dem, was die Konservativen zuvor jahrzehntelang betrieben hatten. Die Liberalen distanzierten sich von den Kommunisten, betrieben systematisch die Spaltung der zwischenzeitlich mächtig gewordenen Gewerkschaften, verboten und unterdrückten die Kämpfe der organisierten Arbeiterschaft. Wieder einmal waren die Hoffnungen der breiten Bevölkerung auf einen grundlegenden sozialen Wandel betrogen worden.

Während des Zweiten Weltkrieges nahmen die wirtschaftlichen und sozialen Gegensätze in Kolumbien immer schärfere Ausmaße an. Der Handel mit den europäischen Ländern, aber auch mit den USA, die ihre Wirtschaft auf Kriegsproduktion umstellten, ging drastisch zurück. Zwar kauften die USA weiterhin Rohstoffe von Kolumbien, diese wurden aber nicht wie früher gegen Fertigwaren getauscht, sondern mit Dollars bezahlt. So konnte die kolumbianische Oberschicht innerhalb kurzer Zeit hohe Devisenreserven anhäufen, die durch beträchtliche Spekulationsgewinne noch vervielfacht wurden.

Demgegenüber vegetierten die Arbeiter und Arbeitslosen in unmenschlichem Elend. Aufgrund der immensen Inflationsrate stiegen die Preise unaufhörlich, während die Löhne immer tiefer sanken. Die Produktion wurde in vielen Fabriken wegen der mangelnden Auslandsnachfrage gänzlich eingestellt, und das Heer der Arbeitssuchenden ohne Einkommen wurde täglich größer. Auf dem Lande hungerten die Kleinbauern, in den Städten das Industrieproletariat.

Angesichts der Verelendung der Bevölkerung wuchs die Opposition gegen die regierenden Liberalen, und auch innerhalb der liberalen Partei regte sich Widerstand. Jorge E. Gaitán, der durch seine schonungslose Aufdeckung konservativer Repressionspolitik im Jahre 1930 seiner Partei zur Macht verholfen hatte, wandelte sich nun zu einem ihrer schärfsten Kritiker. In der Regierungszeit der liberalen Präsidenten Santos und López hatte er es bis zum Erziehungs- und

Arbeitsminister und zum Bürgermeister von Bogotá gebracht. Doch nun kehrte er den Traditionalliberalen den Rücken und gründete eine populistische Volksbewegung, die «das konservative und liberale Volk gegen die konservative und liberale Oligarchie» vereinigen sollte.

Energisch bekämpfte Gaitán den Machtmißbrauch und die Korruption innerhalb der herrschenden Klasse. Sein Ziel war eine konsequente Demokratisierung von Staat und Gesellschaft, durch die sich – wie er hoffte – der Gegensatz zwischen Lohnarbeit und Kapital würde versöhnen lassen. Es gelang ihm schon bald, große Bevölkerungsmassen gegen die Politik der liberalen Regierung und der gesamten Oligarchie zu mobilisieren. Diese Massenbewegung wurde zur ernsten Gefahr für die traditionellen Machtstrukturen Kolumbiens.

Doch wie immer, wenn die Führer der beiden Parteien «ihre» Ordnung in Gefahr sahen, so rückten sie auch diesmal enger zusammen, um ihre gemeinsamen Interessen gegen das Volk zu verteidigen. Im Jahre 1945 gründeten konservative und liberale Führungsfiguren die «Union Nacional», die unter der Führung des konservativen Fanatikers Laureano Gómez Großgrundbesitzer, Industrielle, Bank- und Finanzmagnaten und nicht zuletzt Kirchenfürsten und die katholische Hierarchie vereinigte und sich als «Bollwerk gegen den Extremismus» verstand.

Die Kleriker zögerten keinen Augenblick, den Kreuzzug gegen die Anhänger Gaitáns auszurufen. Monseñor Miguel Angel Builes wurde nicht müde, in seinen Predigten und Ansprachen vor dem «teuflischen Gespenst der Liberal-Kommunisten» zu warnen, und forderte alle Gläubigen auf, «der atheistischen Verschwörung gegen Christus und die Heilige Katholische Kirche» mit «Feuer und Schwert» Einhalt zu gebieten. Die Haßtiraden gegen den politischen Gegner wiederholten sich in nahezu allen katholischen Kirchen des Landes. Offen forderten die Geistlichen den «Heiligen Krieg gegen die Feinde Gottes».

Bald darauf setzte eine systematische Verfolgung und Unterdrükkung liberaler Arbeiter und Kleinbauern ein. Bestialische Blutorgien konservativer Banden in den Dörfern der Liberalen waren die Ernte dessen, was zuvor die «geistigen Führer» des Volkes an Haß und Gewalt in ihren Predigten ausgesät hatten. Die Repression begann nach den Präsidentschaftswahlen von 1946. Die Konservativen erlangten dabei abermals die Macht, da die Liberalen, die im Volk die

Mehrheit hatten, sich nicht auf einen gemeinsamen Kandidaten hatten einigen können. Denn während die liberale Oligarchie mit Gabriel Turbay ein Mitglied einer der mächtigsten Familien Kolumbiens als offiziellen Präsidentschaftskandidaten aufstellte, unterstützte die progressive Mehrheit der Liberalen die Kandidatur Gaitáns. Diese Spaltung der Partei ermöglichte den Wahlsieg des konservativen Mariano Ospina Pérez.

Als eine der ersten Amtshandlungen errichtete der neue Präsident im ganzen Land politische Polizeitrupps, deren einzige Funktion darin bestand, den politischen Gegner physisch auszurotten. In jedem Dorf beschäftigten konservative Parteibonzen mehrere Polizeikommandos, die sich zu Killern in Uniform entwickelten. Liberale wurden für vogelfrei erklärt, beraubt, vertrieben und umgebracht. Strafen brauchten die Mörder nicht zu befürchten, denn nicht nur der Bürgermeister war Konservativer, sondern auch der Gouverneur, der Richter, die Polizei, die Militärs. Sämtliche öffentlichen Ämter wurden nach den Wahlen von 1946 mit Anhängern der Regierungspartei besetzt, es gab keine Instanz mehr, die der Repression hätte Einhalt gebieten können. Wer den Anordnungen des allmächtigen Bürgermeisters nicht unbedingte Folge leistete, wurde ermordet.

Als ein Fall unter Tausenden steht das Schicksal der Familie Rico im Dorf Cucutilla im Departement Santander. Diese Familie, die zur Anhängerschaft der Liberalen zählte, lebte seit den Wahlen unter einem konservativen Bürgermeister. Der aber wollte das Dorf von «liberalen Extremisten» befreien und befahl daher der Familie, den Ort umgehend zu verlassen. Señor Rico wandte sich an den Gouverneur des Distrikts mit der Bitte, wenigstens noch ein paar Tage im Dorf bleiben zu dürfen, bis die Ernte eingebracht sei, da dies seine einzige Existenzgrundlage darstelle. Der Gouverneur sah sich jedoch außerstande, selbst eine Entscheidung zu treffen. Er schickte daher die Petition des liberalen Campesinos an die Regierung nach Bogotá. Auch dort konnte man sich zu keiner Entscheidung durchringen und schickte die Eingabe von Señor Rico wieder zurück an den Gouverneur mit der Empfehlung, im Einvernehmen mit dem örtlichen Bürgermeister selbst zu entscheiden. Doch eine Entscheidung war inzwischen nicht mehr nötig: Señor Rico war zusammen mit seiner Frau und den drei Kindern auf bestialische Weise umgebracht worden. Sie hatten den Befehl des Bürgermeisters, das Dorf zu verlassen, mißachtet. Dessen Polizeitrupps hatten die «Strafaktion» durchgeführt.

Tausende solcher ungesühnter Verbrechen wurden von den fanatischen konservativen Terrorbanden verübt. Ausgehend vom Departement Santander überflutete eine Welle der Gewalt das gesamte Land, und insbesondere in den Regionen von Boyacá, Cundinamarca, Valle und Caldas wüteten konservative Schlächter erbarmungslos. Im Departement von Caldas tauchten nun zum erstenmal die sogenannten *pajaros* (Vögel) auf, die als bezahlte Totschläger im ganzen Land traurige Berühmtheit erlangten. Sie wurden von einem bekannten konservativen Politiker persönlich finanziert.

Unzählige Campesinos flüchteten mit ihren Familien vor der Gewalt in die Städte. Auch dort verbreitete sich die Stimmung der Angst. Anfang 1948 organisierte Jorge E. Gaitán einen gewaltigen Schweigemarsch durch die Straßen Bogotás. Auf der Plaza de Bolívar, in Anwesenheit von über 100000 Menschen und nur wenige Meter vom Regierungspalast entfernt, richtete er seine Anklagen gegen den konservativen Präsidenten Mariano Ospina:

«Wir verlangen die Respektierung des menschlichen Lebens, Herr Präsident, das ist wohl das wenigste, was ein Volk von seiner Regierung erwarten darf. Unsere Fahnen tragen tiefe Trauer. Mit diesem Schweigemarsch, der ein Schrei aus den Herzen des kolumbianischen Volkes ist, fordern wir Sie auf: Behandeln Sie uns, unsere Mütter, Ehefrauen und Kinder, unser Hab und Gut so, wie Sie wollen, daß wir Ihre Mutter, Ehefrau, Kinder und Eigentum behandeln.»

Diese Großdemonstration sollte die letzte friedliche Massenkundgebung für lange Zeit sein, denn zwei Monate später begann mit der Ermordung Gaitáns das blutigste Kapitel in der Geschichte Kolumbiens: die «Violencia».

Die Gewaltepoche der «Violencia»

Jorge E. Gaitán wurde am 9. April 1948 in Bogotá von einem gekauften Mörder erschossen. Mitten in der dicht bevölkerten Innenstadt sprang plötzlich ein Mann mit vorgehaltener Pistole auf den populären Volkstribun zu und drückte mehrmals ab. Gaitán war sofort tot.

Die Bevölkerung Bogotás reagierte spontan, verzweifelt und voller Haß auf den Mörder und dessen Hintermänner, die sie in den Regierungskreisen vermutete. Überall in den Straßen ertönte der Verzweiflungsschrei: «Sie haben ihn ermordet! Sie haben ihn ermordet!» Überall rotteten sich die Menschen zusammen, um ihre Trauer, ihren Haß und ihren Protest hinauszuschreien. Innerhalb weniger Stunden weitete sich der Aufruhr zu einer blutigen Massenraserei aus, die unter dem Namen «Bogotázo» in die Geschichte einging.

Die aufgebrachte Menge fiel über den Mörder her und riß ihn buchstäblich in Stücke. Mit einem Haken im Kinn wurde er durch die Straßen geschleift. Eine wachsende Zahl von Menschen sammelte sich vor den Regierungsgebäuden. Auf der Suche nach dem verhaßten Führer der reaktionären Union Nacional, Laureano Gómez, überfielen sie den Palast des Außenministeriums. Doch weder hier noch im National-Kapitol war der Gesuchte zu finden. Feuer wurden gelegt, das Außenministerium und andere Regierungsgebäude gingen in Flammen auf. Schon nach kurzer Zeit schlossen sich auch Polizeieinheiten dem Aufruhr an, verteilten Waffen und Munition und nahmen an den Plünderungen und Überfällen teil.

Schließlich zog die wütende Menschenmenge zum Präsidentenpalast, um den Präsidenten der Republik zu lynchen. Bewaffnet mit Gewehren, Flinten, Macheten, Fackeln, Steinen und Holzlatten stürmten Tausende auf den Palast zu. Die Palastwachen eröffneten das Feuer auf den Menschenstrom, der erst nach mehreren ergebnislosen Anläufen weiterzog. Hunderte von Toten blieben vor dem Palast zurück.

In wenigen Stunden war Bogotá völlig zerstört. Die Stadt verwandelte sich in einen riesigen Feuerball. Bei Einbruch der Nacht durchsuchten Männer und Frauen mit schreckverzerrten Gesichtern die am Straßenrand abgeladenen Leichenhaufen nach vermißten Angehörigen, nach Menschen, die bei Ausbruch des «Bogotázo» nicht mehr rechtzeitig den Schutz ihrer Häuser gefunden hatten und seitdem spurlos verschwunden waren. Mehr als eine Million Bogotáner zitterten vor Angst hinter ihren verschlossenen Wohnungstüren und bangten um ihr Leben – allen voran Präsident Mariano Ospina Pérez. Seine letzte Stunde schien gekommen.

Aber im letzten Moment erhielt der konservative Präsident unerwartete Hilfe: Die Liberale Partei sagte ihre Unterstützung bei der Niederschlagung des Aufstandes zu. Zwar versuchte eine Delegation liberaler Politiker vorher, den Präsidenten zum Rücktritt zu bewegen. Dieser wollte aber auf sein Amt nicht verzichten. Statt dessen bot er den Liberalen verschiedene Ministerposten in seiner Regierung an, und damit war der Handel perfekt. Gaitán war kaum ein paar Stunden tot, da wurde er schon von seiner eigenen Partei verraten und für die Beteiligung an der Macht verkauft. In der Stunde, da das liberale Fußvolk – rasend vor Wut wegen der Ermordung seines Führers – auf eine Orientierung durch die Partei wartete, wurden die Menschen dem Chaos der Straße überlassen. Und schlimmer noch: selbst die Progressivliberalen solidarisierten sich mit den Konservativen und richteten nun gemeinsam ihre Waffen auf diejenigen, für die Gaitán sein Leben gegeben hatte.

Während sich die Kämpfe zwischen konservativen Armen und liberalen Armen bald über das ganze Land ausbreiteten, beeilten sich die Führer beider Parteien, eine gemeinsame Erklärung über die Schuldigen des Straßenterrors zu verfassen: «Die Agenten des internationalen Kommunismus haben die Dummheit der armen Bevölkerung für ihre Ziele mißbraucht, um Kolumbien in Chaos und Anarchie zu stürzen.»

Der «Bogotázo» in der Hauptstadt forderte in drei Tagen dreitausend Tote. Er wurde nach wenigen Tagen niedergeschlagen, die Gewalt hatte jedoch das gesamte Land erfaßt. Die «Violencia», die grausame Epoche des Bürgerkriegs, die über zehn Jahre andauern sollte, war nicht mehr aufzuhalten. Der von der Bevölkerung seit Jahren mühsam unterdrückte Haß kam explosionsartig zum Ausbruch und mündete in ein unvorstellbares Gemetzel zwischen den Anhängern der Konservativen und der Liberalen Partei.

Eng mit dieser Epoche der Gewalt verbunden ist der Name des Mannes, der von 1949 bis 1953 das Präsidentenamt bekleidete und in dessen Amtszeit der blutige Höhepunkt der Violencia fiel: Laureano Gómez. Weder in seinen Reden noch in seinen Artikeln machte Gómez einen Hehl aus seiner Bewunderung für die Faschisten in Spanien und Deutschland. Franco und Hitler waren für ihn politische Vorbilder, «denen es nachzueifern lohne». Nach der Ermordung Gaitáns konnte Gómez sein Leben vor der wütenden Volksmenge nur durch die Flucht ins spanische Exil retten. Als er am 24. Juni 1949 wieder kolumbianischen Boden betrat, begrüßte er die am Flughafen Anwesenden demonstrativ mit dem Faschistengruß der spanischen Falange.

Von diesem Zeitpunkt an nahmen Gewaltaktionen gegen Liberale immer mehr zu. Selbst der kolumbianische Kongreß blieb davon nicht verschont. Gómez' Sohn, Alvaro Gómez Hurtado, Chef der heutigen Konservativen Partei, organisierte im Parlament Raufereien zwischen den Abgeordneten, die am 8. September 1949 mit einer Schießerei endeten: Einige Konservative eröffneten mitten in einer Debatte das Feuer auf liberale Abgeordnete. Dies war für die Konservativen unter der Führung von Gómez ein willkommener Anlaß, den Kongreß zu schließen und den Ausnahmezustand auszurufen.

Was folgte, war de facto eine Diktatur. Wenige Monate später ließ sich Gómez nach einer Wahlfarce offiziell zum Präsidenten proklamieren. Liberale wurden mit Waffengewalt von den Urnen ferngehalten, das Wahlergebnis wurde plump manipuliert. Von 1140634 abgegebenen Stimmen votierten alle außer 14 für Gómez! Von nun an hatten die Konservativen gänzlich freie Hand. In jedes Departement wurden Polizei und Militärs ausgesandt, um die Bewohner zu zwingen, in die Konservative Partei einzutreten. Wer sich weigerte, wurde umgebracht. Die eingeschriebenen «Parteimitglieder» erhielten einen speziellen Ausweis mit dem Foto von Gómez, der folgenden Wortlaut hatte:

> Der unterzeichnete Vorsitzende der Konservativen Partei bescheinigt hiermit:
> daß Herr........, Ausweis-Nr......... und wohnhaft in........
> geschworen hat, nicht Mitglied der Liberalen Partei zu sein. Aus diesem Grunde ist sein Leben, sein Eigentum und seine Familie zu respektieren.

Wehe dem, der nicht im Besitz eines solchen Ausweises angetroffen wurde. Polizei und Militär begingen von Amts wegen die scheußlichsten Verbrechen und stellten sich schützend vor konservative Banden, die an den Liberalen wahre Blutorgien veranstalteten.

Ein Zeuge berichtete aus dieser Zeit:

«Meine Augen haben viele Dinge gesehen. Ich sah, wie verstümmelte Männer, vergewaltigte Frauen und ausgepeitschte Kinder vom Land in die Stadt flüchteten. Ich sah einen Mann, dem sie die Zunge herausgerissen und die Geschlechtsteile verbrannt hatten, und die Polizisten, die das getan hatten, schrien ihn an: ‹Wir haben dir die Zunge abgeschnitten, damit du in Zukunft nie wieder ‚Hoch lebe die Liberale Partei' rufen kannst, elender Schweinehund.› Manchen haben sie die Geschlechtsteile entfernt, damit, wie sie sagten, kein Liberaler mehr produziert werden könne. Anderen haben sie die Beine und Hände abgeschnitten, und blutend mußten die Opfer auf den Knien vor den Polizisten humpeln. Ich erfuhr von Campesinos, die gefesselt mit ansehen mußten, wie ihre Ehefrauen und Töchter abwechselnd von Polizisten und konservativen Politikern vergewaltigt wurden. Auch habe ich davon gehört, daß sie die historische Stadt Rio Negro dem Erdboden gleichgemacht haben, weil, wie sie sagten, dies das Mekka der Liberalen von Antióquia gewesen sei.»

Vor allem die einfachen Leute der Liberalen – Campesinos und Arbeiter – wurden Opfer der konservativen Mörderbanden. Sie erschossen ohne Mitleid Frauen, Greise und Kinder auf offener Straße. Die reichen Liberalen mußten ihren Besitz hergeben und durften flüchten, die Habenichtse dagegen wurden verstümmelt und ermordet. Nie wurde auch nur einer der Täter für seine Verbrechen bestraft. Ganze Familien wurden aus ihren Häusern geholt und umgebracht, Kleinkinder wurden in die Luft geworfen und mit dem Bajonett aufgespießt, abgeschnittene Ohren wurden wie Trophäen in den Polizeistationen ausgestellt, und Kriegshubschrauber warfen Gefangene wie lebende Bomben auf die Felder der Campesinos.

Doch schon bald begannen sich die Gequälten und Gemarterten zu wehren: In verschiedenen Departements entstanden Guerillakommandos, die ersten in Santander. Die stärkste und für das Regime gefährlichste Guerillaeinheit formierte sich in den Llanos, den Steppengebieten Kolumbiens. Diese Verbände hatten anfangs den Charakter reiner Selbstverteidigungsgruppen ohne klare politische Zielrichtung. Haß und Wut auf die Unterdrücker entluden sich oftmals in grausamen Terrorhandlungen, die willkürlich an Konservativen – genauso arm und unterdrückt wie sie selbst – verübt wurden. Da der Gegner kein Erbarmen zeigte, begannen auch die Widerstandsgruppen sinnlos zu morden. In Tolima entführten die Aufständischen einen alten Musikprofessor. Als sie ihn nach den Personalien befragten, antwortete der Alte, er sei Direktor eines Konservatoriums. Sofort erschossen sie ihn. Den einfachen, ungebildeten Guerilleros klang das Wort Konservatorium zu sehr nach Konservativer Partei.

Nach und nach nahm der Kampf der Guerilla aber einen sozialrevolutionären Ton an. Vor allem unter dem Einfluß der Kommunistischen Partei verwandelte sich der Aufstand von einem Parteien- zum Klassenkrieg. Gekämpft wurde nun nicht mehr gegen die Konservativen, sondern gegen die Herrschaftsstruktur der Oligarchie. In vielen Gegenden auf dem Land gelang es den Aufständischen, zeitweise die Macht zu übernehmen. In diesen von der Guerilla kontrollierten, sogenannten «Unabhängigen Republiken», vor allem im Departement Tolima, wurden neue Systeme gesellschaftlicher Organisation aufgebaut. Sie waren nicht nur Zufluchtszonen der Verfolgten. Die Bauern organisierten hier vielmehr selbst die Landarbeit und soziale Belange, ohne fremde Herrschaft regierten sie sich selbst. Auch der Terror der Regierung Gómez konnte diese für das Regime gefährliche Entwicklung nicht aufhalten, und selbst die Bombardierung der unabhängigen Republiken vermochte nicht, den Widerstand zu brechen.

Die Unfähigkeit Gómez', den Aufstand niederzuschlagen, führte innerhalb der Konservativen Partei zu einer wachsenden Opposition gegen dessen Politik. Unterstützt von den Liberalen nahm sie im Jahre 1953 Kontakte zur Armee auf und lancierte einen Militärputsch. General Rojas Pinilla, der neue «starke Mann» im Staat, versuchte, den Aufstand auf seine Art zu beenden. Mit dem Versprechen, soziale Reformen einzuführen, politische Häftlinge zu amnestieren und der Guerilla Straffreiheit zu gewähren, brachte er verschiedene Guerillaverbände dazu, die Waffen niederzulegen. Doch kaum hatten diese sich ergeben, wurden viele ihrer Mitglieder von den staatlichen Sicherheitskräften verhaftet und umgebracht. Die Violencia flammte erneut auf, und die Aufständischen griffen wiederum zur Waffe. Rojas Pinilla, der sein Aufstandsbekämpfungsprogramm gescheitert sah, versuchte nun, zumindest in den Städten eine neue Politik durchzusetzen. Steuerreformen, sozialer Wohnungsbau und die Gründung eines neuen Gewerkschaftsverbandes gehörten zu seinem Reformprogramm. Doch damit geriet er immer mehr in Konflikt mit den Interessen der Oligarchie. Die Parteiführer der Konservativen und Liberalen sahen in der «Dritten Kraft» Rojas Pinilla eine Gefahr für ihre eigenen Pfründe und beschlossen, den «Vaterlandsretter» von 1953 wieder loszuwerden.

Während sich die Anhänger beider Parteien noch grausam bekämpften, besannen sich ihre Führer wieder einmal auf ihre gemeinsamen Interessen und trafen sich 1956 zu einer geheimen Unterredung in Madrid. Der Konservative Gómez und der Liberale Lleras beschlossen, gemeinsam die Absetzung des Generals zu betreiben und sich aus «Liebe zur nationalen Eintracht» zukünftig der Reihe nach an der Macht abzulösen. Am 10. Mai 1957 wurde dieser Entschluß in die Tat umgesetzt. Rojas Pinilla wurde zum Rücktritt gezwungen, und nach einer Übergangsperiode trat Anfang 1958 die neue Regierung der «Frente Nacional» zusammen.

Nach offizieller Geschichtsschreibung war dies das Ende der Violencia, einer Epoche, die zwischen 200 000 und 300 000 Menschen das Leben gekostet hatte. Große Teile des Landes waren vom Krieg völlig verwüstet, Kolumbien war in diesen zehn Jahren ausgeblutet. Rund 2 Millionen Kleinbauern waren von konservativen Killertrupps von ihren Parzellen vertrieben worden und in die Städte geflohen. Dieser Exodus der Campesinos war eine der folgenreichsten sozialen Konsequenzen des Bürgerkriegs.

Über die Ursachen der Violencia gibt es zahlreiche wissenschaftliche Untersuchungen. Psychologen, Politologen und Soziologen, Theologen und Sexualforscher versuchten, in komplizierten Abhandlungen das zu erklären, was der Priester und Revolutionär Camilo Torres so ausdrückte: «Das Volk begriff die Politik der Reichen nicht, aber die Wut, die es empfand, weil es nichts zu essen und zu lernen hatte, weil es krank war, kein Dach besaß, kein Land und keine Arbeit, all diesen Groll entluden die liberalen Armen gegen die konservativen Armen und die konservativen Armen gegen die liberalen Armen.»

Die Frente Nacional – Machtkartell der Reichen

Gewalt kennzeichnete bis 1958 den Kampf der beiden traditionellen Parteien um die Macht im Staate. Doch die Mächtigen des Landes hatten feststellen müssen, daß die Violencia nicht mehr in ihrem Sinne verlief. Der Parteienkampf der Großfamilien hatte zu sozialem Aufruhr und zur Politisierung der Massen geführt, die Guerilla wurde immer stärker, und die unabhängigen Republiken dehnten sich aus. Die bestehende Ordnung der liberalen und konservativen Oligarchie geriet zunehmend in Gefahr, und nur die gemeinsame Front aus beiden traditionellen Parteien konnte – so die Einsicht der Parteiführer – den um sich greifenden Klassenkrieg eindämmen. Notwendig dazu war allerdings die Einheit der beiden Parteien.

Das Ergebnis dieser Überlegungen war die «Nationale Front», die 1958 erstmalig gebildet wurde und für die Dauer von vier Regierungsperioden, also 16 Jahren, das Machtmonopol der Konservativen und Liberalen sichern sollte. In einem in der Verfassung verankerten Pakt einigten sich die beiden Parteien, alle öffentlichen Ämter – von Regierungsstellen und Ministerien bis zu Verwaltungsposten – paritätisch zu besetzen bzw. sich alle vier Jahre abzuwechseln. Auch die Präsidentschaft wechselte im Vierjahresrhythmus zwischen Liberalen und Konservativen, und alle Fragen von grundsätzlicher Bedeutung sollten künftig gemeinsam entschieden werden. Die Funktion dieser zum reinen Machtkartell verkümmerten Parteien bestand von nun an fast ausschließlich in der Verteilung öffentlicher Ämter unter den eigenen Anhängern.

Oppositionelle Parteien wurden vom Parlamentarismus ausgeschlossen. Zwar konnten sie sich formal zur Wahl stellen, mußten sich aber, da keine weiteren politischen Gruppierungen Kandidaten benennen durften, auf den Listen der traditionellen Parteien bewerben. Wahlen verloren in diesem System, das einer möglichen Opposition den Weg zur Macht per Verfassung versperrte, jeglichen Sinn.

Um den Protest gegen das undemokratische Oligarchiebündnis bereits im Keim ersticken zu können, wurde der Ausnahmezustand in Kolumbien fast ununterbrochen aufrechterhalten.

Dennoch konnte das institutionalisierte Machtmonopol der Liberalen und Konservativen die Bildung oppositioneller Gruppen nicht vollständig verhindern. Im Jahre 1959 entstand beispielsweise die «Movimiento Revolucionario Liberal» (MRL), eine Linksabsplitterung der Liberalen Partei, die bereits drei Jahre später auf der Liste der Liberalen zu den Präsidentschaftswahlen antrat und beträchtliche Stimmenanteile gewinnen konnte. Doch im Jahre 1967 wurde diese progressivliberale Bewegung von der Mutterpartei wieder aufgesogen: Die Abtrünnigen erhielten lukrative Parteiämter zugeschoben, die Gefahr war gebannt.

Das Machtkartell der traditionellen Parteien geriet erst mit der Gründung der «Alianza Nacional Popular» (ANAPO) in Gefahr. Die ANAPO hatte sich im Jahre 1962 von der Konservativen Partei abgespalten und versprach unter der Führung des ehemaligen Militärdiktators Rojas Pinilla ein Sammelsurium von sozialen Verbesserungen und populistischen Maßnahmen. Sie entwickelte sich schnell zu einem Sammelbecken von enttäuschten Liberalen und Konservativen und etablierte sich innerhalb kurzer Zeit als starke Massenbewegung. Bei den Präsidentschaftswahlen im Jahre 1970 konnte ein Wahlsieg der ANAPO nur durch massive Manipulation verhindert werden; als sich abzeichnete, daß ihr Kandidat, Rojas Pinilla, die Wahl gewinnen würde, wurde die Auszählung unterbrochen. Am nächsten Tag wurde Pinilla unter Hausarrest gestellt und der Kandidat der Frente Nacional, Pastrana, zum Wahlsieger erklärt.

Dieser Tag, der 19. April 1970, brachte für Millionen Kolumbianer die bittere Erkenntnis, daß die Oligarchie des Landes nie bereit sein würde, ein Wahlergebnis zu akzeptieren, das ihren angestammten Interessen zuwiderläuft. Anhänger der ANAPO gründeten nach der Wahl eine neue Guerillaorganisation, der sie den Namen «Movimiento 19 de Abril» (M-19) gaben. Angesichts der festgefügten Herrschaftsstrukturen in Kolumbien, die jede Alternative zum Machtkartell der etablierten Parteien ausschlossen, sahen immer mehr frustrierte Demokraten den Guerillakampf als einzige Möglichkeit für eine tiefgreifende Änderung in Kolumbien. Echte Opposition erschien vielen nur noch als bewaffnete Subversion möglich.

Schon Jahre zuvor hatte sich auch der Priester Camilo Torres für den bewaffneten Kampf entschieden. 1965 schloß er sich der Guerillaorganisation «Ejercito Liberacion Nacional» (ELN) an. In einem flammenden Aufruf begründete er seine Entscheidung:

«Kolumbianer!

Lange Jahre hindurch haben die Armen unseres Landes auf den Aufruf zum endgültigen Kampf gegen die Oligarchie gewartet. In den Augenblicken äußerster Verzweiflung des Volkes hat die herrschende Klasse immer Mittel gefunden, das Volk zu betrügen und abzulenken, indem sie es mit neuen Formulierungen besänftigte, die immer auf dasselbe hinauslaufen: Leiden für das Volk und Wohlstand für die privilegierte Kaste. Als das Volk in Jorge Eliecer Gaitán einen Tribun gefunden hatte, wurde er von der Oligarchie ermordet. Als das Volk nach Frieden rief, terrorisierte die Oligarchie das Land mit der Violencia. Als das Volk die Violencia nicht mehr ertrug und Guerillas organisierte, um selbst an die Macht zu kommen, antwortete die Oligarchie mit einem Militärputsch und brachte die Guerilleros durch Betrug dazu, sich zu ergeben. Als das Volk Demokratie verlangte, betrog man es abermals mit einer Volksabstimmung und der Frente Nacional, die ihm die Diktatur der Oligarchie aufzwang. Von nun an wird das Volk auf keinen Betrug mehr hereinfallen. Das Volk glaubt nicht mehr an die Wahlen. Das Volk weiß, daß die legalen Wege zur Demokratie versperrt sind. Das Volk weiß, daß es nur noch den bewaffneten Weg gibt. Das Volk ist verzweifelt entschlossen, sein Leben aufs Spiel zu setzen, damit die kommende Generation der Kolumbianer keine Generation von Sklaven mehr sein wird, damit die Kinder derer, die heute bereit sind, ihr Leben hinzugeben, Ausbildung, Unterkunft, Nahrung, Kleider, vor allem Menschenwürde erhalten, damit die künftigen Kolumbianer ein eigenes Land haben, das sich von der Vorherrschaft der Vereinigten Staaten befreit hat.

Jeder echte Revolutionär muß erkennen, daß der bewaffnete Weg der einzig mögliche ist. Aber das Volk wartet darauf, daß die Anführer mit ihrem Beispiel und ihrer Gegenwart das Zeichen zum Kampf geben.» (aus: Broderick, S. 138)

Camilo Torres starb am 15. Februar 1966 bei einem Gefecht mit der Armee. Er wurde zur Symbolfigur der revolutionären Opposition in Kolumbien.

Friedensprozeß oder schmutziger Krieg ohne Ende?

Erst mit den Wahlen von 1978 lief die konservativ-liberale Allianz der Frente Nacional aus. Stillschweigend hatten die beiden Parteien ihren Pakt, der ursprünglich auf 16 Jahre festgeschrieben war, um weitere vier Jahre verlängert. Als sie nun, im August 1978, das Volk dazu aufriefen, wieder einmal selbst an den Wahlurnen über die Präsidentschaft eines Konservativen oder Liberalen zu entscheiden – eine Alternative, die gerade noch der Wahlmöglichkeit zwischen Pest und Cholera entsprach –, reagierten die Kolumbianer mit massivem Wahlboykott. Von den über 13 Millionen Stimmberechtigten beteiligten sich nur 5,2 Millionen an den Wahlen, 68 Prozent blieben den Urnen fern. «Gewinner» dieser Geisterabstimmung wurde der Liberale Turbay Ayala, der die demokratische Legitimation seiner Präsidentschaft von der Zustimmung ganzer 18 Prozent der Wählerschaft ableitete.

Der «18prozentige Präsident», wie er in Kolumbien spöttisch genannt wurde, ließ sich von der niederschmetternden Wahlabstinenz nicht beirren. Bereits vier Wochen nach Amtsantritt sagte er der gesamten demokratischen Oppositionsbewegung den Kampf an. Mit dem «Sicherheitsstatut» von 1978 verwandelte er Studenten- und Menschenrechtsorganisationen in terroristische Vereinigungen und Gewerkschafts- und Bauernführer in Subversive. Das Volk wurde zum Staatsfeind erklärt. Das Sicherheitsdekret räumte Regierung und Militär nahezu unbeschränkte Machtbefugnisse ein. Schnellgerichte wurden eingeführt, polizeiliche Willkür legalisiert, die Militärgerichtsbarkeit für politische Delikte installiert. Die Regierung Turbay hob die Verfassung aus den Angeln und stellte jegliche rechtsstaatlichen Grundsätze auf den Kopf.

Die strafrechtliche Sicherung von «Leben und Ehre aller kolumbianischen Bürger» sah folgendermaßen aus: Die Beschädigung eines parkenden Busses als bislang beliebtes Kampfmittel gegen Fahrpreiserhöhungen wurde mit Strafen zwischen 20 und 24 Jahren geahndet, der bei dieser Beschädigung tatenlos zusehende «Sympathisant» kam für sechs bis zehn Jahre hinter Gitter. Personen, die Macheten oder Benzinbehälter bei sich trugen (beides sind viel gebrauchte Gegenstände in Elendsvierteln), wurden mit Gefängnis von einem Jahr bestraft. Das Verteilen subversiver Propaganda «kostete» ebenfalls ein Jahr Freiheitsstrafe, wobei das Dekret weder eine Definition von «subversiv» noch von «Propaganda» gab.

Zustände dieser Art hatte es zwar auch vor der Präsidentschaft von Turbay Ayala gegeben, sie gehörten für viele Kolumbianer zum politischen Alltag. Neu allerdings war, daß das Sicherheitsstatut nun auch in «Friedenszeiten» Maßnahmen ermöglichte, die vorher nur durch die Verhängung des Ausnahmezustands legitimiert werden konnten. Diese verfassungswidrige Umwandlung einer Ausnahmebefugnis in den Regelfall war der Auftakt für eine Repressionsgesetzgebung, die der von Militärdiktaturen nicht nachsteht.

Solchermaßen gerüstet für den Kampf gegen die Subversion brauchte Turbay nur noch einen geeigneten Anlaß abzuwarten, um die Repressionsmaschinerie in Gang zu setzen. Am Neujahrstag 1979 war es soweit: Die Guerillagruppe M-19 erbeutete während der Neujahrsfeier aus einem Militärarsenal in Bogotá etwa 5000 Armeewaffen. Einmal mehr erlebte Kolumbien nach diesem Überfall eine Epoche brutaler Unterdrückung. Viele Oppositionelle wurden verhaftet, die Berichte über Folter, «Verschwindenlassen» und anonyme Hinrichtungen häuften sich. Erstmals tauchten in diesem Klima des institutionalisierten Terrors paramilitärische Todesschwadronen auf, von denen nach offiziellen Angaben mittlerweile 140 im Land operieren.

Die Regierungsepoche Turbays war 1982 zu Ende, seine politische Karriere jedoch ging weiter. Heute, im Jahre 1990, ist Turbay noch immer einer der Führer der Liberalen, und sein berüchtigtes Sicherheitsstatut erlebte unter anderem Namen, jedoch derselben Partei, eine Wiedergeburt. Mit dem «Anti-Terror-Dekret» versuchte die liberale Regierung Barco im Januar 1988, an Turbays Erbe anzuknüpfen.

1982 löste der Konservative Belisario Betancur Turbay Ayala als Präsident ab. Seine Wahl entfachte bei Millionen Kolumbianern die Hoffnung auf ein Ende der Repression. Bereits im Wahlkampf hatte Betancur für Aufsehen gesorgt, als er nicht nur eine Demaskierung der paramilitärischen Mordbanden ankündigte und eine Generalamnestie für politische Gefangene versprach, sondern darüber hinaus Friedensgespräche mit den Guerillaverbänden des Landes vorschlug, um mit ihnen einen Waffenstillstand zu vereinbaren.

Tatsächlich begann die Amtszeit Betancurs sehr vielversprechend. Der Ausnahmezustand und das Sicherheitsstatut wurden aufgehoben, und am 19. November 1982 unterzeichnete der neue Präsident ein Gesetz, das eine weitreichende Amnestie für ehemalige Guerilleros und deren Kollaborateure sowie für politische Gefangene vorsah. Schätzungsweise 400 politische Gefangene wurden in den folgenden Wochen freigelassen. Außerdem sollte den entlassenen Gefangenen und früheren Guerillakämpfern finanzielle Hilfe gewährt werden, um ihnen die Wiedereingliederung in das bürgerliche Leben zu erleichtern. Als zweiter Schritt wurde eine Friedenskommission gebildet, die eine Versöhnung zwischen der Regierung und den Aufständischen herbeiführen sollte. Mit dem Versprechen Betancurs, tiefgreifende wirtschaftliche und soziale Reformen durchzuführen und die politische Repression gegen oppositionelle Bewegungen zu beenden, schloß die Regierung nach langwierigen, zähen Verhandlungen im März 1984 ein Waffenstillstandsabkommen mit den «Fuerzas Armadas Revolucionarias Colombianas» (FARC/Revolutionäre Streitkräfte Kolumbiens), und im August 1984 mit der M-19, dem «Ejercito Popular de Liberacion» (EPL/Volksbefreiungsarmee) und weiteren, kleineren Organisationen.

Um den Waffenstillstand zu einem dauerhaften Frieden aufzubauen, wurde eine 40köpfige Kommission ins Leben gerufen, in der Vertreter aller bedeutsamen gesellschaftlichen Kräfte saßen. Sie sollte einen «Nationalen Dialog» führen, der eine demokratische Öffnung des Landes und Lebensverbesserungen für die Bevölkerung zum Ziel hatte. Außerdem wurden Subkommissionen gegründet, die konkrete Reformvorschläge zu Themen wie Agrarbereich, Verfassung, Wahlsystem etc. ausarbeiten sollten.

Die zwischen Regierung und Guerilla getroffenen Abkommen ermöglichten den bewaffneten Oppositionsgruppen, sich am politischen Leben zu beteiligen und legale Organisationen zu gründen, ohne zuvor ihre Streitkräfte auflösen oder entwaffnen zu müssen. Neue Oppositionsparteien entstanden, wie die «Unión Patriótica» (UP/Patriotische Union), «Frente Popular» (Volksfront) und «A Luchar» (Auf zum Kampf). Sie stellten eine echte Alternative zum bisherigen Zwei-Parteien-System dar. Die früheren Guerilleros, oftmals als Halbwilde und Teufel dargestellt, spazierten am hellichten Tag durch die Straßen Bogotás, hielten öffentliche Versammlungen und Vorträge und agitierten an Universitäten und Konferenzen für einen grundlegenden Wandel des korrupten kolumbianischen Gesellschaftssystems. Die vormals mystifizierten Subversiven stellten sich in diesen Tagen der Bevölkerung als kenntnisreiche Politiker «aus Fleisch und Blut» vor, die konkrete Pläne zur Demokratisierung des Landes und zur Beendigung der Gewaltspirale anboten. Das jahrzehntelang von der Oligarchie geschürte Feindbild geriet ins Wanken. Statt Kommunistenfurcht beherrschte Friedenseuphorie die Barrios und Straßen der Städte. Die Guerillaaktivitäten gingen stark zurück, und auch die Operationen der Armee zur Aufstandsbekämpfung ließen zumindest anfangs merklich nach. Die Bevölkerung atmete auf, und die Beendigung des Dauerkonflikts erschien vielen zum Greifen nah.

Doch mächtige Gegner des Friedensprozesses begannen schon sehr bald, die Aussöhnungsversuche Betancurs systematisch zu boykottieren. Vertreter der Wirtschaft und der katholischen Kirchenhierarchie stellten plötzlich die Forderung auf, vor einer Fortsetzung der Verhandlungen müsse die Guerilla entwaffnet werden – eine Bedingung, die bewußt im Abkommen nicht enthalten war. Das Militär, das von Anfang an der «politischen Lösung» feindselig gegenüberstand, widersetzte sich offen den Friedensverhandlungen mit den Aufständischen. General Landzabal, Ex-Verteidigungsminister Kolumbiens, blies zum Angriff. «Ein kommunistischer Friede verursacht mehr Tote als ein antikommunistischer Krieg», verkündete er. Und mit den Worten «Die bewaffnete Subversion kann nicht politisch, sondern nur militärisch ausgerottet werden», kündigte er öffentlich an, daß das Militär seinem Oberbefehlshaber, dem Präsidenten der Republik, im Bemühen um den nationalen Dialog nicht weiter folgen werde.

Die militärische Gewalt eskalierte abermals. Im Mai 1984 wurde über das ganze Land der Ausnahmezustand verhängt, und kurz darauf begannen groß angelegte Säuberungsaktionen des Militärs in den ländlichen Gebieten. Politische Morde und extralegale Hinrichtungen nahmen erneut zu. Die Zahl der «Verschwundenen» stieg von Monat zu Monat an. Laut Berichten des Generalstaatsanwalts von Kolumbien wurden 1985 355 Fälle von «Verschwundenen» formell angezeigt, gegenüber 150 Fällen im Jahre 1984. Viele der amnestierten und ins Zivilleben zurückgekehrten Ex-Guerilleros, aber auch

Vertreter von Oppositionsparteien fielen dem Terror der Sicherheitskräfte und deren Hilfstruppen zum Opfer.

Trotz erdrückender Gegenbeweise stritt das Militär die Beteiligung an den Mordaktionen ab. «Phantom-Todesschwadronen» und «unabhängige» paramilitärische Gruppen wurden statt dessen für die Gewalttaten verantwortlich gemacht. An dieser Verschleierungskampagne beteiligte sich auch der Präsident, der noch kurze Zeit vorher den Friedensprozeß initiiert hatte. Die Verantwortlichen unter den Militärs wurden nicht zur Rechenschaft gezogen.

Als schließlich 1985 mehrere Sprengstoffanschläge auf Führer der M-19 und der EPL verübt wurden, kündigte die Guerilla nun ihrerseits das Waffenstillstandsabkommen auf. Die Berichte der Massenmedien, des Militärs und der Politiker, wonach die Guerilla den Friedensvertrag einseitig gebrochen habe, versuchte die M-19 auf ihre Art richtigzustellen: Mit dem Ziel, den Präsidenten und die Militärs als Demagogen zu entlarven und der Öffentlichkeit die wahren Friedensfeinde zu präsentieren, überfiel am 6. November 1985 eine Einheit der M-19 den Justizpalast in Bogotá, um ein «Tribunal» gegen die Regierung Betancur und die Sicherheitskräfte Kolumbiens abzuhalten. Unter den 400 Geiseln, die von der M-19 im Gerichtsgebäude festgehalten wurden, befand sich unter anderem das Personal des Staatsrates sowie elf der zwölf Richter des Obersten Gerichtshofes Kolumbiens.

Die Besetzung des Justizpalastes endete in einem Blutbad. Ohne den Befehl des Präsidenten abzuwarten, ohne mit den Besetzern verhandelt zu haben und ohne den verzweifelten Appellen des gefangengehaltenen Gerichtspräsidenten Gehör zu schenken, das Feuer nicht zu eröffnen, stürmten Eliteeinheiten der Polizei und des Militärs mit Panzern und schwerem Kriegsgerät das Gebäude. 90 Menschen, unter ihnen alle im Justizpalast befindlichen Richter des Obersten Gerichtshofes, starben im Kugelhagel der Armee.

Nach der blutigen «Befreiung» des Justizpalastes entfernte die Armee sämtliches Beweismaterial, das eine Aufklärung des Massakers hätte ermöglichen können. «Entfernt» wurden auch 16 Personen, die nachweisbar den Sturm auf das Gebäude überlebten und als Zeugen hätten aussagen können – darunter sämtliche Angestellte der Cafeteria des Justizpalastes. Sie alle wurden von Sicherheitskräften abgeführt und sind seitdem spurlos «verschwunden».

Kompetente Beobachter der Ereignisse des 6. November gehen davon aus, daß der Überfall auf den Justizpalast durch das Militär bewußt geduldet wurde, um durch die anschließende «militärische Lösung» den Friedensprozeß Betancurs endgültig zum Scheitern zu bringen. So weist beispielsweise der renommierte kolumbianische Journalist Pena Gomez in seinem Buch «Las Dos Tomas» (Die zwei Besetzungen) nach, daß das Militär durch Geheimdienst-Informanten bereits Tage zuvor von der bevorstehenden Guerillaaktion Kenntnis erlangt hatte. Doch anstatt den Gebäudeschutz zu verstärken, zogen die Sicherheitskräfte ihre Schutztruppen vom Justizpalast ab. Am Tage der Besetzungsaktion waren anstatt der üblichen 20 Sonderbewacher nur vier schlecht bewaffnete Wächter auf Posten.

Von nun an nahmen die Militärs das Heft wieder fest in die Hand, der Friedensplan Betancurs war endgültig gescheitert. Nur die FARC respektierten ihn noch, obwohl es immer wieder zu bewaffneten Zusammenstößen zwischen ihren Mitgliedern und den Streitkräften kam.

1985 hatten in die Legalität zurückgekehrte FARC-Guerilleros im Bündnis mit der Kommunistischen Partei eine neue politische Gruppierung, die «Unión Patriótica», gegründet. Sie nahm 1986 erstmals an den Präsidentschafts- und Kongreßwahlen teil und schaffte mit 14 Mandaten auf Anhieb den Sprung ins Parlament. Dieser bisher größte Erfolg eines linken Parteienbündnisses in der Geschichte Kolumbiens wurde im wahrsten Sinne des Wortes «unter Beschuß genommen». Von Januar bis zu den Wahlen im März kamen mehr als 250 Personen bei politischen Attentaten ums Leben – der größte Teil davon Sympathisanten, Mitglieder und Funktionäre der UP. Bereits vier Monate nach den Präsidentschaftswahlen von 1986, die den Liberalen Barco an die Macht brachten, waren weitere 36 Mitglieder der UP ermordet worden, darunter zwei Parlamentsabgeordnete und fünf Stadträte.

Unter der Regierung von Präsident Betancur, die sich als Regierung der demokratischen Öffnung und der Friedensstiftung darstellen wollte, hatte ein schrittweiser Wandel der Repressionsmethoden begonnen: Die herkömmlichen Unterdrückungspraktiken – willkürliche Festnahme und Folter – nahmen deutlich ab, während sich Fälle von «Verschwindenlassen» und politischem Mord häuften. Hatte sich die politische Unterdrückung bis dato weitgehend auf «legale» Instrumente wie den Ausnahmezustand und die darauf aufbauende Repressionsgesetzgebung gestützt, so verließ sie nun jeglichen rechtlichen

Rahmen, und die Verantwortung wurde mehr und mehr obskuren, in totaler Geheimhaltung operierenden Kräften zugeschoben.

In einem von der Kolumbien-Gruppe Berlin veröffentlichten Artikel beschreibt der kolumbianische Menschenrechtsaktivist Javier Giraldo das Ausmaß dieser Veränderung:

«Während der Monatsdurchschnitt der politischen Gefangenen in den siebziger Jahren bei 457 und unter der Regierung Turbay bei 338 lag, sank er unter Betancur auf 158 und unter Barco (seit 1986) auf 98.

Die bekanntgewordenen Fälle von Folterungen hatten in den siebziger Jahren einen Monatsdurchschnitt von 156 und unter Turbay von 125. Unter Betancur sanken sie auf 27, unter Barco auf 25.

Das Verschwindenlassen war in den siebziger Jahren eine statistisch kaum wahrnehmbare Praxis. Unter Turbay begann man eine monatliche Häufigkeit von 4 Fällen zu registrieren, unter Betancur eine von 7,5 und unter Barco eine von 10 Fällen pro Monat.

(...) Gewaltsame Tode mit politischem Hintergrund hatten in den siebziger Jahren einen Monatsdurchschnitt von 8, unter Turbay von 10,4, unter Betancur von 61,5 und in den ersten Monaten der Regierung Barco von 196,6 Fällen.»

Als im März 1986 die Amtszeit Betancurs zu Ende ging, waren also nicht nur sein Friedensprozeß und der nationale Dialog gescheitert. Statt dessen strebte die Gewalt gegen die Zivilbevölkerung einem neuen Höhepunkt entgegen, einem «schmutzigen Krieg» («guerra sucia»), der inzwischen Ausmaße angenommen hat, wie sie bisher nur aus der Violencia der fünfziger Jahre bekannt waren.

Virgilio Barco, der Nachfolger Betancurs im Präsidentenamt, hatte zwar vor den Wahlen versprochen, den Friedensdialog wieder aufzunehmen und den Subversiven, die sich dem bürgerlichen Leben eingliedern wollten, «mit ausgestreckter Hand und festem Griff» («mano tendida y pulso firme») entgegenzukommen. Von diesem Wahlslogan blieb jedoch nur der feste Griff. Schon wenige Tage nach seiner Amtsübernahme entließ Barco die Friedenskommission und brach die Verhandlungen mit der Guerilla ab. Mit der Militarisierung weiter Teile des Landes und der systematischen Ermordung von Oppositionellen überrollte abermals eine schlimme Gewaltwelle das Land. Mitte 1987 gingen daraufhin auch die FARC, die als einziger Guerillaverband noch am Waffenstillstand festhielten, erneut in die Offensive.

In ihrem Bericht «Kolumbien – ein Land im Ausnahmezustand» stellte die Menschenrechtsorganisation amnesty international 1988 fest: «Es liegen eindeutige Beweise dafür vor, daß die kolumbianischen Streitkräfte zu einer Politik des Terrors übergegangen sind. (...) Diese Politik ist offensichtlich geworden im Zusammenhang mit einem Wiederaufflackern der Guerillaaktivitäten in Kolumbien und dem Lautwerden von Forderungen nach politischen und sozialen Reformen.»

Obwohl die Guerillaverbände wieder zu den Waffen gegriffen hatten, bemühten sie sich weiterhin um einen Dialog mit der Regierung. Im Oktober 1987 schlossen sich die sechs größten Guerillaorganisationen Kolumbiens – FARC, ELN, EPL, M-19, ADO und Quintin Lame – zur «Coordinadora Guerillera Simón Bolívar» zusammen. Gemeinsam legten sie der Regierung ein Angebot zur Wiederaufnahme der Gespräche vor.

Im September 1988 unterbreitete die Regierung Barco den Guerillaverbänden ihrerseits einen Friedensplan, der zu direkten Verhandlungen zwischen Regierung und M-19 führte. Doch ähnlich wie in der Amtszeit von Betancur bemühten sich die Gegner des Friedensprozesses auch diesmal, eine Aussöhnung zu verhindern. General Rafael Samudio widersetzte sich offen dem Präsidenten und ordnete im November 1988 eine großangelegte Truppenoffensive gegen die Guerilla an: «Vom Oberkommandierenden der Streitkräfte bis zum letzten Soldaten werden alle zu einer totalen Offensive übergehen, um den Widerstand des Feindes zu brechen, ihn zu zerstören und zu eliminieren.»

Doch Präsident Barco reagierte prompt: Innerhalb weniger Stunden widerrief er den Befehl und nahm den Rücktritt des Verteidigungsministers an. Die Friedensgespräche wurden fortgeführt, und im Januar 1989 verkündete die M-19 nach 15jährigem Untergrundkampf den vorläufigen Waffenstillstand, dem sich wenig später auch der stärkste Guerillaverband, die FARC, anschloß. Bis Mai 1989 hatten zwei weitere Guerillagruppen, die EPL und die Quintin Lame, ihre Bereitschaft signalisiert, zu einem Waffenstillstand zu gelangen und Friedensgespräche mit der Regierung zu führen. Doch mit Ausnahme der M-19 griffen die Rebellen schon kurze Zeit später wieder zu den Waffen, nachdem mehrere ihrer in die Legalität zurückgekehrten Führer ermordet worden waren.

Am 8. März 1990 zog die M-19 einen Schlußstrich unter ihre Vergangenheit als Rebellengruppe: Die letzten rund tausend Kämpfer übergaben unter großer internationaler Anteilnahme ihre Waffen, und ihr Kommandant, Carlos Pizarro Leongomez, unterzeichnete im Präsidentenpalast von Bogotá einen Friedensvertrag mit der Regierung. Zuvor verschossen sie ihre gesamte Munition und ließen ihre Sprengstoffvorräte detonieren. Die Waffen sollen eingeschmolzen und demnächst zu einem «Denkmal des Friedens» verarbeitet werden. Nur wenige Tage später beteiligte sich die ehemalige Rebellengruppe als legale Partei an den Parlaments- und Gemeindewahlen. Carlos Pizarro Leongomez erzielte als Bürgermeisterkandidat von Bogotá mit acht Prozent ein für kolumbianische Linke außerordentlich hohes Ergebnis. Sein Weggefährte im bewaffneten Kampf, Rosemberg Pabon, wurde sogar Bürgermeister der Industriesiedlung Yumbo im Westen des Landes.

Friedensverhandlungen und Annäherung auf der einen Seite – brutalste Gewalt und Menschenrechtsverletzungen auf der anderen. Die Frage ist, welcher der beiden Prozesse sich in den neunziger Jahren durchsetzen wird. Wird es zu einer Verschärfung des schmutzigen Krieges kommen, und steuert Kolumbien auf ein Militärregime zu, wie es von einigen Konservativen bereits offen gefordert wird? Oder wird der Prozeß der «nationalen Aussöhnung» den über 30jährigen Guerillakampf beenden und zu einem Friedensvertrag zwischen Rebellion und Regierung führen?

Was bedeutet «Frieden» in einem Land, das nicht nur durch die Gewalt, sondern auch durch eklatante soziale Widersprüche zerrissen ist? Die Mächtigen im Land, die Großgrundbesitzer, die Rauschgiftproduzenten, die Finanzmagnaten und nicht zuletzt die Militärs haben an einer Verbesserung der sozialen Situation der Bevölkerung bislang kein Interesse gezeigt. Gerade um die Menschen im Elend zu halten, setzen sie auf die Gewalt. Werden sie einen Frieden in Kolumbien zulassen?

Guerilla und Massenbewegungen sind sich in der Einschätzung der Chance, die Gewaltspirale zu durchbrechen, weitgehend einig: Grundbedingung für einen dauerhaften Frieden in Kolumbien ist die Bereitschaft der politischen Führung des Landes, die katastrophalen Lebensbedingungen der Bevölkerungsmehrheit grundlegend zu verbessern. Friedensverhandlungen zwischen Regierung und Widerstand können nie als beschlossene Sache, sondern nur als Absichtserklärungen gewertet werden, solange nicht ein Mindestmaß an sozialer Gerechtigkeit erlangt wird. Zweifel, ob sich soziale Gerechtigkeit durchsetzen läßt, sind angesichts der ausbeuterischen Wirtschaftsstrukturen, von denen nur die kolumbianische Oligarchie profitiert, und der aktuellen Politik der Regierung angebracht.

Wie dramatisch sich der soziale Konflikt in Kolumbien in den letzten Jahren zugespitzt hat, unter welch elenden Verhältnissen Arbeiter, Bauern und Indianer leben und wie die Oligarchie sie in absoluter Armut hält, wird im folgenden Kapitel dargestellt. Darin wird aber auch die lange Geschichte des Widerstands der Zivilbevölkerung gegen die «administrative» Gewalt beschrieben – und die brutale Repression von seiten der Staatsmacht, die bisher einzige Antwort auf die Forderung der Bevölkerung nach einer menschenwürdigen Existenz.

Armut, Widerstand und Unterdrückung – Wie die Menschen leben

Die Campesinos – Bauern ohne Land

«Ich habe mir geschworen, für meine Rechte zu kämpfen»

«Ich heiße Juan Rodriguez und bin 33 Jahre alt. Ich bin verheiratet, habe fünf Kinder, drei Jungen und zwei Mädchen. Seit sieben Jahren lebe ich hier in Guamita/Antioquia, vorher wohnte ich mit meiner Mutter, Großmutter und Geschwistern auf dem Land in einem kleinen Dorf in Santander.

Meinen Vater habe ich nie gekannt. Kurz vor meiner Geburt hat er meine Mutter verlassen. Meine Mutter mußte allein für den Lebensunterhalt aufkommen. Als das Geld, das sie als Wäscherin verdiente, nicht mehr ausreichte, um die Pacht zu bezahlen, hat uns der Besitzer der Finca vertrieben. Tagelang waren wir auf der Suche nach einem neuen Wohn- und Arbeitsplatz. Aber wir fanden nichts, überall wurden wir abgewiesen. Manchmal waren wir nahe am Verhungern. Außer ein bißchen Agua de Panela und manchmal einem Teller Suppe, den wir geschenkt bekamen, hatten wir nichts zu essen. Mein jüngster Bruder – er war damals erst wenige Monate alt – ist gestorben. Woran, weiß ich nicht. Für Medizin oder einen Arzt, um ihn untersuchen lassen zu können, hatten wir kein Geld. Wir waren verzweifelt und wußten nicht mehr, was wir tun sollten.

Doch dann geschah ein kleines Wunder: Ein Onkel von uns hatte etwas Geld gespart und lieh uns etwas davon. Davon kauften wir ein winziges Stückchen Land, bauten eine Hütte darauf, kauften Mais-, Reis- und Bananenpflanzen. Ich war damals gerade zwölf Jahre alt geworden und habe von fünf Uhr morgens bis vier Uhr nachmittags gearbeitet. Nach der Hausarbeit habe ich auf dem Anwesen des Padrons Feldarbeit verrichtet und dafür eine Mahlzeit und ein paar Pesos bekommen. Eine Schule konnte ich nie besuchen.

Als wir schon einiges angebaut hatten und die Parzelle urbar wurde, kam eines Tages ein elegant gekleideter Herr in unsere Hütte

und sagte meiner Mutter, sie solle ihm das Land verkaufen. Meine Mutter aber weigerte sich.

Daraufhin drangen eines Nachts uniformierte Männer in unsere Hütte, verprügelten und beschimpften meine Mutter und zündeten das Haus an. Mein älterer Bruder, der meine Mutter verteidigen wollte, wurde brutal zusammengeschlagen und von den Männern mitgenommen. Wir haben ihn seitdem nie wieder gesehen. Einer der Polizisten drohte uns, daß wir innerhalb von drei Tagen verschwinden müßten. Wenn nicht, würden sie wiederkommen und uns alle töten. Da haben wir unsere Sachen gepackt und sind erneut weggezogen. Meine Mutter starb kurze Zeit nach diesem Vorfall – ich glaube, aus Kummer wegen dem ‹Verschwinden› meines älteren Bruders.

Damals habe ich mir geschworen, für meine Rechte zu kämpfen und mich nie wieder vertreiben zu lassen, koste es, was es wolle ...

Ich arbeitete dann fünf oder sechs Jahre lang als Landarbeiter auf der Finca eines reichen Großgrundbesitzers. Jeden Peso, den ich verdiente, sparte ich mir auf, denn mein Traum ist der Traum eines jeden Campesinos: ein Stückchen Land zu kaufen, um es für mich und meine Familie zu bearbeiten und davon zu leben, als freier Campesino.

Als ich etwa 10000 Pesos gespart hatte, heiratete ich und kaufte mir das Stück Land, auf dem du jetzt stehst. Ich weiß, es ist schlechtes, hügeliges, schwer bebaubares Land – aber es ist mein Land. Die Ernte – Kartoffeln, Mais, Yuca, Platanos – reicht uns zum Leben. Den Rest verkaufen wir auf dem Markt. Wir haben kein elektrisches Licht, kein fließendes Wasser, und miserable Verkehrsverbindungen. Aber wir haben zu essen und ein Dach über dem Kopf, und das ist für einen kolumbianischen Campesino schon sehr viel.

Auch hier in der Gegend werden jedoch immer wieder Kleinbauern vertrieben. Die Mafia und die Großgrundbesitzer sind unersättlich. Sie wollen immer noch mehr Land, sogar diese winzigen Parzellen von uns Kleinbauern. Das Militär und die Todesschwadronen haben schon viele Campesinos umgebracht, weil sie ihr Land nicht freiwillig verkaufen wollten. Sie arbeiten eng mit den Großgrundbesitzern zusammen, da bin ich mir ganz sicher.

Ich habe mich der ANUC (der kolumbianischen Bauerngewerkschaft angeschlossen, um mich gemeinsam mit anderen Campesinos gegen den Terror zu wehren. Es gibt dort Treffen und Versammlungen, und auch wenn ich weder lesen noch schreiben kann, habe ich gelernt, daß nur die Solidarität uns schützen kann...»

Arbeits- und Lebensbedingungen der Campesinos

Mehr als 35 Prozent der Bevölkerung Kolumbiens, fast 10 Millionen Menschen, leben auf dem Land, im allgemeinen in weit verstreut liegenden Dörfern und oft unter unmenschlichen Lebensbedingungen. Hauptursache der Verelendung der Campesinofamilien ist die extrem ungerechte Verteilung der bebaubaren Fläche. Das Land, das für jeden Campesino die produktive Grundlage bietet, befindet sich überwiegend in den Händen einer kleinen Gruppe von einheimischen und ausländischen Großgrundbesitzern. Während 80 Prozent der Landbevölkerung nur 8,7 Prozent des Anbaulandes besitzen, verschlingen 2,4 Prozent Latifundisten 63 Prozent des Landes. Damit weist Kolumbien eine der extremsten Landkonzentrationen Lateinamerikas auf.

Eine Million Campesinos – und damit fast die Hälfte der bäuerlichen Bevölkerung – ist völlig besitzlos. Etwa 750000 Kleinbauern verfügen über Kleinstparzellen von weniger als fünf Hektar. Diese

Anbaufläche reicht aber nicht aus, um mit dem erwirtschafteten Ertrag über die Runden zu kommen. Überleben können sie und ihre Familien auf dem Land nur, wenn es ihnen gelingt, sich als Pächter oder Wanderarbeiter auf den Fincas der Großgrundbesitzer zu verdingen.

Das in Kolumbien praktizierte Pachtsystem ist weit verbreitet und hält die Kleinpächter im Stande von Arbeitsvieh. Der Großgrundbesitzer räumt dabei einem Campesino das Recht ein, eine winzige Parzelle Land mit Grundnahrungsmitteln wie Yuca, Kochbananen, Kartoffeln und Gemüse anzubauen. Als Gegenleistung müssen die Bauern aber den Großteil der Ernte als «Pachtzins» an den Padron abgeben, den Rest vielfach weit unter Preis an ihn verkaufen. Die für den Ackerbau notwendigen Produktionskosten (wie Anschaffung von Samen, Werkzeug, Dünger) werden in der Regel – entgegen einem im Jahre 1975 verabschiedeten Pachtgesetz, nach dem die Großgrundbesitzer diese Ausgaben tragen müssen – als Kredit mit Wucherzinsen gewährt. Dadurch sind viele der Kleinpächter bereits hoffnungslos verschuldet, bevor sie überhaupt die erste Kartoffel ernten können. Diese Abhängigkeit vom Großgrundbesitzer macht viele Campesinos de facto zu Leibeigenen ihres Herrn.

Die Latifundisten dagegen profitieren vom Pachtsystem in zweierlei Hinsicht: Sie können Pächter beschäftigen, ohne daß diese jemals

Besitzansprüche erheben könnten und ohne jemals vom staatlichen Landreform-Institut INCORA belästigt zu werden. Gleichzeitig wird ihr Grundbesitz bearbeitet und damit aufgewertet, ohne daß sie selber einen Finger dafür rühren müssen.

Diejenigen landlosen Campesinos, die auf den großen Haciendas keine Pachtverträge bekommen, müssen sich als Saison- und Wanderarbeiter ihren Lebensunterhalt verdienen. Während der Saat- und Erntezeit machen sich Hunderttausende kolumbianischer Bauern auf den Weg, um mit ihren Familien von Plantage zu Plantage zu ziehen und um Arbeit zu betteln. Verarmt, hungernd, besitz- und rechtlos versorgt dieses Landproletariat die Kaffeehaciendas und Bananenplantagen mit billigsten Arbeitskräften. Nach Ende der Saat- und Erntezeit werden sie wieder entlassen – die Arbeitssuche beginnt von neuem.

Nur etwa 17 Prozent der Kleinbauern bleibt dieses unwürdige Schicksal erspart, da sie von den Erträgen ihrer Anbauflächen leben können. Zwölf Prozent besitzen zwischen fünf und 20 Hektar und fünf Prozent – die Wohlhabenden unter den Bauern – bringen es sogar auf eine Fläche von bis zu 100 Hektar. Doch der Anteil von Kleinbauern, die sich von ihren Parzellen ernähren können, wird von Jahr zu Jahr geringer. 1964 lag er noch bei 30 Prozent, fast doppelt so hoch wie heute. Erbteilungen, Verkauf und oftmals auch Landraub verkleinern die Grundstücke immer weiter. Hinzu kommt, daß diese Minifundien meist auf schlechtem Boden, an steilen Berghängen oder auf steinigem Untergrund liegen und daher nur ein kleiner Teil der Gesamtfläche bewirtschaftet werden kann.

Die auch für lateinamerikanische Verhältnisse extreme Landkonzentration in Kolumbien wird ständig weiter ausgebaut. In unersättlicher Gefräßigkeit versuchen Latifundisten, Rauschgiftbosse und Bodenspekulanten, alle Minifundien zu verschlingen, derer sie habhaft werden können. Seit der Violencia und dem Kaffeeboom der fünfziger Jahre ist der Landraub ein beliebtes Mittel, um Haciendas und Plantagen zu vergrößern. Die Kleinbauern werden unter Druck gesetzt und zum Verkauf gezwungen. Verlassen sie ihr Land nicht freiwillig, werden sie bedroht und oftmals getötet. Dieser Prozeß wiederholt sich ständig, wenn ein Produkt auf dem Weltmarkt an Bedeutung gewinnt. Heute ist in vielen Zonen Kolumbiens der großflächige Anbau von Kaffee, Bananen und vor allem Coca, aber auch in zunehmendem Maße von Schnittblumen, die Ursache von Vertreibung und Verelendung der Landbevölkerung.

Hinzu kommt, daß sich in vielen Gebieten die Rauschgiftmafia eingenistet hat. Von einem Tag auf den anderen kaufen deren Agenten riesige Ländereien auf und bezahlen nahezu jeden Preis, um ihr «schmutziges Geld» aus dem Drogenhandel durch Immobilieninvestitionen zu «waschen». Die Bodenpreise nehmen dadurch astronomische Größen an, was dazu führt, daß ein landloser oder vertriebener Campesino selbst dann, wenn er etwas Geld sparen konnte, nicht in der Lage ist, ein Stückchen Land zu erwerben.

Ein Spiegelbild der extremen Konzentration der Ressourcen und der ungerechten Machtstrukturen ist die Einkommensverteilung. Im Jahre 1988 lag das Einkommen von 75 Prozent der Landbevölkerung unterhalb der von der Weltbank definierten absoluten Armutsgrenze. Über 7 Millionen Menschen auf dem Land leben in Elend und bitterer Not. Das durchschnittliche Pro-Kopf-Einkommen der kolumbianischen Campesinos betrug 1988 150 US-Dollar im Jahr. Um dies zu verdeutlichen: In den USA liegt die offizielle Armutsgrenze bei 5000 US-Dollar im Jahr. Das Realeinkommen der kolumbianischen Bauern und Tagelöhner war 1935 im Durchschnitt höher als heute.

Seit Jahrzehnten fliehen Campesinos auf der Suche nach Arbeit und einem menschenwürdigen Leben in die Städte. Diese Landflucht ist heute eines der folgenreichsten Probleme Kolumbiens. Denn über die Hälfte aller Grundnahrungsmittel, die im Lande konsumiert werden, stammen von den Parzellen der Kleinbauern. Der Niedergang der kleinbäuerlichen Landwirtschaft führte dazu, daß die einheimische Agrarproduktion die Basisernährung der kolumbianischen Bevölkerung nicht mehr gewährleisten kann. Die Steigerungsrate der landwirtschaftlichen Erträge hält mit dem Bevölkerungswachstum schon lange nicht mehr Schritt. So ist Kolumbien, ein Agrarland mit optimalen klimatischen Bedingungen und fruchtbaren Böden, heute gezwungen, Agrarprodukte aus Industriestaaten einzuführen. Im Jahre 1987 mußte zum Beispiel Getreide im Wert von über 100 Mio. US-Dollar importiert werden, was nahezu dem Wert des im gleichen Zeitraum exportierten Zuckers entsprach. Die Gesamteinfuhr von Mais, Weizen, Milch, Linsen und Bohnen belief sich 1988 auf über 1 Mrd. US-Dollar.

Nur noch zehn Prozent der landwirtschaftlich genutzten Fläche Kolumbiens dienen der Versorgung der Bevölkerung. Denn die riesigen Haciendas der einheimischen Latifundisten und ausländischen Multis produzieren – wenn überhaupt – für die Exportwirtschaft. Während

Produkte für den Eigenverbrauch meist nur an rauhen, unfruchtbaren Berghängen angebaut werden, verwendet man den besten und fruchtbarsten Boden für die Bedürfnisse des nordamerikanischen und europäischen Marktes. 1988 exportierte Kolumbien Kaffeebohnen im Wert von 1641 Mio. US-Dollar, was je nach dem jeweiligen Weltmarktpreis zwischen 30 und 60 Prozent des gesamten Exporterlöses ausmacht. Ausgerechnet auf einem der fruchtbarsten Gebiete Kolumbiens, der Hochebene (Sabana) von Bogotá, werden Schnittblumen angebaut, mittlerweile eine der wichtigsten legalen Devisenquellen des Landes. Ihr Exportwert lag 1988 bei 191 Mio. US-Dollar, was eine Steigerung von über 800 Prozent in den letzten 15 Jahren bedeutet.

Ein Großteil der so erwirtschafteten Devisen muß für die Einfuhr dringend benötigter Lebensmittel ausgegeben werden – ein unsinniger Kreislauf, der nicht nur eine wachsende Abhängigkeit der nationalen Wirtschaft vom stark schwankenden Weltmarktpreis mit sich bringt, sondern darüber hinaus für große Bevölkerungskreise Hunger und Not bedeutet. Denn die zu Weltmarktpreisen importierten Lebensmittel sind – im Gegensatz zu den selbst produzierten – sehr teuer und für viele Kolumbianer unbezahlbar. Einer großen Bevölkerungsschicht wird damit der Zugang zu lebensnotwendigen Versorgungsgütern erheblich erschwert und für viele ganz unmöglich gemacht.

Die Lebensmittelknappheit wird seit Ende der siebziger Jahre noch dadurch verschärft, daß immer mehr Kleinbauern wegen der geringen Vermarktungschancen für traditionelle Anbaugüter nur allzu bereit sind, ihre Landwirtschaft auf den Coca-Anbau umzustellen. Rainer Dombois beschreibt in seinem in der Zeitschrift *Mehrwert* veröffentlichten Artikel «Kokainökonomie in Kolumbien» diese Verdrängung herkömmlicher Agrarproduktion durch die Coca-Ökonomie am Beispiel der Guaviare, einer abgelegenen Urwaldregion im Osten des Landes. Rund 20000 Hektar sind hier mit Coca-Stauden bepflanzt, Guaviare zählt damit zu den größten Anbaugebieten der Drogenpflanze in Kolumbien:

«Wie andere Regionen Kolumbiens auch, ist der Guaviare ein junges Kolonisationsgebiet: Seit den fünfziger Jahren dringen hier Siedler ein, roden den Urwald und beginnen mit dem Anbau von Mais, Yuca, Kochbananen und Kakao, später auch Reis.

Bis in die siebziger Jahre herrscht in den kleinen Familienbetrieben die Subsistenzwirtschaft vor. Dies liegt nicht etwa an mangelnder

Fruchtbarkeit. Im Gegenteil – viele Bauern sind, so ein Bericht des *Espectador* (vom 3. April 1988), in den siebziger Jahren wegen ihrer reichen Ernten in die Pleite geschlittert. Wie in vielen anderen Kolonisationsgegenden ist nämlich die gesamte Infrastruktur, vor allem Transportwege und -system, so wenig entwickelt, daß die Produkte der Region nicht vermarktet werden können und die hohen Transportkosten und -zeiten den Absatz in den städtischen Märkten Kolumbiens ausschließen.

In den siebziger Jahren tauchen im Guaviare Piloten auf, die Anleitungen zum Anbau von Marihuana samt den Samen unter den Bauern verteilen. Sie holen auch die Ernte ab und zahlen zudem gute Preise. In nur zwei Jahren verdrängt... das Marihuana in einem großen Teil des Siedlungsgebiets den herkömmlichen Anbau. (...) Im Jahre 1978 führen dann dieselben Händler... den kommerziellen Coca-Anbau in der Region ein: Sie verteilen... Hunderte von Tonnen Samen gratis unter den Kolonisten. Sie kaufen den Kolonisten die Blätter ab, hüten aber sorgsam das Monopol der Verarbeitung und der Kommerzialisierung und kontrollieren so Preise und Gewinnspannen.

Trotzdem ist es für die Bauern ein großes Geschäft. Ein Hektar Coca, der ja drei bis vier Ernten pro Jahr abwirft, bringt mehr Geld ein als der gesamte konventionelle Anbau. Das Geldeinkommen fließt kontinuierlich, und die Bauern sind der Schwierigkeit der Vermarktung enthoben.»

Die hier beschriebene Entwicklung vollzog sich auch in anderen Kolonisationszonen, etwa den Caquetá, Meta oder Vaupés. Das Ergebnis: die Anbaugebiete können sich nicht mehr selbst versorgen und müssen Grundnahrungsmittel aus anderen Regionen importieren.

Während die Coca-Bauern von der Umstellung auf die «Exportwirtschaft» profitieren, bedeuten die Nahrungsmittelknappheit, die sinkenden Realeinkommen und die Landarmut für den Großteil der Landbevölkerung bittere Not. Welche konkreten Auswirkungen all diese Armutsfaktoren haben, verdeutlichen die folgenden Zahlen aus dem Jahr 1988, veröffentlicht von der Bauerngewerkschaft ANUC und dem «Departamento Nacional de Estatistica»:

– Von 1000 Neugeborenen sterben auf dem Land bereits 84 kurz nach der Geburt an Unterernährung und Infektionskrankheiten.

– Da das Einkommen vieler Eltern zum Lebensunterhalt nicht ausreicht, müssen Kinder schon im Alter von fünf und sechs Jahren harte

Arbeit verrichten. Die Kinderarbeitsquote liegt bei 35 Prozent. Daraus folgt fast zwangsläufig, daß die meisten Kinder von Campesinos nicht oder nicht regelmäßig Schulen besuchen können. Rund 40 Prozent dieser Kinder gehen überhaupt nicht zur Schule, und nur 20 Prozent bleiben dort bis zur 3. Volksschulklasse. Die Analphabetenrate liegt auf dem Lande bei über 30 Prozent.

– Eine Expertenkommission der kolumbianischen Regierung, die sich aus «statistischen Gründen» für die Wohnverhältnisse der Kleinbauern interessierte, kam zu dem Ergebnis, daß 93 Prozent der Landbevölkerung in «unzumutbaren Wohnverhältnissen» leben.

– Noch alarmierender sind die hygienischen Verhältnisse: 99 Prozent der Campesinos benutzen in ihren Haushalten regelmäßig verschmutztes Wasser. Opfer sind in erster Linie Kleinkinder, deren Abwehrkräfte ohnehin durch chronische Unterernährung extrem geschwächt sind. Jährlich sterben in Kolumbien mehr als 50000 Kinder an Krankheiten, die ihre Ursache in der Wasserverschmutzung haben. Die Hälfte aller ansteckenden Krankheiten wird in Kolumbien durch Wasser übertragen, so zum Beispiel Gastroenteritis und Durchfälle, die für die unter 15jährigen eine der Haupttodesursachen darstellen.

– Eine weitere fundamentale Problematik ist die katastrophale Gesundheitsversorgung auf dem Land. Im Durchschnitt stehen für 10000 Bauern nur zwei Ärzte zur Verfügung, in manchen Regionen wie Urabá und Chocó sogar nur einer. In den Krankenhäusern gibt es für 10000 Campesinos lediglich acht Betten.

Ein Vertreter der Bauerngewerkschaft ANUC (Asociacion Nacional des Usuarios Campesinos) beschreibt die strukturelle Gewalt, die in diesen Zahlen nur ansatzweise zum Ausdruck kommt:

«Für uns Campesinos gibt es seit vielen Generationen immer wieder dieselben Probleme, mit denen wir tagtäglich konfrontiert werden. Die unmenschliche Armut, in der wir leben müssen und die sich ausdrückt in chronischer Unterernährung und hoher Kindersterblichkeit. Der Mangel an Wohnraum, der uns zwingt, bei Schweinen und Kühen zu übernachten. Die hohe Arbeitslosigkeit und die permanente Unterbeschäftigung, die uns oftmals zu Bettlern und Almosenempfängern erniedrigt.

Der entscheidende Faktor aber, der alle anderen Aspekte bedingt, ist der Mangel an Land. Ohne bebaubares Land werden wir Campesinos nie unsere Probleme lösen, werden wir uns nie von Armut und Arbeitslosigkeit befreien können. Wir wissen, daß nur eine grundlegende Veränderung der veralteten Besitzstrukturen Gerechtigkeit schaffen kann. Nur eine radikale Agrarreform und eine gerechte Landverteilung kann die soziale Situation der Campesinos sichern und den wirtschaftlichen Ruin des Landes verhindern.»

Die gescheiterte Agrarreform

Die Forderung nach einer Agrarreform in Kolumbien ist nicht neu. Bei den Herrschenden jedoch stieß sie seit jeher auf taube Ohren. Denn eine Veränderung der Besitzverhältnisse wäre nicht nur der erste Schritt zur Lösung der Probleme der Landbevölkerung, sie würde zugleich das gesamte oligarchische System ins Wanken bringen. Regierung und Großgrundbesitzer sind sich daher in der Ablehnung einer wirklichen Agrarreform einig und versuchen statt dessen, den sozialen Sprengstoff, der ständig explosiver wird, durch Absichtserklärungen und Scheinreformen zu entschärfen.

Zwar wurde bereits im Jahre 1961 aufgrund der zunehmenden sozialen Unruhen und der Radikalisierung der Kleinbauern ein relativ weitreichendes Agrarreformgesetz erlassen. Die durch dieses Gesetz angestrebte Landverteilung scheiterte jedoch am Widerstand der Großgrundbesitzer. Die mit der Durchführung der Landreform beauftragte staatliche Behörde INCORA, die insbesondere mit dem Ankauf von Privatland bzw. der Enteignung von ungenutztem Ackerland betraut wurde, versagte kläglich. Ein Vertreter der Bauerngewerkschaft ANUC zieht Bilanz:

«In 27 Jahren der Agrarreform hat die INCORA ganze 32000 Familien – von insgesamt 2 Millionen Familien, die auf dem Lande leben – angesiedelt. Lediglich 450000 Hektar wurden von der INCORA während dieser Zeit angekauft, das entspricht in etwa dem, was Präsident Barco den Bauern innerhalb von zwei und nicht von 27 Jahren zur Verfügung stellen wollte.»

Die Besitzstrukturen wurden in der gesamten Zeit nicht angetastet – im Gegenteil, die Bodenkonzentration hat, auch bedingt durch Rauschgiftmafia und Preisexplosion, zugenommen. Allein im Gebiet des Magdalena Medio erwarben Rauschgifthändler in den letzten Jahren über 1 Mio. Hektar Land. Ein Repräsentant der ANUC erklärt:

«Wenn wir sämtliche Agrarreformen der letzten 52 Jahre einer Prüfung unterziehen, so müssen wir feststellen, daß all diese sogenannten Reformen den Interessen der Campesinos diametral entgegenstehen. Dies ist aufgrund der politischen Machtverteilung in unserem Lande auch nicht verwunderlich: Wenn man in Betracht zieht, daß das zuständige politische Gremium zur Verabschiedung einer Agrarreform der Senat ist, dessen Parlamentarier zu 95 Prozent Großgrundbesitzer oder deren Repräsentanten sind, so wird verständlich, daß die politischen Machthaber dieses Landes keinerlei Interesse an einer wirklichen Agrarreform zugunsten der 2 Millionen Campesinofamilien haben.»

Allerdings hatten die Machthaber ein vitales Interesse daran, die rebellierenden Bauern im Zaum zu halten, ihren Protest durch Scheinreformen zu kanalisieren und sie in das System zu integrieren. Durch das Regierungsdekret 755 aus dem Jahre 1967 wurde – als sich das Scheitern der Agrarreform abzeichnete – eine staatlich kontrollierte Bauerngewerkschaft, die ANUC, gegründet. Erklärtes Ziel dieser Gewerkschaft war es, die Situation der Bauern geringfügig zu verbessern, um so einer drohenden kommunistischen Unterwanderung vorzubeugen.

Doch die staatlichen Gewerkschaftsplaner hatten die Rechnung ohne die Campesinos gemacht. Die ANUC nabelte sich schon bald von ihren regierungstreuen Funktionären ab und begann als unabhängige Massenorganisation den Kampf um bessere Lebensbedingungen für ihre Mitglieder. Innerhalb kürzester Zeit entwickelte sich die ANUC zur größten und radikalsten Bauernvereinigung Lateinamerikas. Unter dem Ruf: «Tierra pa'l que la trabaja!» (Land für den, der es bearbeitet) begannen 1971 großangelegte Landbesetzungsaktionen: Am 21. Februar 1971 besetzten 60000 Campesinos ca. 800 Latifundien in verschiedenen Regionen des Landes; jeden Monat kamen weitere Besetzungen hinzu. Die Radikalisierung der Campesinos führte 1972 zu einer Spaltung der Gewerkschaft in einen regierungstreuen und einen revolutionären Flügel, der sich schließlich innerhalb der ANUC durchsetzen konnte. In einem Zeitraum von nur sieben Jahren besetzten die Bauern ca. 300000 Hektar Land. Die Regierung antwortete mit der Militarisierung der betreffenden Gebiete und mit Massenverhaftungen. 32000 Bauern wurden innerhalb von zehn Jahren verhaftet. Ihre Ländereien wurden verwüstet, die Ernte verbrannt, die von den Bauern gegründeten Selbsthilfezentren wie Gesundheitsstationen und Kindergärten zerstört.

Nach der gescheiterten Agrarreform versuchte die Regierung, die Bauern durch andere staatliche Projekte zur Ruhe zu bringen. Im Januar 1975 verabschiedete sie ein mit großer Hoffnung erwartetes Pachtgesetz, das eine Besserstellung der Pächter bewirken sollte. Nach diesem Gesetz muß der Grundbesitzer die Produktionskosten übernehmen und dem Pächter einen Vorschuß entrichten, der dem Mindestlohn entspricht und bei der Gewinnverteilung verrechnet wird. Doch damit war den Bauern nicht geholfen: Das Pachtgesetz beließ den Herren des Landes die Möglichkeit, ihre Güter bewirtschaften zu lassen, ohne Löhne, Überstunden, Sonntagsarbeit und Ferien bezahlen und irgendwelche Sozialleistungen erbringen zu müssen. Der Vorschuß führt in den meisten Fällen zu Verschuldung und damit Abhängigkeit. Das oberste Interesse der Großgrundbesitzer – eine Gewinnverteilung in ihrem Sinne – bleibt dadurch gewahrt, daß das Landwirtschaftsministerium, dessen Vorsteher selber Großgrundbesitzer ist, die entsprechenden Proportionen festlegt. Daß Präsident Alfonso López Michelsen diesem Gesetz mit seiner Unterschrift Rechtsgültigkeit verschaffte, bedeutete für die kolumbianische Landbevölkerung eine komplette Desillusionierung über den Sinn und die Glaubwürdigkeit der von ihm verkündeten Reformpolitik.

Zu guter Letzt trat auch noch die Weltbank mit einem eigenen Befriedungsprogramm auf den Plan: Das «Desarrollo Rural Integrado»

(DRI/Integriertes ländliches Entwicklungsprogramm) sollte durch die Vergabe von Krediten und technischer Hilfe an Kleinbauern die weitere Landflucht der verarmten Campesinos verhindern. Doch eine wirkliche Verbesserung ihrer Lebenssituation war weder beabsichtigt noch wurde sie erreicht, da nur ca. acht Prozent aller Kleinbauern in den Genuß der Kredite kamen. Zudem ist die Hilfeleistung oftmals an Wohlverhaltensklauseln geknüpft worden, wonach etwa Mitglieder der ANUC, für die der Kampf um eine Veränderung der Besitzverhältnisse das oberste Ziel darstellt, von der Kreditvergabe ausgeschlossen wurden.

«Die Erfahrung hat gezeigt, daß wir vom Staat keine Lösung unserer Probleme erwarten können. Der Staat steht auf der Seite der Ausbeuter», resümiert die ANUC und fährt fort: «Wir werden unser Recht auf das Land, das wir mit unserem Schweiß und unserer Mühsal bearbeiten, einzig und allein mit der Vertreibung der Großgrundbesitzer zurückerobern können.»

Der Marsch der 80000

«Unser Kampf um ein Stückchen Land ist so alt wie die Geschichte Kolumbiens. Deshalb ist es weder das erste noch das letzte Mal, daß wir Campesinos für unsere Rechte auf die Straße gehen. Im Juni 1987 marschierten wir nach Barranca, um für bessere Lebensbedingungen im Gebiet des Magdalena Medio zu protestieren. Im November 1987 abermals, um die Repression gegen uns Campesinos anzuklagen. Um unserem Protest Nachdruck zu verleihen, haben wir für mehrere Stunden die Autobahn nach Bucaramanga besetzt. Und da die Regierung immer noch nicht bereit ist, auf unsere Forderungen einzugehen, werden wir durch unsere Protestveranstaltungen auch weiterhin beweisen, daß wir bereit sind, für unser Land, unsere Familie und unser Leben zu kämpfen!» (Gabriel Angel Betancour, Sprecher der ANUC)

Dieser Beweis ist durch die «Marchas Campesinas» (Bauernmärsche) vom Frühjahr 1988 auf eindrucksvolle Weise erbracht worden. Zwischen dem 23. Mai und dem 10. Juni 1988 beteiligten sich über 80000 Campesinos aus allen Teilen Kolumbiens an einer der größten Demonstrationen der letzten Jahre. Unter der Parole «Wir fordern die Respektierung unseres Landes und unseres Lebens» versammelten sich Campesinos aus den Departements Santander, Cesar, Magdalena, Bolívar, Córdoba, Antioquia, Atlántico, Sucre und Arauca, um zu den jeweiligen Provinzhauptstädten zu marschieren und dort ihren Protest und ihre Forderungen vorzutragen. Das Ziel der Demonstranten war es, mit Regierungsvertretern ins Gespräch zu kommen, um gemeinsam eine Lösung der wirtschaftlichen Probleme zu erzielen und der Gewalt durch Militär, Polizei und Todesschwadronen ein Ende zu setzen. Bereits seit Beginn des Jahres 1988 war ein breites Spektrum aus diversen Massenorganisationen, Gewerkschafts- und Campesinovereinigungen mit der Organisation des Marsches und der Aufstellung eines Forderungskataloges beschäftigt.

Da das Militär von Anfang an öffentlich erklärte, daß es sich bei der geplanten Demonstration um einen Akt der Subversion im Auftrag der Guerilla handele, und diverse Todesschwadronen unverhohlen Terrorakte gegen die Teilnehmer angekündigt hatten, entsandten die Organisatoren des Marsches eine Delegation, um mit der Regierung um Schutzgarantien für die Teilnehmer – darunter viele Frauen und Kinder – zu verhandeln. Diese Garantien sollten insbesondere für die militarisierten Gebiete gewährt werden, da in diesen Zonen eine Vielzahl von Todesschwadronen agiert und die Gefahr von Terrorakten dort am größten ist. Doch der «Ministro de Gobierno», Cesar Gaviria, lehnte dieses Anliegen mit den zynischen Worten ab: «Die beste Sicherheitsgarantie, die ich euch geben kann, ist, die Frauen und Kinder vorsorglich zu Hause zu lassen.» Verbittert erklärte ein Delegationsteilnehmer:

«Wenn wir Campesinos eine bestimmte Partei wählen, deren Politiker uns Geld oder Essen schenken, wenn wir sie wählen, weil sie uns schlagen oder mit dem Tode bedrohen, wenn wir zur Wahl gehen, weil ansonsten der Sohn seine Arbeitsstelle oder die Tochter ihren Studienplatz verliert, wenn wir uns so oder ähnlich verkaufen und prostituieren, dann werden wir als Beispiel für die Demokratie, die in Kolumbien herrscht, hingestellt.

Wenn wir jedoch auf die Straße gehen und fordern, daß die Versprechen, die uns vor der Wahl gemacht wurden, endlich eingelöst werden, wenn wir für unsere Rechte, um die man uns immer betrogen hat, demonstrieren, so sagt uns die Regierung, wir seien Terroristen und nützliche Idioten der Guerilla. Was für eine Demokratie ist das hier eigentlich?»

Die Antwort auf diese Frage gaben bald darauf die eigentlichen Machthaber des Landes, die kolumbianischen Streitkräfte. In einer großangelegten Operation durchsuchten Militärs und Sicherheitskräfte wenige Tage vor Beginn des Marsches die Büroräume von Organisationen, die die Demonstration vorbereiteten, verhafteten Organisatoren und Teilnehmer, beschlagnahmten Lebensmittel und sonstige Wertgegenstände der Campesinos. Elitetruppen besetzten demonstrativ die wichtigsten Straßenverbindungen, um den Campesinos den Weg zu den Provinzhauptstädten zu versperren. Panzer wurden als Straßensperren in Stellung gebracht. Viele Campesinos wurden bereits vor der Demonstration verhaftet.

Dennoch begannen am 23. Mai 1988 die Märsche der Campesinos.

Und inmitten dieses Klimas der Einschüchterung geschah etwas, das für Regierung und Militär eine noch viel größere Gefahr darstellte als die eigentlichen Demonstrationen: Menschen aus allen Teilen des Landes verbündeten sich mit den Bauern und brachten in zahlreichen Aktionen ihre Solidarität mit ihnen zum Ausdruck. In Cartagena und Bucaramanga besetzten gewerkschaftlich organisierte Arbeiter die Büros des regionalen Generalstaatsanwalts, um auf die Menschenrechtsverletzungen gegen Campesinos aufmerksam zu machen. In Barranquilla organisierten Studenten Solidaritätskundgebungen, und zusammen mit Arbeitern besetzten sie das staatliche Institut zur Durchführung der Agrarreform, INCORA. In Bogotá wurde die mexikanische Botschaft von 50 Personen besetzt; sie forderten die Regierung auf, Sicherheitsgarantien für die Demonstrationsteilnehmer abzugeben. Zur gleichen Zeit streikten etwa 15000 Menschen aus 150

Barrios der Hauptstadt, und in mehreren Ortschaften (wie z. B. Convencion, Codazzi) sammelte die Bevölkerung Nahrungsmittel für die Campesinos, nachdem deren Verpflegung vom Militär beschlagnahmt worden war.

Diese spontanen Solidaritätsaktionen der Bevölkerung mit den Teilnehmern der Campesinomärsche konnten jedoch die vom Militär in Gang gesetzte Repression nicht mehr stoppen. Bereits einen Tag vor Beginn der Demonstrationen überflogen Kampfhubschrauber der kolumbianischen Luftwaffe das Departement Norte de Santander und bombardierten die kleine Ansiedlung Guaciles. Ein Campesino kam dabei ums Leben, viele wurden verletzt und eine große Anzahl von Wohnhäusern zerstört. Im ganzen Land forderte der Staatsterror gegen die friedlich protestierenden Bauern über 30 Todesopfer. 200 Menschen wurden verletzt und mehr als 500 verhaftet.

Ein Augenzeuge berichtet von der Repression in der Ansiedlung La Fortuna im Departement Santander:

«Etwa 3000 Campesinos hatten sich am 23. Mai 1988 in La Fortuna versammelt, um von dort aus in die Provinzhauptstadt Bucaramanga zu marschieren. Um 5.30 Uhr tauchte plötzlich ein Militärtrupp aus Barranca unter dem Kommando des Capitans Jaramillo auf und schoß ohne Vorwarnung unkontrolliert in die Menschenmenge. Vier Campesinos starben, viele wurden verletzt, zum Teil schwer. Einige der verängstigten Bauern versuchten zu fliehen; sie wurden jedoch vom Militär verfolgt, und zweihundert wurden gefangengenommen. Die Soldaten brachten sie zu einer Straße und zwangen sie, sich dort auf den Boden zu legen. Diese Prozedur dauerte von 8.00 Uhr morgens bis 15.00 Uhr nachmittags. Während dieser Zeit wurden einige der am Boden liegenden Bauern unter der Beschuldigung, sie seien Guerilleros, aus der Masse ausgesondert und weggezerrt. Nach einer Weile hörten wir Gewehrsalven.

Eine Anzahl von Campesinos wurde in einer Militärkaserne am Ortseingang von Barranca gefangengenommen. Einige davon haben wir seitdem nicht wiedergesehen.»

Zur selben Zeit ereignete sich im Gebiet von Llana Caliente folgender Vorfall: Ein Demonstrationszug von über 8000 Campesinos wurde von einer Militäreinheit in der Nähe des Bataillons Luciano D'El Huyar aufgehalten. Als drei Teilnehmer des Marsches vom Militär festgenommen wurden, protestierten die Campesinos energisch und forderten deren sofortige Freilassung. Der Kommandant des Bataillons, Coronel Rogelio Correa Campos, befahl daraufhin seinen Soldaten, die Gewehre auf die Campesinos anzulegen. Einen Soldaten, der sich weigerte, diesen Befehl auszuführen, erschoß er eigenhändig. Danach überschlugen sich die Ereignisse: Ein anderer Soldat namens Luis Uribe Guarez feuerte die gesamte Munition seines Gewehres auf seine Militäreinheit ab und erschoß dabei den Bataillonskommandanten Correa Campos und zwei weitere Soldaten. Es folgte eine Schießerei unter den Uniformierten, bei der Guarez und einige weitere Soldaten den Tod fanden.

Diese Konfrontation innerhalb des Militärs wurde zum Anlaß für ein blutiges Massaker unter den Campesinos. Kaum waren die «Reihen wieder geschlossen», begann das Bataillon, wahllos auf die Demonstranten zu schießen. Zwölf Campesinos wurden getötet, über 30 verwundet. Viele der Bauern flüchteten zu einem nahegelegenen Fluß, am anderen Ufer jedoch wurden sie von den Gewehrsalven einer weiteren Militäreinheit empfangen. Nach Augenzeugenberichten starben hier nochmals mehrere Campesinos. Auch damit war der Terror noch nicht beendet: Viele Campesinos, die sich in ihre Behausungen retten konnten, wurden noch in derselben Nacht von Militärstreifen aufgespürt, gefangengenommen, einige gefoltert und ermordet.

Es gab kaum ein Demonstrationsgebiet, in dem es nicht zu blutigen Übergriffen, Drohungen und Verhaftungen von Teilnehmern kam. Kommissionen der regionalen Generalstaatsanwaltschaft, wie die von Bucaramanga, die wegen der Gewalttaten gegen die Campesinos Untersuchungen einleiten wollten, stießen bei den Militärs auf eisige Ablehnung, unverhohlene Lügen und sogar auf Drohungen. Ebenso erging es den wenigen Journalisten, die sich nicht nur auf die regierungsamtlichen Meldungen über den Verlauf der Märsche verlassen wollten, sondern selbst Ermittlungen anstellten. Eine TV-Journalistin wurde vom Militär gezwungen, die von ihr gesammelten Augenzeugenberichte zu vernichten. Campesinos, die vor Untersuchungskommissionen oder Reportern aussagen wollten, wurden von Angehörigen der Militärs mit dem Tode bedroht.

Ähnlich wie der Marsch vom Mai 1988 verliefen alle großen Protestmärsche der Campesinos in den letzten Jahren. Und jedesmal aufs neue begleiten die Massenmedien, die sich zum großen Teil in den Händen der Oligarchie befinden, die Demonstrationen der Bauern mit einer wahren Hetzkampagne. So schrieb zum Beispiel die größte kolumbianische Tageszeitung *El Tiempo* am 10. Juli 1985: «Es bleibt festzustellen, daß sogenannte ‹Märsche› der Campesinos durch nichts zu rechtfertigen sind. Die Campesinos dürfen sich nicht in den Dienst von versteckten politischen Zielen stellen, als deren Instrument sie mißbraucht werden... Es gibt wahrlich andere Mittel und Möglichkeiten, den Protest vorzutragen und nach Lösungsmöglichkeiten zu suchen. Das Protestmittel des Marsches ist jedoch ein gefährliches Spiel mit dem Feuer.»

Noch deutlicher wurde Escobar Sierra, Großgrundbesitzer und Senator der Konservativen des Departements Bolívar: «Handelt es sich hierbei um die Ausbildung zu einem Generalaufstand? Soll etwa wieder ein 9. April (Beginn der Violencia, Anm. d. Verf.) vorbereitet werden? ... Wenn diese Märsche zusammentreffen mit den teuflischen Taten der Terroristen, dann müssen wir klar die Bedeutung dieses Ereignisses erkennen.»

Ein Vertreter der ANUC hierzu: «Wir Campesinos taugen in diesem Land bestenfalls als Ausstellungsobjekte für Touristenkataloge und Schnulzengesänge. Nur dann werden wir als Bauern akzeptiert. Wenn wir allerdings eine Agrarreform fordern und für unser Recht auf Land und Leben protestieren, werden wir zu Terroristen und blutrünstigen Bestien gemacht. Die herrschende Klasse Kolumbiens könnte sich nicht klarer ausdrücken...»

Terror im Magdalena Medio

Die Antwort des kolumbianischen Staates auf die sozioökonomischen Konflikte des Landes war immer – egal unter welcher Regierung – militärisch repressiv. Die Campesinos hatten bisher den größten Blutzoll dieser Repression zu zahlen. Von den 62 Massakern paramilitärischer Gruppen, die 1988 registriert wurden, sind 46 an Kleinbauern verübt worden; 320 Menschen verloren dabei ihr Leben. Tausende von Campesinos sind in den achtziger Jahren ermordet worden oder spurlos verschwunden.

Besondere Brutalität erreichte die Repression in der Region von Magdalena Medio im Norden des Landes. Dieses Gebiet umfaßt ca. 45000 Quadratkilometer, etwa vier Prozent der Gesamtfläche Kolumbiens. Rund 620000 Einwohner leben im Magdalena Medio, die meisten als Campesinos. Aufgrund reicher Erdölfunde begannen sich jedoch mächtige Konzerne für die Ländereien des Magdalena Medio zu interessieren. Zusammen mit den dort ansässigen Großgrundbesitzern versuchten sie, das Land untereinander aufzuteilen und die Campesinos von ihrem Besitz zu vertreiben. Diese Vertreibung hat zwischenzeitlich das Ausmaß einer Blutorgie angenommen.

Es begann Anfang der achtziger Jahre unter der Regierungszeit von Turbay Ayala. Unter dem Vorwand der Aufstandsbekämpfung wurde die gesamte Region vom Militär besetzt. Überall wurden militärische Kontrollposten aufgestellt, und Patrouillen der Streitkräfte durchkämmten Tag und Nacht das Gebiet. An die Bevölkerung wurden «Passierscheine» ausgegeben. Wer bei Kontrollen kein solches Dokument vorweisen konnte, setzte sich der Gefahr aus, als Guerillero erschossen zu werden. Lebensmittel und Medikamente werden seit der Militarisierung der Region nur noch in rationierten Mengen verkauft.

Schon nach kurzer Zeit wurde der Magdalena Medio zum Tummelplatz berüchtigter Todesschwadronen. Einige dieser Mordkommandos, die von Rauschgifthändlern finanziert und vom Militär ausgebildet und personell unterstützt wurden, standen unter dem direkten Befehl des damaligen Polizeikommandeurs Isidro Carreno. Die gefürchtetste paramilitärische Gruppe, die MAS (Muerte a los subversivos), wurde Ende 1981 als angebliche Schutztruppe für Familienangehörige der Rauschgiftmafia gegründet. Bereits wenige Monate nach der Militarisierung der Region begann sie – unter Billigung des Militärs – ihre Terroraktionen gegen die Zivilbevölkerung: Im Gebiet von Vuelta Acuna wurden über 200 Leichen an die Ufer des Rio Magdalena angeschwemmt; Hunderte von Campesinos «verschwanden», Tausende von Familien wurden unter Morddrohungen von ihrem Land vertrieben. Seitdem regiert der Terror in Magdalena Medio.

Die Zeitung *El Tiempo* berichtete im August 1988: «Die Anzahl der Todesopfer ist dermaßen angestiegen, daß selbst die Regierungsstellen erschaudern, wenn sie darüber berichten müssen... All diese Verbrechen haben eine politische Ursache und sind im Zusammenhang zu sehen mit dem sogenannten schmutzigen Krieg, der in weiten Regionen des Magdalena Medio gegen die Zivilbevölkerung geführt wird.» Nach Untersuchungen des Generalstaatsanwalts Horacio Serpa Uribe vom 22. August 1988 wurden allein in den zwei vorangegangenen Monaten mehr als 200 Menschen im Magdalena Medio umgebracht.

Auch heute noch schwemmt der Rio Magdalena fast täglich Opfer des schmutzigen Krieges an. Es sind so viele, daß der Kommandant der Militärbasis von Barranca und verschiedene Bürgermeister der angrenzenden Dörfer beschlossen haben, keine Leichen mehr aus dem Fluß zu ziehen. Die Getöteten sind einfache Campesinos, Mitglieder von Gewerkschaften und linken Massenorganisationen, Vertreter von Bauernorganisationen und Priester, die ihre Stimme gegen die Welle der Gewalt erheben. Die meisten aufgefundenen Leichen weisen Spuren von grausamen Folterungen auf: zerschnittene Genitalteile, Köpfe ohne Haut und Augen; vielen Opfern wurden die Zunge und die Fingernägel ausgerissen.

Der Pater Bernardo López, der selbst dreimal nur knapp einem Attentat entging, erklärte im April 1987: «Ich selbst war Zeuge, wie fünf jugendliche Campesinos aus meiner Gemeinde von einer Militärpatrouille massakriert wurden. Die Soldaten sagten nur, daß es sich bei den jungen Menschen um Guerilleros handeln würde; ich weiß jedoch, daß dies nicht stimmt, denn ich kannte die fünf schon seit langem. All diese Morde sind eine Strategie der Großgrundbesitzer und der Helfershelfer, um die armen Campesinos von ihrem Land zu vertreiben, damit sie es sich selbst einverleiben können.»

Den vierten Anschlag überlebte Pater Bernardo López nicht: Am 25. Mai 1987 wurde er in seiner Gemeinde San Vicente de Chucuri (Santander) von der MAS ermordet.

Die Angst und der Terror werden angeheizt durch anonyme Morddrohungen, die die MAS und andere Todesschwadronen an Einzelpersonen, aber auch an politische Organisationen, kirchliche Einrichtungen sowie Presse und Radiostationen verschicken. «Bereitet euch vor: Samstag wird getötet – Sonntag getrauert», lautet beispielsweise eine häufig gebrauchte Drohformulierung. Gleichzeitig werden beim Leichenbestatter 50 Särge in Auftrag gegeben mit dem Hinweis, es werde «morgen einen Berg Leichen geben».

Der Terror verfehlt seine Wirkung nicht: Jeden Tag ziehen Dutzende von Campesinofamilien nach Barranca, um dort ihre letzten Habseligkeiten zu verkaufen und in die Stadt zu flüchten, in die Elendsviertel der Metropolen. Folgender Auszug aus der Zeitung *El Espectador* veranschaulicht die Situation dieser Flüchtlinge: «Das Dramatischste am Exodus der Landbevölkerung des Magdalena Medio ist nicht so sehr die bittere Armut der Menschen, sondern die panische Angst, die in ihren Augen steht. Viele sind nicht mehr in der Lage, ihren Kopf, ihren Blick vom Boden abzuwenden. Ihre Hände zittern, die Stimmen sind nahezu lautlos und fremdartig verzerrt. Immer wieder sehen sie sich nervös nach allen Seiten um – wie gejagte Tiere, die verzweifelt versuchen, ihren Häschern zu entkommen.»

Die im Magdalena Medio operierenden Todesschwadronen (MAS, Los Tiznados, Los Grillos, Mano Negra und viele mehr) haben, wie in allen Gebieten, die unter militärischer Kontrolle stehen, völlige Handlungsfreiheit. Doch nicht nur das: Die Armee arbeitet direkt mit den Killerkommandos zusammen. So veröffentlichte der kolumbianische Generalstaatsanwalt bereits 1983 eine Liste mit den Namen von 60 Armeeangehörigen, die engste Verbindungen zur MAS unterhielten, darunter auch hohe Offiziere. Nur durch diese enge Verflechtung zwischen Militär und Todesschwadronen ist es zu erklären, daß in militarisierten Gebieten wie dem Magdalena Medio, in dem überall Militärbasen errichtet sind und ständig Truppen patrouillieren, über 500 schwerbewaffnete Angehörige der Paramilitärs operieren können, ohne daß es jemals zu Verhaftungen oder bewaffneten Zusammenstößen gekommen wäre.

Trauriger Brief

Woher kommst du, Bruder,
Mit deinem schmerzverzerrten Gesicht?
Bist du ein Campesino, den sie unterdrücken,
Oder vielleicht ein Überlebender
Von mörderischen Kugeln,
Die von den Killern abgeschossen wurden?
Kugeln von diesen Todesschwadronen,
Die vom System unter Vertrag genommen werden,
Um unser Leben auszulöschen
Und Kolumbien in ein Blutbad zu tauchen.

Das Blut ist von uns Campesinos,
Männern, Frauen, Kindern,
Die mit erhobenem Haupt
Das Recht verlangen
Auf ihr Leben,
Und die zu Recht verlangen
Das Stückchen Land, das ihnen zusteht.
Aus diesem Grund, Bruder,
Tötet man in meinem Heimatland.

Der Autor dieses Gedichts, Manuel Gustavo Chacon, wurde am 15. Januar 1981 in Barranca von einer paramilitärischen Gruppe ermordet.

In den Elendsvierteln der Städte

«Das Gefühl, ohne einen Peso zu seiner hungrigen Familie zurückzukehren, ist einfach grauenhaft...»

In dem Haus wohnen vier Familien. 18 Personen teilen sich 80 Quadratmeter Wohnfläche. Jede Familie bewohnt nur eine einzige Kammer. Die Räume sind dunkel und stickig, die Fensteröffnungen wurden mit Karton abgedeckt. An den Wänden kleben Heiligenbilder und vergilbte Familienfotos. Der Fußboden ist betoniert, die niedrige Decke von Schimmelflecken übersät. Ein paar Meter vor dem Haus befindet sich eine Erdkuhle, in der sich das Regenwasser sammelt, sie dient den Bewohnern als Wasserstelle. Gekocht wird in einer großen Gemeinschaftsküche.

Juan Gabriel und Amanda leben mit ihren drei Kindern im vordersten Raum dieses Hauses im Barrio «La Esperanza» in Bogotá. Das Zimmer ist 15 Quadratmeter groß. Ein Ehebett, daneben eine Matratze, auf der die beiden jüngsten Kinder schlafen, ein kleiner Tisch mit zwei Stühlen, verschiedene Schachteln und Pappkartons – mehr paßt beim besten Willen nicht ins Zimmer.

Juan Gabriel erzählt:

«Ich bin 38 Jahre alt und stamme aus Santander, aus einer armen Campesinofamilie. Dort war ich viele Jahre als Landarbeiter auf einer großen Finca beschäftigt. Doch obwohl ich täglich mehr als zwölf Stunden arbeitete, auch sonn- und feiertags, reichte mein Verdienst nicht einmal für genügend Nahrungsmittel und die täglichen Busfahrkarten. Eines Tages besprach ich mich mit sechs meiner Kollegen, die genauso wenig verdienten wie ich, und gemeinsam gingen wir zum Padron. Wir baten ihn, uns etwas mehr zu bezahlen. Der Padron hörte sich alles ganz ruhig an, und als wir fertig waren, sagte er nur: ‹Ich brauche euch nicht mehr, ihr könnt verschwinden, unzufriedenes Pack.›

Ich zog wochenlang von einer Finca zur anderen, doch nirgendwo bekam ich Arbeit. Deshalb mußte ich nach Bogotá ziehen, denn auf dem Land kann man als Arbeitsloser nicht überleben. In Bogotá wohnte ich mehrere Wochen bei meinem Bruder und dessen Familie. Doch die hatten selbst keinen Platz, und so mußte ich in der Küche auf dem Fußboden schlafen. Durch meinen Bruder lernte ich Amanda kennen. Kurze Zeit später heirateten wir und zogen in das Haus hier, das ihre Eltern vor vielen Jahren nach einer erfolgreichen Landbesetzung zusammen mit anderen Familienangehörigen gebaut hatten.

Anfangs lebten wir nur vom Gehalt meiner Frau, die als Hausangestellte bei einer reichen Familie beschäftigt war. Doch endlich fand ich einen Job, etwas außerhalb von Bogotá, als Hilfsarbeiter in einer Metallfabrik. Die Arbeit wurde sehr schlecht bezahlt und war außerdem gefährlich, da ich an einer Metallschneidemaschine arbeiten mußte – und das im Akkord.

Eines Tages ist es dann passiert: Ich blieb mit der Hand an der messerscharfen Schneide der Maschine hängen und das Ding trennte mir die Hand ab. Von einem Tag auf den anderen war ich Invalide – für den Betrieb unbrauchbar. Schon wenige Tage nach dem Unfall wurde mir gekündigt, fristlos und ohne Abfindung.

Seitdem arbeite ich als Lotterieverkäufer im Zentrum von Bogotá. Doch das Geschäft geht sehr schlecht, denn die Konkurrenz ist groß, und die wirtschaftliche Situation der Bevölkerung miserabel. Die meisten Leute können sich deshalb den Kauf von Losen nicht mehr leisten. Um das Busgeld zu sparen, gehe ich oft zu Fuß ins Zentrum. Um 5.30 Uhr verlasse ich das Haus, damit ich um 7 Uhr in der Stadt bin und den Berufsverkehr «abgrasen» kann. Den ganzen Tag laufe ich straßauf, straßab, und wenn ich so um 20 Uhr nach Hause komme, habe ich oft höllische Schmerzen in den Beinen. Das Schlimmste daran sind jedoch nicht die Schmerzen, sondern daß es Tage gibt, an denen ich buchstäblich kein einziges Los verkaufe. Das Gefühl, das man an einem solchen Tag hat, wenn man nachts ohne einen Peso zu seiner hungrigen Familie zurückkehrt, ist grauenhaft. Meine Frau kann mit drei Kindern nicht mehr arbeiten, so daß alles von meinem Verdienst abhängt.

Im Durchschnitt verdiene ich am Tag so zwischen 500 und 700 Pesos (ca. 2–3 DM, Anm. d. Verf.), im Monat also, wenn ich Glück habe, etwa 25 000 Pesos. Das reicht bei einer fünfköpfigen Familie mit Müh und Not gerade dazu aus, um nicht zu verhungern ...»

Die Arbeits- und Lebensbedingungen der Stadtbevölkerung

Die Situation von Gabriel und seiner Familie steht stellvertretend für das Schicksal zahlloser Campesinos, die ihr Land verlassen mußten und in den städtischen Metropolen einen Neubeginn versuchten. Die Städte blähen sich unablässig auf bis zum Platzen: Während 1938 nur 31 Prozent der Bevölkerung in den Städten lebten, waren es 1979 bereits über 64 Prozent, die heutigen Schätzungen liegen bei 70 Prozent. Die Einwohnerzahl von Bogotá, der Hauptstadt des Landes, verdoppelte sich zwischen 1958 und 1970. Seitdem hat sie sich noch ein weiteres Mal verzweifacht. Heute leben in Bogotá über 6 Millionen Menschen, beinahe ein Fünftel der kolumbianischen Bevölkerung. Ein Großteil davon sind vom Land geflüchtete Campesinos.

Jeden Tag kommen Hunderte von Campesinos in der Hoffnung auf Arbeit und bessere Lebensbedingungen in die Städte. Für die meisten von ihnen führt die Wanderschaft direkt in die Elendsviertel der Metropolen. Dort angekommen, ist das erste Problem die verzweifelte Suche nach Arbeit. Doch wo sollen sie eine Stellung finden? Nach offiziellen Angaben des kolumbianischen Arbeitsministeriums von 1988 machen sich täglich 1,5 Millionen Kolumbianer auf die Suche nach einem Job, einer Gelegenheitsarbeit, irgendeiner bezahlten Beschäftigung. Nach offiziellen Statistiken waren im Jahr 1986 15,8 Prozent der Bevölkerung arbeitslos und mehr als jeder zweite, nämlich 55 Prozent, unterbeschäftigt. Auf dieses bereits vorhandene Heer von Arbeitsuchenden treffen die Neuankömmlinge, die das Angebot an billigen Arbeitskräften weiter vergrößern. Was sie erwartet, ist ein mörderischer Kampf ums nackte Überleben.

Nur die oftmals ans Wunderbare grenzende Erfindungsgabe der Habenichtse macht es möglich, daß sie nicht verhungern. Wer ein wenig Geld hat, kauft an der Plaza frühmorgens etwas Obst und Gemüse, um die Ware eine Ecke weiter für einen geringen Aufpreis wieder zu verkaufen. Oder er sammelt Müll, Abfall und Blechdosen, um diese gegen ein paar Pesos bei Müllverwertungsbetrieben abzuliefern. Auch mit Schmuggelware wie Zigaretten und Spirituosen wird reger Handel betrieben. Allgegenwärtig sind auch Lotterie- und Zeitungsverkäufer, Schuh- und Windschutzscheibenputzer. Aus dem Stadtbild der Metropolen sind sie nicht mehr wegzudenken.

Ebenso prägend für das Stadtbild sind die «Vendedores ambulantes», die fliegenden Straßenhändler. Tausende von ihnen verstopfen inzwischen die Straßen und Plätze der Städte. Sie haben sich einen kleinen, meist fahrbaren Bretterstand zusammengezimmert und verkaufen an jeder Straßenecke Früchte und Zigaretten, Süßigkeiten,

«Geschirr und anderen Kleinkram. Ihre Verdienstaussichten sind miserabel. An manchen Tagen verkaufen sie überhaupt nichts, die Höhe ihrer Einnahmen ist völlig ungewiß.

Maria, eine Straßenhändlerin, berichtet aus ihrem Arbeitsalltag: Ich heiße Maria und wohne in einem Viertel von Palmira. Ich bin 42 und verheiratet, aber vor 13 Jahren hat mein Mann mich verlassen. Ich arbeite von sechs bis achtzehn Uhr. Ich muß soviel arbeiten, weil ich in der Familie die einzige bin, die Geld verdient. Seit einiger Zeit lebt meine Mutter bei uns und hilft zu Hause etwas mit. Für mich gibt es keinen Sonntag und keine Ferien, ich bin jeden Tag an meinem Stand, außer wenn ich krank bin. Wieviel ich verdiene? Das ist mal so, mal so. An Sonntagen und Feiertagen – Muttertag oder Weihnachten – läuft das Geschäft ganz gut. Im Dezember verdiene ich ungefähr 10000 bis 15000 Pesos. Und sonst so 5000. (...)

Das Leben ist schwer, besonders auch, weil die Kinder noch in der Ausbildung sind. Für uns Straßenhändler ist es auch schlimm, daß wir nichts sicher haben. Wenn ich mal krank werde, muß ich zum Arzt, und der ist teuer. Wir haben ja keine Krankenversicherung. Und wenn man krank ist, kann man auch nicht arbeiten, dann muß man einfach hungern. Ich bin aber doch froh, daß ich nicht mehr auf dem Land wohne. Hier habe ich wenigstens Arbeit. Die einzige Zeit, die ich für mich selbst frei sein kann, ist nachts zwischen zehn und elf.

Dann setze ich mich mal so ein bißchen hin, streck die Beine aus oder leg mich schon mal ins Bett und seh fern. Um drei Uhr morgens muß ich schon aufstehen und das Frühstück und andere Sachen für den Tag vorbereiten. (...)

Aber wovon sollen wir denn sonst leben? Wovon soll man satt werden? Wenn man selbst einen kleinen Betrieb hätte oder irgend etwas anderes, dann würde man schon diese Arbeit hier bleiben lassen. Denn das Leben auf der Straße ist manchmal einfach fürchterlich.» (aus: Löw, S. 87–90)

Das Problem von Arbeitslosigkeit und permanenter Unterbeschäftigung wird in Kolumbien mit jedem Tag drängender. Denn die Bevölkerung des Landes wächst in schwindelerregender Geschwindigkeit, und immer mehr Menschen fordern ihr natürliches Recht auf eine menschenwürdige Existenz. Sämtliche kolumbianischen Regierungen haben sich bisher jedoch als unfähig erwiesen, die nötigen Arbeitsplätze für diese Menschen zu schaffen. Im Gegenteil: Kontinuierlich werden bestehende Arbeitsmöglichkeiten abgebaut. Neue Fabriken und Technologien – von europäischen und US-amerikanischen «Beratern» als Allheilmittel gegen die Unterentwicklung gepriesen – befördern immer mehr Menschen auf die Straße und damit ins Elend. Traditionelle Kleinbetriebe und Werkstätten werden von in- und ausländischen Großkonzernen aufgesogen, da diese durch Verringerung der Produktionskosten das Preisniveau steuern können und kleinere Betriebe dann nicht mehr konkurrenzfähig sind.

Außerdem hat der Staat Exportsubventionen für nichttraditionelle Exportgüter (wie Leder-, Textil- und Holzprodukte) aufgehoben, wodurch diese Waren auf dem Weltmarkt nicht mehr mithalten können. Die Folgen sind Produktionssenkungen und Massenentlassungen kolumbianischer Arbeiter.

Die unbegrenzte Öffnung der kolumbianischen Wirtschaft zum Weltmarkt führte dazu, daß nur die großen, meist multinationalen Unternehmen überleben. In der Statistik kommt dies klar zum Ausdruck: Von 100 in Kolumbien ansässigen Unternehmen mit hohen Produktionswerten arbeiten 36 mit Auslandskapital, der Anteil des Auslandskapitals an den industriellen Investitionen lag schon 1975 bei 68 Prozent. Da diese Großbetriebe mit hochmodernen, arbeitsplatzsparenden Technologien ausgerüstet sind, erweist sich die Industriali-

sierung der städtischen Zentren eher als eine Ursache von Arbeitslosigkeit denn als ein Mittel, um sie zu bekämpfen.

Welcher soziale Sprengstoff sich mit der wachsenden Arbeitslosigkeit auftürmt, die in großem Maße auch junge Menschen betrifft, verdeutlichen die folgenden Zahlen: Nach einer Untersuchung aus dem Jahre 1973 waren über die Hälfte der Kolumbianer, nämlich 56,8 Prozent, unter 20 Jahre alt. Davon treten jährlich über 25000 junge Menschen neu auf den Arbeitsmarkt – und viele davon in die Arbeitslosigkeit: Von 100 Arbeitslosen in den vier größten Städten Kolumbiens (Bogotá, Medellin, Cali und Barranquilla) waren 1988 laut Angaben des kolumbianischen Arbeitsministeriums 72 unter 30 Jahre alt.

Ein kolumbianischer Wirtschaftsexperte erklärte hierzu resignierend: «Wenn es stimmt, daß die Zukunft eines Landes in der seiner Kinder liegt, dann hat Kolumbien keine Zukunft mehr.»

Sollen diese Jugendlichen, denen die Wirtschaftspolitik ihrer Regierung nicht mehr bieten kann als Arbeitslosigkeit, Armut und Unterdrückung, mit verschränkten Armen in ihren Elendsbaracken sitzen und auf Wunder hoffen? Der Arbeitsminister Kolumbiens beschreibt ihre Situation zutreffend, wenn er einräumt: «Die Arbeitslosigkeit ist eine Folter, gegen die sich die Betroffenen mit Gewalt wehren. Denn nur derjenige, der über eine regelmäßige Einnahmequelle verfügt, kann ein Leben ohne Gewalt und im Rahmen der Legalität führen.»

Wie viele Kolumbianer aus dem «Leben im Rahmen der Legalität» ausscheren, belegen die schockierenden Zahlen aus den Polizeiberichten. Danach ereigneten sich 1986 in Kolumbien 14000 Morde – wobei die tatsächliche Anzahl allgemein höher eingeschätzt wird. Bei einer Bevölkerung von ca. 30 Millionen bedeutet das, daß jedes Jahr einer von 2000 Kolumbianern einem Mord zum Opfer fällt. Dies ist weltweit die höchste Mordrate für ein Land, das sich nicht im Kriegszustand befindet. Alle drei Stunden wird allein in Medellin, der zweitgrößten Stadt des Landes, ein Mensch umgebracht.

Derartige Gewaltausbrüche sind auf eine Reihe von Ursachen zurückzuführen, sie haben ihre Wurzel nicht ausschließlich in der Arbeitslosigkeit und der Verelendung breiter Bevölkerungsschichten. Viele dieser Morde sind politisch motiviert oder stehen im Zusammenhang mit dem Drogenhandel. Unbestreitbar ist aber das erdrükkende Elend vieler Kolumbianer ein wichtiger Faktor bei dieser Welle von Gewalt – einer kriminellen Gewalt, die oftmals nichts anderes darstellt als die Antwort auf die strukturelle Gewalt des Staates, der einer Vielzahl seiner Einwohner das Grundrecht des Lebens verweigert.

Die Arbeitslosen und Unterbeschäftigten sind nicht die einzigen, die sich heute in den Städten Kolumbiens in einer trostlosen Lage befinden. Armut und Not sind in zunehmendem Maße auch das Schicksal derjenigen «Privilegierten», die über einen Arbeitsplatz verfügen. Denn das riesige Heer der Arbeitslosen, das ein unversiegbares Reservoir an jederzeit verfügbaren Arbeitskräften darstellt, verhindert nicht nur jegliche vernünftige Lohnentwicklung, sondern auch die Entstehung von Arbeitsplätzen, die den Mindestanforderungen einer menschenwürdigen Beschäftigung entsprechen.

Besonders verheerend sind die Arbeitsbedingungen in den Minenzentren von Angelopolis und Amaga, etwa eine Autostunde von Medellin entfernt. In dem 1982 vom Kinderhilfswerk terre des hommes vorgelegten Report «Kolumbien – die ländlichen Gebiete» (S. 18) wird die Schinderei in diesen Bergwerken beschrieben:

«In den Minen arbeiten 4000 Arbeiter, größtenteils untertags. Der Arbeitstag beginnt zwischen 2 und 3 Uhr morgens und endet mittags um 12 oder 13 Uhr. In den Stollen, die nur drei Viertel der normalen Höhe haben, arbeiten etwa 400 Kinder im Alter zwischen 7 und 12 Jahren.

Das Leben und die Gesundheit der Arbeiter haben für die Minenbesitzer keinen Wert, sie investieren kaum Geld für Sicherheitsvorkehrungen, da eine riesige Reservearmee von Arbeitskräften zur Verfügung steht. Der Kohleabbau wird in fast allen Minen mit Pickel und Schaufel ohne technisches Hilfsgerät durchgeführt. Transportwagen werden durch Menschen ersetzt. Nur in etwa einem Drittel der Minen gibt es elektrische Beleuchtung, allerdings so schlecht gesichert, daß es oft zum Tod durch Elektroschläge kommt. In 40 Prozent der Minen wird bei Kerzenlicht gearbeitet, Ventilatoren und Belüftungsschächte sind selten, so daß Gasvergiftungen und -explosionen nicht selten sind.

Die Gesundheitsversorgung ist unzureichend, nur zwei Prozent der Arbeiter haben eine Lebensversicherung. Als Arbeitsunfälle gelten nur solche, bei denen der Arbeiter stirbt oder auf Lebenszeit arbeitsunfähig bleibt. Doch auch in diesen Fällen werden im allgemeinen keine entsprechenden Entschädigungen zuerkannt. Zwar gibt es ein Gesetz für Minenarbeiter, das 1970 verabschiedet wurde und genaue Regelungen über Sicherheitsvorkehrungen etc. enthält, doch Papier ist geduldig, und die Unternehmer nehmen es mit der Durchführung nicht so genau.

In den meisten Minen gibt es nicht einmal Stiefel, Handschuhe, Helme, Lampen oder Sauerstoffmasken für die Arbeiter, von Rettungstrupps gar nicht zu reden.»

Mit solchen erbärmlichen Arbeitsbedingungen paart sich ein Hungerlohn, der eine menschenwürdige Existenz oftmals nicht ermöglicht. 70 Prozent der kolumbianischen Bevölkerung verfügen über ein Jahreseinkommen von weniger als 300 US-Dollar. Regelmäßig wird der von den Gewerkschaften erkämpfte Gehaltszuwachs durch die wesentlich höher liegenden Preissteigerungsraten aufgefressen. So wurde etwa zum 1. Januar 1990 durch Regierungsdekret der Mindestlohn um 26 Prozent auf 41 025 Pesos angehoben, was bei einer (inoffiziellen) Inflationsrate von über 30 Prozent de facto eine Lohnsenkung bedeutet.

Nach Angaben der Zeitschrift *Revista Semana* vom August 1988 liegt das Einkommen von 60 Prozent der kolumbianischen Bevölkerung beim gesetzlichen Mindestlohn oder darunter. Man muß keine wissenschaftlichen Untersuchungen anstellen, um sich vorstellen zu können, daß damit keine Familie ernährt, keine Wohnung bezahlt und keine Medikamente gekauft werden können. Die Internationale

Kommission zur gerichtlichen Beobachtung in Kolumbien, die sich vom 24.2. bis 5.3.1988 im Land aufhielt, stellte fest, daß 35 Prozent der kolumbianischen Bevölkerung unter dem Existenzminimum leben, so wie es die Welternährungsorganisation FAO definiert. Ein Ergebnis, das angesichts von Arbeitslosigkeit und geringen Löhnen niemanden überraschen kann.

Eine der erschreckendsten Auswirkungen dieses Lebens unterhalb des Existenzminimums beschreibt die folgende Meldung aus der *Frankfurter Rundschau* vom 7. Oktober 1981:

> Geisteskrank durch Hunger
>
> 9 Millionen Kolumbianer leiden nach Angaben des Psychiaters Brainsky an Geisteskrankheiten und Hirnschädigungen, die sich durch die mangelnde ärztliche Versorgung noch verstärken können. Anläßlich des 21. Kolumbianischen Psychiaterkongresses wurde mitgeteilt, daß am weitesten verbreitet die Schizophrenie ist. Als Hauptgrund für Geistesstörungen schon bei Kindern wurde die Unterernährung der Mütter während der Schwangerschaft angegeben. Untersuchungen hätten ergeben, daß Kinder, deren Mütter während der Schwangerschaft nicht ausreichend ernährt waren, mit bis zu 60 Prozent weniger Nervenzellen geboren werden. Als Grund für die ebenfalls weit verbreitete Epilepsie gaben die Wissenschaftler die häufig außerordentlich schlechten Bedingungen während der Geburt an...

Dieser Bericht ist über acht Jahre alt. Die Lebensbedingungen der Menschen haben sich seitdem nicht verbessert. Auch das im Jahre 1986 von der Regierung Barco vorgelegte «Programm zur Bekämpfung der absoluten Armut» enthielt keine strukturellen Maßnahmen, um die Not der armen Bevölkerungsschichten zu lindern. Im Gegensatz zum propagierten Sozialprogramm führten die Kürzungen der öffentlichen Ausgaben vielmehr dazu, daß sich die Leistungen der staatlichen Gesundheits- und Bildungseinrichtungen weiter verschlechtern.

«So wie es uns geht, geht es uns gut»

Seine hungernden und unterernährten Landsleute kann Präsident Virgilio Barco wohl nicht gemeint haben, als er in seiner Neujahrsrede 1988/89 vollmundig verkündete: «So wie es uns geht, geht es uns gut.»

Wen also meinte der Präsident mit «uns», wenn er regierungsamtlichen Optimismus verbreitete?

Wohl dieselben wie der Vorsitzende des nationalen Industriellenverbandes, Fabio Echeverry, der fast zeitgleich mit dem Präsidenten feststellte: «Es geht uns ausgezeichnet.» Begeistert führte er aus, der Handel habe um sechs Prozent zugenommen, die Industrie sei um sieben und die Ölproduktion sogar um 30 Prozent gewachsen. Neue Exportartikel wie Bananen und Blumen gewönnen weiter an Boden, das industrielle Wachstum (1989 über drei Prozent) sei weiterhin im Vergleich zu lateinamerikanischen Nachbarländern ungewöhnlich hoch, und was die Auslandsverschuldung angehe, werde Kolumbien von jeher als ein «Musterland» bezeichnet.

In der Tat prosperiert die kolumbianische Wirtschaft. Die Regierung ist stolz, den jährlichen Schuldendienst von etwa 2,5 Mrd. US-Dollar – was etwa 45 Prozent der Exporteinnahmen entspricht – pünktlich abzutragen. Die gesamte Auslandsverschuldung Kolumbiens betrug 1989 lediglich 16 Mrd. US-Dollar. Seit Jahren wird das Land vom internationalen Kapital als gewinnträchtiges Investitionsterrain geschätzt. Das Fachmagazin *Business International* stellte bereits im Oktober 1983 fest, Kolumbien sei das rentabelste Land der Welt geworden. Brachte eine Auslandsinvestition einem Unternehmen im weltweiten Durchschnitt damals ca. zehn Prozent Rendite, so waren in Kolumbien 13,8 Prozent zu erzielen.

Zu den Gründen für die positive Wirtschaftsbilanz Kolumbiens gehört fraglos die Lenkung von Drogen-Dollars in einige nationale Wirtschaftszweige. Die Aussicht auf ein Gesetz, das Vermögen unklarer Herkunft legalisierte, begünstigte diese Tendenz. 1,2 Mrd. US-Dollar wurden 1987 über die «Ventanilla Siniestra», den öffentlichen Geheimschalter der Staatsbank für «gewaschene Dollars», eingeführt. Der größte Teil davon sind Erlöse aus dem Drogengeschäft.

Ein Hauptgrund dafür allerdings, daß es sich allemal lohnt, in Kolumbien zu investieren – seien es nun saubere oder schmutzige Dollars –, sind die miserablen Arbeitslöhne. Die Armut des Volkes schafft den Reichtum der Wirtschaft. Kolumbien ist eines der besten Beispiele dafür, daß die «Sickertheorie» der «Entwicklungsexperten», wonach sich das Wohlergehen der Wirtschaft eines Landes zwangsläufig auf die Lebensqualität der Bevölkerung überträgt, falsch ist. Der Abgrund zwischen dem Reichtum einiger weniger und dem Elend vieler wird statt dessen immer größer.

Vergleicht man die Einkommensverteilung der Bevölkerung, so erkennt man das deutliche Auseinandergehen der Schere: Während 1970 die ärmsten 60 Prozent noch einen Anteil von 13,4 Prozent am Volkseinkommen hatten, sank dieser Anteil 1982 auf elf Prozent und wird sich nach Schätzungen im Jahre 2000 auf 8,4 Prozent reduziert haben. Dagegen konnten die reichsten 20 Prozent der Bevölkerung ihre Quote von 57,7 Prozent des Volkseinkommens im Jahre 1970 auf 60,1 Prozent im Jahre 1982 steigern, und im Jahr 2000 wird ihr Anteil voraussichtlich 63,2 Prozent betragen.

Präsident Barco hatte also recht mit seinem Slogan «So wie es uns geht, geht es uns gut.» Es kommt halt nur darauf an, auf welcher Seite der Gesellschaft man sich befindet.

Die Wohnverhältnisse in den Barrios

Da die arme Bevölkerungsschicht ihre bescheidenen Einkünfte nahezu ausschließlich für die Ernährung ausgeben muß, fehlen die finanziellen Mittel zum Anmieten einer menschenwürdigen Behausung. Viele sind gezwungen, sich an den Rändern der Großstädte in Wellblech- und Kartonhäusern niederzulassen. Wie ein breiter Gürtel legen sich die Elendsviertel, die «Barrios», um die Metropolen, und wöchentlich kommen neue hinzu. Nach Angaben von DANE, dem statistischen Landesamt Kolumbiens, leben heute in Bogotá mehr als die Hälfte der Stadtbewohner in einer Slumsiedlung. Aus Platzmangel müssen viele der Armen ihre Hütten an steilen Berghängen bauen. In der Regenzeit werden sie regelmäßig weggespült. Insbesondere im verheerenden Winter 1988/89 wurden fast täglich Dutzende von Hütten unter herabstürzenden Erdmassen begraben. Hunderte von Slumbewohnern verloren ihr Leben.

Die Lebensverhältnisse der Barriobewohner sind katastrophal. Abwasser- und Kanalisationsanschlüsse sind nur in den wenigsten Ar-

menvierteln vorhanden. Die stinkende Abwasserkloake läuft oft direkt an den Hütten vorbei und bildet einen ständigen Krankheitsherd. Etwa 16 Millionen Menschen in Kolumbien haben keinerlei Abwasserversorgung, und nur 15 Prozent der Bevölkerung kommen in den Genuß von gereinigtem Trinkwasser. Privatunternehmer, die die Notlage der Slumbewohner schamlos ausnutzen, verkaufen literweise das begehrte Trinkwasser zu enorm überteuerten Preisen.

Die Versorgung mit Elektrizität fehlt in fast jedem Barrio. In den meisten Siedlungen werden jedoch häufig die Leitungen illegal angezapft, bis das E-Werk diese Kabel wieder durchschneidet. Die Transportverbindungen zwischen den Elendsvierteln und dem Stadtzentrum sind völlig unzureichend. Oftmals müssen die Bewohner stundenlange Fußmärsche auf sich nehmen, um in die Stadt zu gelangen. Schulen und Kindergärten werden nur in den seltensten Fällen eingerichtet. Die Analphabetenrate wird landesweit mit 27 Prozent angegeben, in den Barrios liegt sie weit darüber.

Zwar gibt es in fast jedem Barrio eine Kirche, aber ein Hospital oder eine Krankenstation sucht man vergeblich. Trotz der extremen Krankheitsanfälligkeit der Menschen in den Elendsvierteln – bedingt durch die chronische Unterernährung und die unhygienischen Wohnverhältnisse – fehlt in vielen Barrios die medizinische Versorgung fast vollständig. Die acht Ärzte, die im Landesdurchschnitt auf 10000 Ko-

lumbianer kommen (in der BRD betreut ein Arzt ca. 500 Personen), praktizieren meist nur in den Zentren der Großstädte, und nur gegen hohe Bezahlung, die von den Armen nicht aufgebracht werden kann. Zwar gibt es ein Krankenversicherungssystem in Kolumbien, doch werden davon nur acht Prozent der Bevölkerung erfaßt.

Diesen unmenschlichen Lebensbedingungen fallen in erster Linie die Schwächsten der Gesellschaft zum Opfer: die Kinder. Jährlich sterben in Kolumbien über 90000 Kinder unter fünf Jahren an Unterernährung und Infektionskrankheiten. Von 1000 Neugeborenen sterben in den Städten 57 bereits kurz nach ihrer Geburt, 4,5 Millionen Kinder unter 14 Jahren sind chronisch unterernährt – jedes zweite kolumbianische Kind. (Angaben nach offiziellen Statistiken der kolumbianischen Regierung)

Der Kampf der «Invasores»

Am schlimmsten sind die Bedingungen für die Neuankömmlinge. Von einem Jahr zum anderen versuchen ca. 370000 Menschen, neu in der Stadt Fuß zu fassen. Sie werden immer wieder von skrupellosen Geschäftemachern ausgenutzt und betrogen. Privatunternehmer er-

werben für billiges Geld ein Stück Land zweifelhafter Qualität am Stadtrand, teilen es in winzige Parzellen auf und verkaufen diese zu Wucherpreisen an die Zuwanderer. Die von ihnen zugesicherten Infrastrukturmaßnahmen werden nicht durchgeführt, und häufig wird eine Parzelle gleichzeitig an mehrere Interessenten verkauft. Es kommt sogar vor, daß der Verkäufer überhaupt nicht Eigentümer des verkauften Landes ist, und bevor die neuen Besitzer den Betrug bemerken, ist es zu spät: Polizei und Militär vertreiben die um ihre letzte Habe Geprellten mit Gewalt. Staatliche Stellen dulden in der Regel die Betrugspraktiken der «Piratas», und oftmals stecken die verantwortlichen Beamten mit den Spekulanten unter einer Decke.

Doch die Betrogenen haben begonnen, sich zu wehren: Um einen Platz zum Leben zu bekommen, greifen die Menschen immer häufiger zum Mittel der illegalen Landbesetzung. Eine Gruppe von Familien besetzt dabei ein Stück Land, das im Eigentum der Stadt oder einer Privatperson steht, bebaut es schnellstmöglich mit Hütten und verteidigt diese nachher gegen die Sicherheitskräfte. Zwangsräumungen durch die Polizei wird erbitterter Widerstand entgegengesetzt, und immer wieder konnten sich die Bewohner in monatelangen, teils blutigen Auseinandersetzungen gegen die Staatsgewalt behaupten. Einer der «Invasores» erzählt:

«Nachdem wir in die Stadt gekommen waren, taten wir uns mit

anderen Zugewanderten zusammen. Wir machten ein Stück Land ausfindig, das uns für die Besetzung geeignet erschien. Jetzt mußte alles schnell vor sich gehen. Im Regen und der Kälte der Nacht bauten wir die Hütten. Nur 24 Stunden hatten wir Zeit, um das Land zu besetzen. Wer das nicht rechtzeitig fertigbrachte, bekam sein Stück Land wieder abgenommen; dann wurde es anderen zugeteilt. Das hatte den Sinn, daß so schnell wie möglich viele Leute zusammenkamen, die dann die Landbesetzung verteidigen konnten.

So war das. Eine große Menge von Leuten war Tag und Nacht damit beschäftigt, Bambus, Dachpappe und Bretter heraufzuschleppen. Alles, was wir in der Stadt finden konnten, schafften wir den Berg hinauf. Währenddessen mußten wir unsere paar Sachen bewachen und uns bereithalten, sie zu verteidigen. Keiner hatte eine Ahnung, wann die Polizei käme, um uns mit Kugeln und Schlagstöcken zu vertreiben. Darum schliefen und wachten wir nachts immer abwechselnd.» (aus: Weber, S. 364)

1972 zählte man in Bogotá 206 solcher Invasionsbarrios. Inzwischen dürfte sich die Zahl dieser Ansiedlungen verdoppelt haben.

Gemeinsam stark – die Movimientos Civicos

Nicht wenige Kolumbianer erkennen bei solchen Landbesetzungsaktionen erstmals, daß nur der gemeinsame und organisierte Kampf all derjenigen, die die gleichen Interessen haben, zum Erfolg führen kann. Ein Zeichen für diese Erkenntnis und das wachsende Selbstbewußtsein breiter Bevölkerungsschichten sind auch die «Movimientos Civicos», die kolumbianischen Bürgerinitiativen, die durch Demonstrationen und Streiks die Behörden auf ihre Forderungen aufmerksam machen. Als Basisorganisationen der Betroffenen, die sich am Ort für eine Verbesserung der Lebensbedingungen einsetzen, stellen sie eine wichtige Alternative zu den klassischen Politikformen dar. An der Seite von Bauern-, Indianer- und Gewerkschaftsorganisationen sind sie einer der Pfeiler der neuen kolumbianischen Widerstands- und Protestbewegung. In ihrem Artikel «Die Provinzen sind erwacht» beschreibt Bettina Reis das Erstarken der Movimientos Civicos:

«Am 14. März 1984 hatten die EinwohnerInnen von Funza, einer 20000-Seelen-Gemeinde in der Nähe von Bogotá, genug. Die Viehzüchter und die Besitzer der Bananenplantagen in ihrer direkten Umgebung hatten ihnen buchstäblich das Wasser abgegraben. Schriftliche Eingaben und höfliche Besuche bei der Bezirksregierung und den zuständigen Ämtern, selbst ein Fußmarsch nach Bogotá hatten nichts genützt, um der Wassernot der Bevölkerung Abhilfe zu schaffen. Deshalb erklärten die BürgerInnen von Funza kurzerhand einen *paro civico*, einen zivilen Streik, und blockierten um 3 Uhr morgens die Straße Bogotá–Medellin, eine der wichtigsten Verkehrsverbindungen Kolumbiens. Am 14. März 1984 stand in Funza alles still. 15000 Menschen versammelten sich auf der Straße, schon nach wenigen Stunden stauten sich kilometerlange Autoschlangen auf beiden Seiten der Menschenblockade. Da es um ihre konkreten Bedürfnisse ging, hatten die BürgerInnen von Funza auch konkrete Vorschläge, die das Streikkomitee dem Gouverneur vorlegte: Die Gemeindebehörden sollten die Verantwortung für die Wasserversorgung übernehmen und den Viehzüchtern und Plantagenbesitzern untersagen, weitere Wasserquellen anzuzapfen. Die erste Rate für den Bau eines Wasserwerks sollte sofort ausgezahlt werden. Als Übergangslösung sollte für die Wasserversorgung der EinwohnerInnen ein Brunnen gegraben werden. Und um Mißstände langfristig abzuschaffen, hatten die aufgebrachten BürgerInnen auch Vorschläge für eine demokratische Beteiligung bei Wasser- und sonstigen Gemeindeverwaltungsangelegenheiten.

‹Die Provinzen sind erwacht›, meinen VertreterInnen der Movimientos Civicos, wenn sie das Erstarken der Volksbewegung im Lauf der achtziger Jahre umschreiben. Massive zivile Streiks wie der der BürgerInnen von Funza sind in Kolumbien keine Ausnahme mehr, sondern haben in den letzten Jahren beständig zugenommen. So wurden im ersten Halbjahr 1987 in ca. der Hälfte (in 534 von insgesamt 1014) aller Gemeinden BürgerInnenproteste in Form von Demonstrationen, Besetzungen, Paros Civicos etc. registriert. Die zivilen Streiks betreffen nicht mehr nur Einzelgemeinden, sondern dauern oft mehrere Tage und legten 1984 und 1987 den Handel und Verkehr und partiell auch die Produktion in ganzen Departements Kolumbiens lahm. (...)

Die breite Mobilisierung der BürgerInnen entsteht vor allem dort, wo der Staat ‹durch Abwesenheit glänzt› und wo die regional ungleiche Entwicklung Kolumbiens besonders deutlich wird. Paros Civicos – als Signale für den Unmut der Bevölkerung – wurden in den letzten Jahren auch in politisch eher ruhig eingeschätzten Regionen an der Pazifikküste oder im Departement Narino an der Grenze zu Ecuador registriert. Neben der Grundversorung mit Wasser und Strom fordert die Bevölkerung dieser Zonen eine bessere infrastrukturelle Durchdringung, zum Beispiel Straßen- und Brückenbau, um die Vermarktung der kleinbäuerlichen Produkte zu ermöglichen und Handel und Gewerbe anzukurbeln. Dringend benötigt werden außerdem Schulen und Gesundheitseinrichtungen. In den meisten Fällen organisiert sich also die Bevölkerung, um den Staat zu zwingen, seine Verpflichtung der Grundbedürfnisbefriedigung wahrzunehmen und überhaupt erst als Sozialinstanz in Erscheinung zu treten. (...)

‹Vom bloßen Protest hin zu konkreten Vorschlägen› (‹De la protesta a la propuesta›) – so definieren die Movimientos Civicos ihre Entwicklung in den achtziger Jahren und ihre politische Projektion für die Zukunft. (...)

Bei den Wahlen im März 1988, bei denen erstmals in der kolumbianischen Geschichte die Bürgermeister direkt vom Volk gewählt und nicht mehr von den Gouverneuren eingesetzt wurden, bekamen die Movimientos Civicos über 800000 der abgegebenen Stimmen und erreichten auf Anhieb 102 Bürgermeisterämter.» (aus: ILA, März 1989)

Die Unterdrückung der Gewerkschaften

Die wachsende zivile Oppositionsbewegung stellt eine ernste Gefahr für das Zweiparteiensystem Kolumbiens dar. Um dieser Bedrohung Herr zu werden, hat der liberale Präsident Virgilio Barco im Januar 1988 die sogenannten «Dekrete zur Verteidigung der Demokratie» erlassen. Sie enthalten vor allem Bestimmungen zur Einschränkung der Demonstrationsfreiheit und dienen damit als Instrumente, um die erstarkte Volksbewegung «legal» zu bekämpfen. Immer wieder wird der Versuch unternommen, Streikende zu kriminalisieren und sie als «zivile Abteilung der Guerilla» zu diffamieren.

Weit bedeutsamer ist allerdings die «außerlegale» Repression gegen die Opposition: der Terror. Betroffen davon sind insbesondere die Gewerkschaften, die eng mit den Movimientos Civicos zusammenarbeiten. Bereits im ersten Jahr des Bestehens des 1986 gegründeten Gewerkschafts-Dachverbandes «Central Unitaria de Trabajadores» (CUT), dem über 1 Million Mitglieder angehören und der 80 Prozent der organisierten kolumbianischen Arbeiter vertritt, wurden nach Informationen von amnesty international 116 CUT-Mitglieder ermordet, acht «verschwanden». Im Juni 1987 kamen im Nordosten Kolumbiens mehr als 20 Anführer und Teilnehmer eines Generalstreiks bei einem Massaker ums Leben. Zwei Monate zuvor hatte die CUT eine erschütternde Dokumentation veröffentlicht, in der zahlreiche Fälle von brutalen Menschenrechtsverletzungen an Gewerkschaftsangehörigen aufgezeigt wurden. Der Bericht schildert Massenmorde an Gewerkschaftern, denen 21 Personen zum Opfer fielen, Einzeltötungen von 72 Mitgliedern, das «Verschwindenlassen» von neun Aktivisten der CUT sowie Folterungen und Vergewaltigungen von 63 Gewerkschaftsangehörigen.

Mehrere regionale Gewerkschaftsbüros, so zum Beispiel das der Landarbeitergewerkschaft SINTAGRO, wurden in den letzten Jahren in die Luft gesprengt, die Einrichtungen der CUT werden immer wieder illegal durchsucht, Dokumente werden beschlagnahmt, Mitglieder eingeschüchtert und oftmals ohne gesetzliche Grundlage verhaftet.

Besonders bedroht ist die kolumbianische Lehrergewerkschaft FECODE (Federacion Colombiana de Educadores). Im November 1987 übergab dieser Verband dem Generalstaatsanwalt eine Liste mit den Namen von über 300 Lehrern, die seit Juli desselben Jahres Todesdrohungen erhalten hatten. 15 Lehrer waren bereits Todesschwadronen zum Opfer gefallen. Ende April 1988 veröffentlichte die FECODE eine neue Liste, wonach allein in den ersten vier Monaten des Jahres 21 Lehrer und Dozenten ermordet worden waren. So auch Luis Felipe Velez, Vorsitzender der Lehrergewerkschaft ADIDA im Departement Antioquia. Er wurde am 25. August 1987 erschossen. Kurz vor seinem Tod hatte Velez zahlreiche Drohungen erhalten und war vom Kommandeur der 4. Militärbrigade, General Padilla Vergera, öffentlich der Subversion bezichtigt worden. Die Nachfolgerin von Velez, Angela Tobon Puertas, wurde sofort nach ihrem Amtsantritt ebenfalls mit dem Tode bedroht, mußte das Land verlassen und lebt heute im Exil in England.

Die Repression gegen Mitglieder der Lehrergewerkschaften hat derart brutale Züge angenommen, daß sich in der Bundesrepublik der Hauptausschuß der GEW (Gewerkschaft Erziehung und Wissenschaft) zu einer Unterstützungskampagne für bedrohte kolumbianische Lehrer und Lehrerinnen entschlossen hat, um ihnen das Untertauchen oder die vorübergehende Ausreise zu ermöglichen.

Die erschreckendsten Ausmaße erreicht der gegen die Gewerkschaften geführte Vernichtungsfeldzug im Bananenanbaugebiet Urabá im Departement Antioquia. Durch Dschungelwälder und Gebirgsketten ist diese Region von der Außenwelt fast völlig abgeschnitten, die schlechten Verkehrsverbindungen machen das Gebiet nur schwer zugänglich. Trotz dieser Abgeschiedenheit ist Urabá als Hauptanbaugebiet für Bananen ein bedeutendes Wirtschaftszentrum. Die Mehrzahl der über 20000 Bananenarbeiter ist in den beiden Gewerkschaften SINTAGRO und SINTRABANANO organisiert. Die elenden Lebensumstände der Arbeiter, miserable Löhne und katastrophale Wohnverhältnisse führen immer wieder zu sozialen Auseinandersetzungen der Gewerkschaften mit den mächtigen Bananenpflanzern. Doch Lohnforderungen, Tarifverhandlungen oder Streiks enden in vielen Fällen mit einem Blutbad.

Als die SINTAGRO im Dezember 1986 mit den Bananenunternehmen Verhandlungen über Lohnerhöhungen und bessere Arbeitsbedingungen begann, setzte eine Welle von Morden und Entführungen in Urabá ein. Unter den Opfern befand sich auch der Führer der SINTAGRO, Ovidio Cano. Wenige Tage nach dessen Ermordung wurde auch der Verhandlungsführer der SINTRABANANO, Narciso Mosquera Sanchez, erschossen. Viele Familien von Gewerkschaftern wurden Opfer der Sicherheitskräfte oder paramilitärischer Killerbanden. Mit Namenslisten versehen, suchen Todesschwadronen in den Hütten der Arbeiter nach Gewerkschaftsmitgliedern, die sie meist an Ort und Stelle liquidieren.

amnesty international schätzt, daß im Jahre 1987 mehr als 200 Menschen, überwiegend Gewerkschafter und Plantagenarbeiter, den politisch motivierten Blutorgien in Urabá zum Opfer fielen – und dies alles in einem Gebiet, in dem sich über 40 militärische Sicherheitsposten befinden und wo auf zehn Einwohner ein Angehöriger der Streitkräfte kommt! amnesty international, America's Watch, Pax Christi und andere Menschenrechtsorganisationen gehen daher davon aus, daß die an den Arbeitern und Gewerkschaftsmitgliedern verübten Verbrechen zumindest mit Zustimmung der Streitkräfte, wenn nicht unter deren direkter Beteiligung, begangen wurden.

Bereits am 3. Oktober 1986 war eine hochrangige Kommission aus Gewerkschaftsvertretern und Regierungsangehörigen gebildet worden, um nach friedlichen Lösungen für die sozialen Konflikte in Urabá zu suchen. Die Rede des Vertreters der Tagelöhnergewerkschaft SINDEJORNALEROS, Jesus Maria Imbett, vor dieser Kommission verdeutlicht die dramatische Situation der Arbeiter und Gewerkschaftsmitglieder (Auszug):

«Verehrte Anwesende! Zum wiederholten Male sind wir gezwungen, auf einer Konferenz anklagend festzustellen: Wir, die Arbeiter von Urabá, haben unser Grundrecht auf Leben verloren. Denn hier in Urabá existiert das Gesetz des Dschungels, das uns der elementarsten Rechte beraubt. Eingeführt wurde dieses Faustrecht des Stärkeren von den Plantagenbesitzern dieser Region. Mit Hilfe von Militär und Polizei bestimmen sie die Lebens- und Arbeitsbedingungen, die gewaltsam gegen die arbeitende Bevölkerung von Urabá durchgesetzt werden. Immer wieder mußten wir feststellen, daß Arbeitskonflikte nicht von dem dafür zuständigen Minister gelöst werden, sondern durch die Truppen des Militärbataillons Voltigeros.

Betrachten wir beispielsweise die gegenwärtige Situation auf der Finca La Argentina: Die Arbeiter der Bananenplantage streiken dort für einen menschenwürdigen Lohn, für die Respektierung ihres Lebens, für die Einhaltung ihrer verfassungsmäßig garantierten Grundrechte. Der von uns ausgerufene Streik wurde vom Arbeitsministerium ausdrücklich für rechtmäßig erklärt. Dennoch drangen am 30. April ca. 150 Angehörige des Militärbataillons Voltigeros ins Streikgebiet ein – mit Panzern, Raketen und Kriegswaffen kurzer und weiter Reichweite. Sie verhafteten 38 Gewerkschafter, und zusammen wurden wir zur Kaserne des Bataillons gebracht, wo wir gefesselt und fünf Tage lang gefoltert wurden.

Der Companero Obdulio Palacios wurde des illegalen Waffenbesitzes beschuldigt. Man habe in seiner Wohnung einen Revolver gefunden, sagten die Militärs. Doch diese mußten dreimal die Hütte von Palacios durchsuchen, um endlich die Waffe zu finden, die diejenigen versteckt hatten, die Palacios nun wegen dieses Deliktes anklagten. In diesem Moment sitzt er im Gefängnis von Chigorodo und wird mit dem Tode bedroht. Wir wissen, daß der Verwalter von La Argentina gesagt hat, man müsse Palacios umbringen, bevor er wieder aus dem Gefängnis entlassen werde, da er ein gefährliches Subjekt sei.

Wir aber fragen uns: Gefährlich für wen? Für die Interessen der Bananenindustrie, für die Besitzer der Finca La Argentina ist der Genosse Palacios wie die gesamte Gewerkschaftsbewegung eine Gefahr, die ausgeschaltet werden muß. Unsere Genossen werden ermordet, weil sie für ihre Rechte kämpfen und für eine Verbesserung der wirtschaftlichen und sozialen Situation der Arbeiter eintreten. Und wenn dies der Grund für ihre Ermordung ist, so beweist uns das klar, wer die Killer beauftragt und wer die Aufträge ausführt...

Wir wollen hier erneut die Besitzer der Bananenpflanzungen darauf hinweisen, daß die Lösung des sozialen Konflikts nicht die Anwendung von Gewalt sein kann. Die Lösung besteht nicht in der Ermordung von Gewerkschaftern und Arbeitern, denn wir haben gezeigt, daß die Morde an unseren Genossen die Gewerkschaftsbewegung nicht ausgelöscht haben und nie auslöschen werden. Auch Erpressungen, Folterungen und Todesdrohungen wie beispielsweise die gegen unseren verhafteten Genossen Palacios werden uns nicht einschüchtern.»

Diese öffentliche Anklage war der letzte verzweifelte Versuch von Jesus Maria Imbett, das bedrohte Leben seines Kollegen Obdulio Palacios, des Vorsitzenden der Gewerkschaft SINTRAJORNALEROS, zu retten. Der Versuch scheiterte: Nur viereinhalb Monate nach dieser Rede wurde Palacios erschossen. Zu dieser Zeit verbüßte er wegen illegalen Waffenbesitzes eine einjährige Gefängnisstrafe. Er war gerade mit einer Gruppe von Häftlingen im Freien beim Arbeitseinsatz, als Unbekannte das Feuer auf ihn eröffneten. Die zur Bewachung des Gefangenen eigens abgestellten Wärter griffen nicht ein, um Palacios zu schützen oder um die Killer aufzuhalten.

Der verbotene Generalstreik

Im Oktober 1988 entschlossen sich die beiden Gewerkschaftsdachverbände CUT und CGT, den Generalstreik auszurufen. Vorangegangene Verhandlungen über einen Forderungskatalog der Gewerkschaften (Lohnerhöhungen, Einfrierung der Lebenshaltungskosten für sechs Monate, Aufhebung des Ausnahmezustandes und Beendigung der Repression gegen die Gewerkschaften) waren von der Regierung brüsk abgebrochen worden. Auch die Ende Juli 1988 durchgeführten Protestmärsche im ganzen Land, die den Forderungen Nachdruck verleihen sollten, waren ergebnislos verlaufen. In einer Urabstimmung, an der sich alle großen kolumbianischen Massenorganisationen beteiligten, ließen die Gewerkschaften daraufhin ihre Mitglieder über die Ausrufung des Generalstreiks entscheiden. Etwa 75 Prozent sprachen sich für den Streik aus. Riesige Demonstrationen in allen Landesteilen am 5. Oktober 1988 unterstrichen den Willen der Bevölkerung, für die Durchsetzung ihrer Rechte die Arbeit niederzulegen.

Nun erst reagierte die Regierung Kolumbiens – mit einem Bestechungsversuch: Sie bot den Gewerkschaften einen Betrag von fast 20 Millionen Pesos (ca. 40000 US-Dollar) an, falls sie die Behauptung widerriefen, die Regierung hätte enge Verbindungen mit paramilitärischen Gruppen; statt dessen sollten sie öffentlich erklären, die politische Führung des Landes sei ernsthaft um die Einhaltung der Menschenrechte bemüht. Das Geld sollte aus einem 300000 US-

Dollar-Fonds der Vereinten Nationen bezahlt werden, den diese für das Menschenrechtsprogramm der kolumbianischen Regierung bereitgestellt hatten.

Die Gewerkschaften lehnten diese Bestechung ab, und sofort zeigten die Machthaber wieder ihr gewohntes Gesicht. Am 23. Oktober 1988 erklärte Innenminister Cesar Gaviria: «Ihr bereitet den Streik vor – und wir den Krieg. Wir werden keinen Unterschied machen zwischen euch und der Guerilla.» Unter Hinweis auf das Notstandsdekret 180, das als «Statut zur Verteidigung der Demokratie» auf der Grundlage des Ausnahmezustandes und im Rahmen einer neuen Antiterrorgesetzgebung am 27. Januar 1988 erlassen worden war, erklärte Präsident Barco per Erlaß den Streik für illegal. Allen Gewerkschaften, die sich für eine Arbeitsniederlegung aussprachen, wurde die Aberkennung ihres rechtlichen Status angedroht, und für streikende Arbeiter waren Haftstrafen zwischen 30 und 150 Tagen vorgesehen. Den Medien wurde verboten, über den Streik zu berichten.

Doch damit nicht genug: am Streiktag selbst, dem 27. Oktober 1988, wurden Städte, Betriebe und Fabriken militarisiert; 300000 Polizisten und Soldaten wurden aufgeboten, um die «öffentliche Sicherheit und Ordnung» zu gewährleisten – noch nie zuvor waren so viele Polizei- und Militärkräfte im ganzen Land zum Einsatz gebracht worden. In den Großstädten patrouillierten Panzer und Militärfahrzeuge mit schwerem Kriegsgerät. Bogotá glich am Tag des Generalstreiks einer riesigen Garnisonsstadt; Tausende von Uniformierten durchkämmten die nahezu menschenleeren Straßen, und jeder streikende Arbeiter, den sie im Bus, in Restaurants oder Kneipen, auf öffentlichen Plätzen und Straßen aufspürten, wurde mit Waffengewalt und Schlägen zu seinem Arbeitsplatz gebracht.

Zwar konnte aufgrund der massiven Militärpräsenz nicht die gesamte Produktion im Lande gestoppt werden. Nichtsdestoweniger kam die Hälfte des Verkehrs zum Erliegen, sämtliche Professoren und Lehrkräfte blieben den Bildungseinrichtungen fern, die Elektrizitäts- und Wasserversorgung brach zusammen, und in vielen Betrieben, vor allem in der Glasherstellung und der metallverarbeitenden Industrie, standen die Räder still. Doch um welchen Preis: Nach Angaben des «Colectivo de Abogados Alvear Restrepo», einem Zusammenschluß von Menschenrechtsanwälten in Bogotá, wurden während des Streiks über 2000 Teilnehmer verhaftet, viele davon brutal gefoltert. Verschiedene Gewerkschaftsführer wurden auf direkten Befehl des Oberkommandierenden der Streitkräfte, Manuel Gúerrero Paz, verhaftet, der zwei Tage vor dem Streik dem Generaldirektor der nationalen Polizei eine Liste mit zehn Gewerkschaftsführern überreichte, die «nach Erhalt dieses Befehles festgenommen» werden sollten. 120 Arbeiter verloren wegen Beteiligung am Streik ihren Arbeitsplatz. Neun Gewerkschaften wurde ihr Rechtsstatus aberkannt (d. h., daß sie nicht mehr als Gewerkschaften auftreten dürfen). Viele Partei- und Gewerkschaftsräume wurden durchsucht, auf einige Anschläge verübt.

Von alldem war in den gleichgeschalteten und zensierten Massenmedien kein Wort zu erfahren. Für sie war der Streiktag ein Tag wie jeder andere; es gab weder eine fünfzigprozentige Verkehrslahmlegung noch einen siebzigprozentigen Produktionsstillstand, es kam zu keinen Hausdurchsuchungen, Massenverhaftungen, Verletzten und Toten. Für die Regierung und deren Medien existierten auch keine Protestmärsche und kein Generalstreik – wahrscheinlich nicht einmal der 27. Oktober 1988.

Generalstreik in Kolumbien, ein Tag wie jeder andere...

Bis heute verfolgt – Die Indianer

«Unsere Geschichte ist in Blut gebadet»

Ansprache von Guillermo Tenorio, Vertreter des regionalen Indianerrats des Cauca (CRIC), anläßlich des Besuchs von Papst Johannes Paul II. in Popayan, Kolumbien (Auszug):

«In wenigen Jahren werden wir den 500. Jahrestag der Ankunft der Eroberer in unserem Land feiern. Dieser Tag hat tiefe Spuren im Schicksal unserer Völker hinterlassen. Die Eroberung bedeutete für uns Indianer eine völlige Umkehr unserer Geschichte. Wir werden den 500. Jahrestag begehen als Erinnerung an eine Geschichte des Schmerzes, der Verachtung, des Elends, des unbekannten Martyriums – unbekannt deshalb, weil es das Martyrium der Indios ist. Wir blicken zurück auf eine Geschichte des Kampfes, eines Kampfes, der auch für unsere Kultur auf Leben und Tod ausgetragen wurde. Viele unserer Brüder sind der Aggression der Konquistadoren zum Opfer gefallen.

Doch viele von uns haben überlebt. Die Berge der majestätischen Anden, die Steppen der Llanos und die tiefen Dschungel des Amazonas sind stumme Zeugen von unendlichem Leid, aber auch unendlicher Hoffnung. Der Blick eines Indianers ist geprägt von der Traurigkeit über den Raub unserer Mutter Erde, über das Unverständnis für unsere Lebensform, über die Unterdrückung unserer Sprache, über die Mißachtung der traditionellen Medizin und des alten Erziehungssystems der Gemeinschaften. Unsere Füße sind wundgelaufen von den langen Wegen, die wir auf der Flucht vor dem Eindringling zurücklegen mußten. Man hat uns in die Enge getrieben.

Aber in den letzten Jahren ist unser Bewußtsein wieder erwacht, und in diesem Erwachen sehen wir mit Stolz und Hochachtung auf das Erbe unserer Vorfahren. Wir haben begonnen, uns zu organisieren, stärker zu werden, eine bessere Zukunft für unsere Völker zu erkämpfen. Wir sind dabei, mit Ausdauer und Hartnäckigkeit jene Gebiete zurückzuerobern, die einmal unser Land gewesen sind, um dort mit unserer eigenen Verwaltung zu überleben. Wir sprechen wieder mit Stolz unsere eigene Sprache, wir suchen ein System, das unserer kulturellen und sozialen Entwicklung gerecht wird.

Doch dieser Weg ist hart und schwierig, denn die Antwort der Großgrundbesitzer auf unsere Forderung ließ nicht auf sich warten: Indianer, unter ihnen auch Frauen und Kinder, wurden ermordet und ins Gefängnis geworfen, unsere Resguardos (indianisches Gemeinschaftsland) wurden militarisiert.

Leider müssen wir feststellen, daß sich auch Teile des Klerus gegen uns gestellt haben. Dieser hat uns der Subversion beschuldigt, weil wir für unsere Rechte kämpfen und für unsere Befreiung. Doch wir erinnern uns auch an den anderen Teil der Kirche, der uns bei unserem Kampf unterstützt hat und der genau wie wir verfolgt und umgebracht wurde, wie zum Beispiel der Padre Pedro Leon Rodriguez und der einzige Paez-Priester Alvaro Ulcue Chocue. Mit diesem Gruß erinnern wir uns daran, daß unsere Geschichte in Blut gebadet ist, dem Blut vieler Indios, amerikanischem Blut, Blut, aus dem die neue Gesellschaft, auf die wir alle hoffen, eines Tages hervorgehen wird...»

500 Jahre Invasion

Die Geschichte der südamerikanischen Indianer und der «Entdekkung» ihres Kontinents ist eines der düstersten Kapitel des westlichen Expansionsdranges. Die Landung von Christoph Kolumbus auf der Insel Guanahani am 12. Oktober 1492 war der Auftakt von 500 Jahren des Völkermordes, der Versklavung, der Ausbeutung, der Zerstörung der indianischen Kultur und der erzwungenen Evangelisierung. Über 90 Millionen Indios wurden von den Conquistadores bei ihren Eroberungszügen massakriert. Allein auf dem Gebiet des heutigen Kolumbien wurden – so der Chronist Bartholomé de las Casas – «in 40 Jahren durch die Tyrannei der Christen mehr als 12 Millionen Männer, Frauen und Kinder getötet».

Dabei verliefen die ersten Kontakte zwischen den Spaniern und den kolumbianischen Indios ausgesprochen freundlich. Als die Konquistadoren im Jahre 1499 an der Atlantikküste des heutigen Kolumbien landeten, wurden sie von den Indios freundlich empfangen und konnten durch Tauschgeschäfte nicht nur die Kosten der Expedition decken, sondern darüber hinaus reiche Gewinne abschöpfen. Erst mit der zweiten Expedition unter der Führung von Pedrarias Dávila im Jahre 1514 begann die spanische Schreckensherrschaft in Kolumbien. Im Namen Gottes und der spanischen Krone wurde ein Indianerdorf nach dem anderen dem Erdboden gleichgemacht. Zu Tausenden wurden die Indios ermordet, sofern man sie nicht als Sklaven oder auch als lebende Reserven für die Hundenahrung benötigte.

Vor jeder Kampfaktion hatte der Befehlshaber der Eroberungsarmee den Indianern, ohne Dolmetscher, aber in Anwesenheit eines öffentlichen Notars, einen Aufruf zu verlesen, in dem sie dazu angehalten wurden, zum heiligen katholischen Glauben überzutreten: «Wenn ihr es nicht tun solltet oder es bösartig verzögert, bestätige ich euch, daß ich mit Gottes Hilfe machtvoll bei euch einziehen und Krieg gegen euch führen werde, wo immer und wie immer ich könnte, und daß ich euch dem Joch und der Gehorsamkeit zur Kirche und zu Seiner Majestät unterwerfen, eure Frauen und Kinder nehmen und sie zu Sklaven machen und als solche verkaufen und über sie verfügen werde, wie Seine Majestät es befehlen, und daß ich eure Güter nehmen und euch alle Übel und Schäden zufügen werde, die ich könnte...» (nach: Galeano, Die offenen Adern..., S. 22)

In seiner flammenden Anklageschrift «Kurzgefaßter Bericht von der Verwüstung der Westindischen Länder» beschrieb der Dominikanermönch Bartholomé de las Casas (1474–1556), wie diese «Übel» aussahen:

«Sie drangen unter das Volk, schonten weder Kind noch Greis, weder Schwangere noch Entbundene, rissen ihnen die Leiber auf, und hieben alles in Stücken, nicht anders, als überfielen sie eine Herde Schafe, die in den Hürden eingesperrt wäre. Sie wetteten miteinander, wer unter ihnen einen Menschen auf einen Schwertstreich mitten voneinander hauen, ihm mit einer Pike den Kopf spalten, oder das Eingeweide aus dem Leibe reißen könne. Neugeborene Geschöpfchen rissen sie bei den Füßen von den Brüsten ihrer Mütter und schleuderten sie mit den Köpfen wider die Felsen. Andere schleppten sie bei den Schultern durch die Straßen, lachten und scherzten dazu,

warfen sie endlich ins Wasser und sagten: ‹Da zapple nun, du kleiner schurkischer Körper!› Andere ließen Mutter und Kind zugleich über die Klinge springen und stießen sie mit den Füßen vor sich hin. Sie machten auch breite Galgen, so, daß die Füße beinahe die Erde berührten, hingen zu Ehren und zur Verherrlichung des Erlösers und der 12 Apostel je 13 und 13 Indianer an jedem derselben, legten dann Holz und Feuer darunter, und verbrannten sie alle lebendig...» (nach: Wimmer, S. 84)

Wo den Indios dieses grausame Schicksal erspart blieb, mußten sie sich statt dessen in den Minen und auf den Feldern der Eroberer zu Tode arbeiten. Viele von ihnen flohen vor den unmenschlichen Arbeitseinsätzen und nahmen sich das Leben. Chronisten berichteten, daß ganze Dorfgemeinschaften ihre Leidensgenossen in anderen Siedlungen aufforderten, gemeinsam mit ihnen in den Tod zu gehen.

Andere suchten ihr Heil in der Flucht ins Hochgebirge oder in den tropischen Urwald, denn nur dort waren sie vor Ausbeutung und Massakern sicher. Manche Stämme wie die der Paez und Guambianos leisteten den Spaniern jedoch auch erbitterten Widerstand, wobei die männliche Stammesbevölkerung nahezu vollständig ausgerottet wurde.

Das Land der Indios wurde unter den Eroberern aufgeteilt. Um 1700 begann der spanische Staat, diesen massenhaften Landraub zu legalisieren: Die Indios bekamen einen fest umgrenzten Landbesitz zugeteilt und wurden in Reservate zurückgedrängt. Später versuchte der kolumbianische Staat, auch noch diese verbliebenen Reservate aufzulösen, um das Land in kleinen Parzellen an weiße Siedler zu verkaufen.

Gegen diesen neuerlichen Landraub richtete sich in den Jahren 1910 bis 1918 eine große indianische Widerstandsbewegung. Mit friedlichen Massendemonstrationen und endlosen Streitigkeiten vor den Gerichten versuchten die Indios, ihre Rechte durchzusetzen. Doch der trügerische Weg des juristischen Kampfes war nicht von Erfolg gekrönt. Wenn es um Indianer ging, hielten sich die Weißen nicht an ihre eigenen Gesetze; die nationalen Autoritäten schlugen sich auf die Seite der Enteigner. Während die Indios zahllose Bittschriften verfaßten und sich auf kostspielige Prozesse einließen, raubten die Eindringlinge ihnen mit Betrug und Gewalt ihr Land.

Und die Geschichte wiederholt sich

Wie steht es heute um die Ureinwohner Südamerikas? Sind Verfolgung und Ausrottung von Indianern ein düsteres Kapitel längst vergangener Zeiten? Leider nein: fast 500 Jahre nach der «Entdeckung» der neuen Welt sind die Indianer Kolumbiens weiterhin Opfer von Gewalt und Vertreibung, Diskriminierung und Entmündigung. Die Geschichte wiederholt sich, und die letzten Seiten der Kolonialisierung werden in diesen Tagen geschrieben. Denn auch 450 Jahre nach dem Erlaß der päpstlichen Bulle Pauls III., in der den Indianern eine Seele zugesprochen und sie zu den «wirklichen Menschen» gezählt wurden, sind für viele Weiße die Indios nichts weiter als Tiere, die straffrei abgeschlachtet werden dürfen. Eine junge Indianerin vom Stamme der Cuivas berichtet:

«‹Sie überfielen uns, als wir in einem Boot nahe dem Flußstrand waren. Ich reiste damals mit meinem Onkel, und sie zogen ihn aus dem Boot und stießen ihn an Land, wo sie ihn mit einem Knüppel schlugen. Sie öffneten seinen Bauch mit einem Messer, schnitten ihm die Arme ab und dann beide Beine, die sie in den Fluß warfen. Als sie meinen Onkel ergriffen, lag ich auf dem Boden des Bootes, und sie schlugen mir auf den Rücken und auf den Kopf mit ihren Knüppeln. Ich war damals schwanger. Ich überlebte aber›!

Vor Gericht gaben die Mörder bereitwillig alles zu: ‹Indianer umlegen, das ist doch ganz gewöhnlich. Sie sind eine echte Landplage... Die Indianer sind nicht unseresgleichen. Sie sind Affen. Sie sehen uns ähnlich, aber sie sind nicht wie wir. Wir betrachten sie als schädliche Tiere. Jetzt wo wir im Gefängnis sind, versucht man, uns des Mordes zu überführen. Aber wir haben nur versucht, ein für allemal mit etwas Schluß zu machen, was für uns eine regelrechte Landplage ist.›

Die Mörder fügten hinzu, sie hätten bei anderer Gelegenheit 40 Indianer umgebracht.» (aus: Pogrom Nr. 28/1986, S. 11)

Dies ist nur eines von zahlreichen Beispielen. Und immer sind die Rechtfertigungen der Täter dieselben: «Sie haben keine Seele, sie sind gefährliche Bestien, die man ausrotten muß, sie sind eine Plage für uns und unsere Familien.»

Diese rassistische Gewalt kann nicht nur im Kontext der allgemeinen Violencia in Kolumbien gesehen werden. Die Ursache der grauenhaften Übergriffe auf Indios geht zurück auf die Diskriminierung durch die spanischen Eroberer, die noch immer tief in der Gesellschaft verwurzelt ist und auch heute noch von seiten der Regierung genährt wird. Das Gesetz Nr. 89 von 1890, das nach wie vor in Kraft ist, bezeichnet die Indios als «Wilde» und stellt sie auf die gleiche Stufe wie Geisteskranke und Unmündige. Im «Condigo Penal» (Strafgesetzbuch) werden im Artikel 96 Indianer als «psychologisch unreif» bezeichnet, und in vielen Verwaltungsvorschriften ist von der Notwendigkeit die Rede, die Indianer zu «zivilisieren». Mit der in Kolumbien beliebten Redewendung: «No te hago el indio» – «Ich mach nicht den Indianer für dich» ist die tagtägliche Diskriminierung der Indiobevölkerung bereits sprichwörtlich geworden.

Immer wieder erklären führende Politiker und mächtige Latifundisten öffentlich, die bloße Existenz von Indios auf kolumbianischem

Boden bedeute Rückständigkeit. Sie behaupten, die von direkten Steuern befreiten Indios und ihre nicht verkäuflichen Reservatsgebiete seien die Ursache wirtschaftlicher Stagnation. Als Schlußfolgerung wird daraus die Notwendigkeit abgeleitet, den Prozeß der Zerrüttung der indianischen Gemeinschaften zu beschleunigen, sprich: die «Indiofrage» notfalls mit Gewalt zu lösen. Von dieser Überlegung bis zur Entsendung von Killertruppen ist es oftmals nur noch ein kleiner Schritt.

Effektive Sanktionen gegen diejenigen, die die Menschenrechte der Indianer verletzen, sind seltene Ausnahmen. Häufig bearbeiten die Behörden juristische Fälle nur nachlässig oder überhaupt nicht. So wurde beispielsweise im Departement Cauca bis heute noch kein einziger Prozeß gegen Großgrundbesitzer und deren Killer geführt, obwohl Beweise vorliegen, daß diese für den Mord an Hunderten von Indianern verantwortlich sind.

Eine weitere Ursache für Gewaltaktionen gegen die Indianer ist der Umstand, daß die Ländereien der Ureinwohner im abgelegenen, vom Staat kaum erfaßten Hinterland liegen und daher für den illegalen Drogenhandel besonders attraktiv sind. Viele indianische Gemeinschaften, die zum Teil seit Jahrhunderten die Coca-Blätter für rituelle Zwecke anbauen und die Pflanze als «göttliches Geschenk» verehren, sehen sich plötzlich in der Schußlinie zwischen den Drogenkartellen einerseits und den Rauschgiftfahndern andererseits.

Die Drogenhändler betrachten die Indianerreservate als idealen Umschlagplatz für ihre Produkte und haben daher einen offenen Krieg gegen die indianischen Gemeinschaften entfesselt, um sich deren Ländereien anzueignen. Beispiele dafür sind die großangelegten Vertreibungsaktionen in Bocas de Satinga (Nariño), in der Sierra Nevada de Santa Marta und der Amazonas-Region. Auf der anderen Seite konzentrieren sich die staatlichen Drogenbekämpfungsmaßnahmen hauptsächlich auf die Coca-Anbaugebiete der Indianer, die ungeachtet einer uralten Anbautradition plötzlich als Marktlieferanten kriminalisiert werden. Armeehubschrauber bestäuben die Felder der Indianer mit hochgiftigen Entlaubungsmitteln, die nicht nur die Coca-Pflanzen verwelken und absterben lassen, sondern auch Bäume, Sträucher und Nahrungspflanzen abtöten. Im Santa Marta-Massiv an der kolumbianischen Karibikküste, wo die Arhuacos und die Kogi-Indianer leben, sind deshalb bereits ganze Kulturen zusammengebrochen.

Schon im September 1981 wandten sich kolumbianische Indianerorganisationen in einem dramatischen Aufruf hilfesuchend an die Vereinten Nationen:

«Wir werden nicht müde, die Staaten dieser Erde immer wieder darauf hinzuweisen, daß die Coca unabdingbar mit unseren Gebräuchen, unseren Legenden und unserer Tradition verbunden ist. Die Vernichtung der Coca würde gleichzeitig unsere eigene Vernichtung bedeuten. Der Indianer verdient es nicht, daß er wegen der Süchtigen im Westen ständig drangsaliert und unterdrückt wird.»

Dieser Aufruf macht deutlich, daß die Indianer nicht allein von physischer Gewalt bedroht sind. Auch der Angriff auf die indianische Identität stellt eine ständige Gefahr für ihre Gemeinschaften dar. Ein Vertreter der ONIC (Organisacion Nacional de Indigenas de Colombia), der nationalen Indianerbewegung Kolumbiens, erklärt hierzu:

«Sie töten uns nicht nur mit Kugeln. Sie töten uns durch den Hunger und werden uns mit ihren Ideen umbringen. Dies geschieht, indem sie uns als Indios zerstören, indem sie die Welt glauben machen, der Indio sei ein Tier, sei schädlich... Außerdem reden sie uns ein, es sei schädlich, unsere eigene Kultur zu erhalten, unsere eigene Sprache zu sprechen, unsere traditionellen Gewänder zu tragen... Dadurch werden wir als Indios zerstört, langsam umgebracht... Folglich beginnen jene Kinder, die ein Colegio besuchen, die Gebräuche unserer Gemeinschaft zu hassen; jene, die bei ihren Eltern oder zu Hause groß werden, beginnen dagegen, für diese Gemeinschaft zu kämpfen... Sie werden alles versuchen, um uns auszurotten...»

Die soziale Lage der meisten Indiostämme ist noch weit dramatischer als die der Campesinos. Die Kindersterblichkeit, verursacht durch chronische Unterernährung, ist überdurchschnittlich hoch. Bei den Embera-Katios in Dabeiba beispielsweise stellte ein Untersuchungsteam der Universität von Antioquia (Medellin) eine akute Unterernährung bei 25 Prozent der Kinder unter fünf Jahren fest. 70 Prozent der Kinder unter fünfzehn Jahren hatten Untergewicht. Von 1000 Kindern erreichen 185 nicht das 15. Lebensjahr. Mitverantwortlich für diese Situation ist die ungenügende medizinische Versorgung. Für die 50 Comunidades in Antioquia gibt es lediglich 22 angestellte Gesundheitsberater. Ein weiteres Problem ist der Analphabetismus in den Indianergemeinschaften, der bei 90 Prozent liegt. Seit langem fordern die Indianerorganisationen von den Behörden, daß mehr Lehrer eingestellt werden. Bislang sind es nur 17 Fachkräfte.

«Wir fordern unser Land zurück»

Rund 415000 Indianer leben heute noch in über 70 Stämme verstreut in Kolumbien, ein Großteil ist im andinen Hochland beheimatet. Mehr als die Hälfte der kolumbianischen Indios (210000) leben in den Departements Cauca und Nariño, der größte Stamm der Andenregion ist der der Paez mit einer alten Tradition des Widerstandes gegen Umsiedlung und Landraub. Doch auch im Osten des Landes, vor allem im Orinoco- und Amazonasgebiet, haben sich zahlreiche Gruppen von Indios niedergelassen, wobei der größte Stamm die Guahibos mit 40000 Angehörigen sind. In der Sierra Nevada schließlich, dem gewaltigen Gebirgsmassiv bei Santa Marta im Norden Kolumbiens, haben sich die Arhuacos angesiedelt, und die wüstenartige Halbinsel Guajira wird von den Guajiro-Indios (100000) bevölkert, die größtenteils von Schmuggelgeschäften und dem Anbau von Coca leben.

So unterschiedlich die Gebräuche, Kulturen, Sprachen und historischen Erfahrungen der verschiedenen Indiostämme sind, ihnen allen gemeinsam ist die Liebe zum Land. Für die Indios bedeutet die «Mutter Erde» weit mehr als einen bloßen Produktionsfaktor. Das Land ist für sie die Wurzel allen Lebens, der Quell jeglicher Existenz, ohne den es keine Arbeit, keine Gesundheit, keine Zukunft gibt. «Sin tierra los hombes mueren» – «ohne Land stirbt der Mensch», sagt ein altes Indianersprichwort.

Die akuteste Bedrohung für die indianischen Gemeinschaften (Comunidades) ist deshalb auch heute noch der Landraub. Noch immer veranstalten Großgrundbesitzer und landgierige Siedler in Kolumbien blutige Menschenjagden auf Indiofamilien, um diese von ihrem Land, ihrer einzigen Lebensgrundlage, zu vertreiben. Das Gebiet der Kuna-Indianer in Caiman Nuevo am Golf von Urabá etwa, das insgesamt 7500 Hektar umfaßt, ist bereits zu mehr als der Hälfte in der Hand von Siedlern, die gewaltsam in das Indianerland eingedrungen sind. Die Situation in anderen Comunidades ist nicht besser: Die große Mehrheit der Indios hat nur noch ein winziges Stückchen Land

zur Verfügung, das in den meisten Fällen nicht mehr zur Ernährung der Familien ausreicht. Nicht wenige haben alles Land verloren und müssen sich als schlecht bezahlte Tagelöhner verdingen.

Um den Übergriffen von seiten der Armee, der Großgrundbesitzer und paramilitärischer Todesschwadronen nicht weiterhin hilflos ausgeliefert zu sein, haben sich die meisten Stämme zu Indianerorganisationen zusammengeschlossen, um für soziale Gerechtigkeit und die Achtung der fundamentalen Menschenrechte zu kämpfen. Die bekannteste Organisation ist der «Regionale Indianerrat des Cauca» (CRIC), der im Februar 1971 gegründet wurde. Alvaro Tombe, Vizepräsident des CRIC, berichtet über die Gründung des Indianerrates:

«Die erste Versammlung des CRIC fand am 24. Februar 1971 statt. Die Repression war so groß, daß die Compañeros, welche in den Direktionsrat gewählt wurden, sich nicht aus ihren Resguardos herausbewegen konnten, aus Angst, daß sie umgebracht würden. Am 6. September desselben Jahres fand eine weitere Versammlung statt, um die Sicherheitslage und die Fortsetzung unserer Arbeit zu beurteilen. Wir versammelten uns in Tacueyo. Es wurden neue Mitglieder in den Exekutivausschuß gewählt, da die anderen ihr Amt wegen starker Repression bereits nicht mehr ausführen konnten.

Am 6. September wurden die sieben Punkte unserer Politik bestimmt, und wir begannen zu wachsen und zu wachsen. Wir begannen, uns zu koordinieren, und schon 1973 traten wir ins öffentliche Licht. An diesem ersten Kongreß des CRIC in der Öffentlichkeit nahmen 3000 Indianer teil. Nach etlichen Schwierigkeiten war es uns gelungen, diesen Kongreß in Silvia abzuhalten.

Sie haben viele unserer Leute umgebracht, etwa 150, aber die Organisation hat sich nicht vernichten lassen, im Gegenteil, wir sind stärker geworden, wir haben noch zehn Cabildos (Indianerräte) mehr gegründet. Die Großgrundbesitzer haben den CRAC, eine Vereinigung der großen Landwirte des Cauca, gegründet mit dem Ziel, die Rückeroberung des Landes zu verhindern und die Morde an den Indianern zu koordinieren.

Wichtig ist, daß wir heute nicht mehr allein sind, wir sind viele geworden.»

Die Gründung des CRIC war der Beginn des organisierten Indianerprotestes in Kolumbien. Die Hauptforderung der Organisation war damals wie heute die Wiedererlangung des geraubten Indianerlandes, die Errichtung eines zusammenhängenden Reservatsgebietes, die Respektierung der Indio-Kultur, der traditionellen Gemeinschaftsproduktion und eines autonomen Unterrichtswesens. Der CRIC rief alle Indianer dazu auf, die Pacht nicht mehr zu bezahlen und sich gegen alle Formen der Unterdrückung durch die Hacienda-Besitzer aufzulehnen. Trotz starker Repressionen ist es dem CRIC gelungen, einige wichtige Fortschritte zu erzielen: Er erreichte die Rückgewinnung von etwa 20000 Hektar Land für die indianischen Reservate, und er hat die Pachtzahlung im Cauca fast vollständig abschaffen können. Außerdem konnten die gemeinschaftlichen Arbeitsformen wieder eingeführt und alte Traditionen und Bräuche neu belebt werden.

Ein weiterer Meilenstein in der Geschichte der Indianerbewegung war die Gründung der ONIC im Februar 1982. Die ONIC ist heute Dachverband von 15 regionalen Indianerorganisationen und mehreren einzelnen Indianergemeinschaften. In ihrem 9-Punkte-Programm sind die wichtigsten Forderungen der Indios zusammengefaßt: politische Autonomie, Schutz der indianischen Ländereien, Kontrolle über die Naturressourcen in den indianischen Wohngebieten, Schaffung von Kooperativen, Verteidigung der indianischen Geschichte und Kultur, zweisprachige Erziehung in der eigenen und der nationalen Kultur, Respektierung der geltenden Indianergesetze und schließlich

Solidarität mit allen Ausgebeuteten und Unterdrückten des Landes.

In den letzten Jahren konnte die ONIC eine Reihe vorteilhafter Indianergesetze durchsetzen. Seit 1977 wurden auf dem Hintergrund der von den Indianern erkämpften Reformen und durch die Wiederbesetzung des geraubten Landes 71 Resguardos (das den Indianern durch Besitztitel zugeteilte Land) für insgesamt 60000 Indianer geschaffen. Doch diese Erfolge sind nicht ungetrübt, denn nach wie vor werden Indianer zum Opfer von Verfolgung und Willkürakten. Obwohl sie sich bei ihren Forderungen immer auf bestehende Gesetze berufen können (z. B. das Gesetz 89 aus dem Jahre 1890, das den Indianern die Resguardos als gemeinsam von Indios bewirtschaftetes Land zugesprochen hat), liegen die Indianerorganisationen im ständigen Konflikt mit der Staatsmacht. Großgrundbesitzer und Siedler, die sich gewaltsam das Land der Indios aneignen, werden von Polizei und Militär gegen die Rückeroberungsversuche der rechtmäßigen Eigentümer unterstützt. Dabei schrecken die Streitkräfte auch vor Mord nicht zurück. So wurden zwei der bisher drei Präsidenten des CRIC vom Militär umgebracht.

In ihrem Kolumbienbericht von 1988 stellte amnesty international fest: «Indianer, die in rechtmäßiger Weise die von ihnen als verbürgt angesehenen Landbesitzrechte verteidigen, sind wiederholt von Angehörigen der Sicherheitskräfte willkürlich verhaftet und mißhandelt

worden. Häufig wurden sie mit Gewalt von dem Land, auf dem sie lebten, vertrieben und unter der Anklage der «Landbesetzung» in Haft genommen, noch bevor Gerichte über kontroverse Eigentumsansprüche entschieden hatten. In einigen Fällen gipfelten die Maßnahmen zur Vertreibung von Indianergemeinden in der Ermordung von Indianern. Derartige Übergriffe scheinen mit Vorsatz und aus politischen Beweggründen verübt worden zu sein.»

In einem Aufruf zur Durchführung von Protestaktionen anläßlich der Ermordung von vier jungen Zenú-Indianern beschrieb amnesty im Februar 1990 einen Vorfall, der beispielhaft für zahlreiche Menschenrechtsverletzungen an Indianern ist:

«Die indianische Gemeinschaft der Zenú im Reservat von San Andrés de Sotavento (Departement Córdoba) ist in einen lang andauernden Landkonflikt mit örtlichen Grundbesitzern verwickelt. Die Zenú machen geltend, daß das umstrittene Gebiet ein Indianerreservat sei, das gemäß kolumbianischem Recht nicht an Personen außerhalb der indianischen Gemeinschaft verkauft oder übertragen werden darf. Dieses Recht der Zenú auf ihr Land ist von potentiellen Erwerbern in Frage gestellt worden, die im Zusammenwirken mit der örtlichen Polizei und Regierungsbehörden der Region des öfteren gewalttätige Übergriffe auf die Zenú durchgeführt haben. Dies geschah offenbar, um diese von dem umstrittenen Land zu vertreiben.

Am 27. Januar 1990 sind Fredy Perez (15), Jaime Beltran (17), Eliecer Suarez (20) und Saul Ortiz (22) auf dem Weg zu einer Feier in der Gemeinde Patio Bonito, die sich innerhalb des Indianerreservats San Andrés de Sotavento befindet, von etwa zehn uniformierten Polizeibeamten festgenommen worden. Angehörigen und Freunden zufolge, die Augenzeugen des Geschehens waren, wurden die vier geschlagen und zum Einsteigen in einen Lieferwagen gezwungen.

Am nächsten Tag wurden die Jugendlichen in der Gemeinde Cacaotal, an der Straße von San Andrés nach Chinu, tot aufgefunden. Ihre Körper wiesen Folterspuren auf, darunter Schnitte an den Armen, Verstümmelungen im Gesicht und Schußverletzungen.»

Bis zum heutigen Tage wurde niemand im Zusammenhang mit diesem Verbrechen festgenommen und vor Gericht gestellt.

Der Kampf der Katios

Wieviel Mut und Durchhaltevermögen dazu gehören, sich gegen die Übermacht der Großgrundbesitzer und den Terror der Sicherheitskräfte zur Wehr zu setzen, was es für die Indianer bedeutet, um ihr Land zu kämpfen, zeigt der folgende Bericht eines Katio-Indianers.

Die Vorgeschichte: Im Februar 1977 hatte die INCORA beschlossen, daß 32 Ländereien, die sich Großgrundbesitzer widerrechtlich angeeignet hatten, den rechtmäßigen Besitzern zurückgegeben werden sollten. Dazu gehörte auch das Land der Katios, auf dem sich der einflußreiche Libardo Escobar mit seiner Kaffeeplantage breitgemacht hatte. Doch die Zeit verging, ohne daß etwas geschah. Der Grund dafür lag auf der Hand: Die Familie Escobar war verwandt mit dem Landwirtschaftsminister, dem Vizepräsidenten der INCORA, dem örtlichen Bürgermeister, dem Vorsitzenden des Gemeinderates, dem Chef der Konservativen Partei am Ort und dem Stellvertreter beim Senat der Republik. Außerdem hatte Libardo Escobar die Unterstützung sämtlicher Großgrundbesitzer der Region.

Nach zweijährigem Rechtsstreit, in dem die Katios vergeblich ihren Anspruch auf das Land durchzusetzen versuchten, gab die INCORA schließlich dem Druck der Escobar-Clique nach und nahm ihren Entschluß zurück. Doch die Katios resignierten nicht. Um die Jahresmitte 1980 gingen sie in die Offensive:

«Die Gemeindeversammlung hatte einmütig beschlossen, im Juli desselben Jahres mit der direkten Rückgewinnung des Landes zu beginnen. Wir waren außerdem übereingekommen, daß wir sehr gut vorbereitet sein müßten, wegen der mächtigen Verbindungen der Escobares. (...) Unser Kampf hatte sich bisher innerhalb der juristischen und staatlichen Schranken bewegt. Warum haben wir nichts erreicht? Warum hat keine Autorität und auch keine Regierungsinstitution unsere Großväter verteidigt, die das Land im Einklang mit dem Gesetz besaßen, als man ihnen das Land raubte und es zum Verkauf an Dritte gab? Diese unsere Fragen haben nur eine Antwort: Das Gesetz ist für die armen Leute und nicht für die Mächtigen, die Señores. Sie können es verletzen und mit Füßen treten, wie es ihnen gefällt.

Alle Leute der Gemeinschaft vereinten sich am 9. Juli 1980 im Ruf: ‹Heute ist der Tag gekommen.› Frauen, Kinder und Männer hatten es sehnlichst erwartet, auf dem Land ihrer Urgroßmutter Micaela Tocama zu arbeiten. Es war acht Uhr abends am 9. Juli. Die Nacht war sehr dunkel, als wir einer nach dem anderen das Land betraten. Ab etwa neun Uhr abends waren wir 320 Companeros, Männer, Frauen und Kinder, die die ganze Nacht hart arbeiteten. Um fünf Uhr morgens am 10. Juli wurden wir durch eine Gruppe von 40 Companeros abgelöst, die den ganzen Tag arbeiten sollten. Ungefähr um zehn Uhr kam die Polizei und sagte uns: ‹Hören Sie auf zu arbeiten! Diese Erde gehört Ihnen nicht. Außerdem wird die INCORA sehr bald das Problem lösen.›

Später ging der Kommandant zur Hacienda von Libardo Escobar und traf sich dort mit dem Bürgermeister von Andes, Fernando Escobar. Sie schickten 80 Polizisten, bewaffnet bis an die Zähne, zu unserem Weiler. Wir dachten, daß sie in den Krieg zögen. Dieser Krieg war gegen uns arbeitende Indianer von Cristiania ausgerufen. Die Polizei kam um 17.30 Uhr zum besetzten Land und begann sofort mit der Zerstörungsaktion. Sie warfen die Hütten um, schütteten das Essen weg, beschlagnahmten die Arbeitsgeräte, beschimpften uns und schlugen uns mit Gewehrkolben. 40 Companeros wurden verhaftet. Unsere Schule haben sie zu einem Gefängnis gemacht, nicht, um die guten und ehrbaren Bürger zu schützen, sondern um die Interessen der Terratenientes offen zu unterstützen.

Am 17. Juli begannen wir erneut, in großer Zahl auf dem betreffenden Land zu arbeiten. Die Antwort der Polizei, des Oberst Gruss und des Bürgermeisters von Jardin, Jose Saens Ospina, ließ nicht lange auf sich warten. 87 Polizisten kamen und zerstörten die Hütten, die wir gebaut hatten. 38 Companeros wurden verhaftet und wiederum in das Gefängnis der Gemeinde Jardin gebracht. Der Bürgermeister und

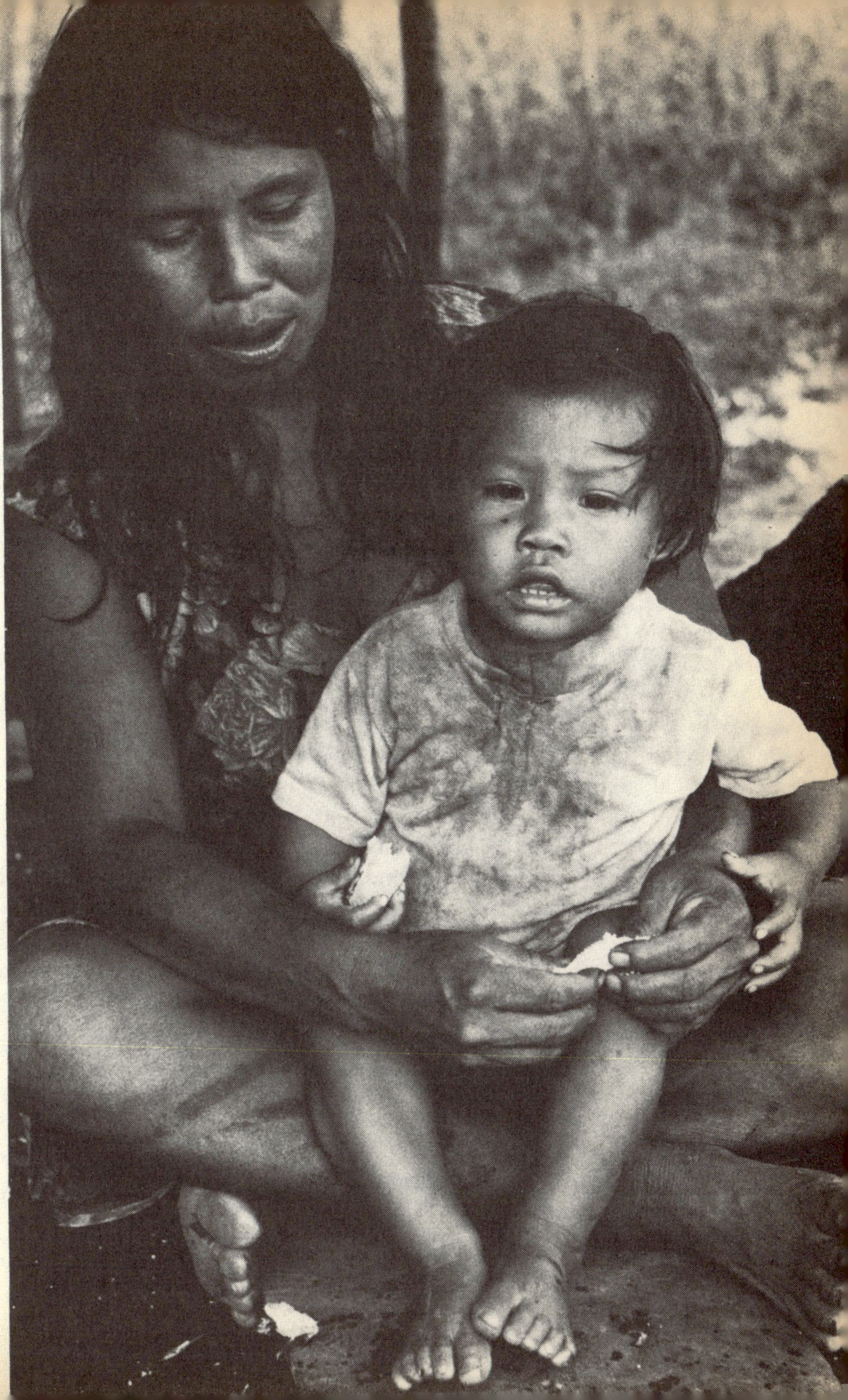

die Polizei hatten sehr gute Beziehungen zu Libardo Escobar geknüpft. Sie sperrten die Companeros in zwei kleine Zellen, so daß einige fast erstickt wären, völlig grundlos ließ man nicht zu, daß ihnen Essen gebracht wurde. Noch schlimmer war, daß sie zu Fuß nach Jardin überführt wurden, während die Polizei ritt, Schläge austeilte und Peitschenhiebe mit einer Stachelpeitsche. Auf der Straße haben sie uns mit dem Kopf gegen die Steine geschlagen, die Schuhe abgenommen und uns mit Peitschenhieben gezwungen, barfuß zu laufen. (...)

Vom August 1980 bis Februar 1981 veränderte sich unsere Vorgehensweise etwas. Wir gingen nicht mehr den ganzen Tag arbeiten, sondern sporadisch, um uns der Verfolgung durch die Polizei zu entziehen und um das Land allmählich zu bebauen. Auf diese Weise pflanzten wir auf ca. 20 Hektar Land Mais, Yuca und Kochbananen. (...) Dieses Vorgehen brachte bei den Terratenientes und der Polizei das Faß zum Überlaufen. Sie fielen nun wahllos über alle Mitglieder unserer Gemeinde her; viele Companeros wurden verhaftet und mißhandelt (...) Am 30. März hat dann die Polizei endgültig ihren Posten in unserer Gemeinde errichtet. Niemand konnte ohne polizeiliche Erlaubnis in unsere Gemeinde kommen. Sie hatten unsere Comunidad in ein Konzentrationslager verwandelt. (...)

Am 16. Juli 1981 waren 60 Companeros mit der Spitzhacke bei der Arbeit auf dem Feld, als der Polizeioberst von Andes namens Cordoba und seine Polizei kamen, 18 Companeros mit dem Gewehrkolben schlugen und Meraldo Yagari mit Schüssen verletzten. Sie nahmen die Companeros, fesselten sie und peitschten und schlugen sie ohne Erbarmen. Sie haben sie zu Escobars Hacienda gebracht und gefoltert, bis sie vor Schmerzen und Wut weinten. Der Gutsverwalter Escobars stellte sich an die Spitze, um das grausame Schauspiel, das der Oberst veranstaltete, zu genießen. (...)

Die Comunidad hat sich versammelt und ist nach Jardin marschiert, wo sie die Freilassung der Companeros forderte und dem Bürgermeister sagte, daß er verantwortlich wäre, wenn ein Companero durch die von der Polizei angeordneten Folterungen sterben würde. Wir haben es auch durch Presse und Radio öffentlich gemacht, was auf der Hacienda Escobars geschehen war. (...)

Auf diese Vorgänge kam endlich eine Reaktion der Regierung. Es wurde zu einem Treffen eingeladen, das Ende Juli 1981 stattfand und an dem eine Reihe hoher Beamter und der Gemeindevorstand der Katios teilnahmen. Bei diesem Treffen hat unsere Abordnung in aller

Ausführlichkeit die Ereignisse in unserer Gemeinde geschildert. Wir machten einen konkreten Vorschlag, der folgende Punkte enthielt:

1. Sofortiger Rückzug von Armee und Polizei aus dem Reservat;
2. Übergabe der durch Escobar besetzten Landgüter an uns;
3. Verfolgung und Bestrafung der begangenen Verbrechen;
4. Freilassung aller seit 16 Tagen im Nationalgefängnis inhaftierten Frauen und Männer unserer Comunidad.

Nach langer Diskussion stimmte die Regierung diesen Vorschlägen zu und verpflichtete sich schriftlich, binnen sechs Monaten die Landgüter aufzukaufen und den Katios zu übergeben. (...)

Schließlich kam der Tag, an dem wir das Land betreten konnten. Am 9. März 1982 vollzog der Gouverneur der Provinz Antioquia die Übergabe des Landes und übergab uns die berichtigten Besitzurkunden unseres Reservats. Uns erschien es wie ein Traum, daß wir nach 22 Jahren Warten und Hoffen, in denen wir so viel Leid und Demütigung erfahren hatten, auf einen Teil unseres Landes zurückkehren konnten.» (aus: Kolumbien-Rundbrief Nr. 16, Mai 1989, S. 33ff)

Wie die Geschichte der Katios-Indianer beweist, ist die heutige Indianerbewegung Kolumbiens kein letzter Aufschrei eines dem Untergang geweihten Volkes. Ein Beispiel für das neu erwachte Selbstbewußtsein der kolumbianischen Ureinwohner ist ihre «Kampagne der Selbstentdeckung unseres Amerikas» (Campaña de autodescubrimiento). Sie richtet sich nicht nur gegen die mit großem Prunk und Pomp geplanten Jubelfeiern (12. Oktober 1992) zum fünfhundertsten Jahrestag der «Entdeckung» Amerikas, sondern fordert auch die Rückbesinnung auf indianische Traditionen und Würde sowie die Beendigung der seit Jahrhunderten andauernden Gewalt, Unterdrükkung und kolonialistischen Ausbeutung.

Diese Kampagne richtet sich nicht nur an die Lateinamerikaner: Gerade die Europäer sind angesprochen, sich endlich ihrer eigenen Verantwortung für die Ausrottung indianischer Völker bewußt zu werden, zumal auch heute noch die modernen Konquistatoren in Gestalt von multinationalen Konzernen in Indianergebiete einfallen. Die aktive Beteiligung an der bundesdeutschen Dritte-Welt-Gruppen gestarteten «Kampagne gegen fünfhundert Jahre europäischen Kolonialismus», mit der die Kampagne in Kolumbien unterstützt werden soll, bietet eine konkrete Möglichkeit, den neokolonialistischen Bestrebungen westeuropäischer Industriestaaten entgegenzuwirken.

Die Guerilla – Hoffnung für das Volk?

Die Widersprüche der kolumbianischen Gesellschaftsordnung sind so alt wie der Versuch, sie zu verändern. Die Antwort des Regimes auf jegliche Reformbestrebungen ist jedoch nur zu gut bekannt: Nicht Dialog und Verhandlungen, sondern brutale Repression und massiver Wahlbetrug beherrschen seit jeher die innenpolitische Auseinandersetzung und den Alltag in Kolumbien.

Doch Millionen von Kolumbianern haben genug davon, ihre Toten zu begraben, die Flugzeuge ins Exil zu füllen und unter ständiger Bedrohung zu leben. Die Revolte gärt, und die Entwicklung entgleitet zusehends der Kontrolle der traditionellen Parteien. Immer mehr Menschen mobilisieren sich in den letzten Jahren außerhalb der Parteien und innerhalb des bewaffneten Widerstandes; echte Opposition erschien vielen Kolumbianern nur noch als Subversion möglich.

Kolumbien besitzt die älteste – wenn auch uneinheitlichste – Guerillabewegung des lateinamerikanischen Kontinents. Die mit Abstand größte Rebellengruppe, die kommunistischen «Fuerzas Armadas Revolucionarias de Colombia» (Revolutionäre Streitkräfte Kolumbiens/FARC), hat ihre Wurzeln in der Epoche der Violencia. Sie entstand aus den bäuerlichen Selbstverteidigungskadern der Liberalen, die sich Anfang der fünfziger Jahre gegen Übergriffe des Militärs und konservativer Großgrundbesitzer zur Wehr setzten und durch die Gründung sogenannter «unabhängiger Republiken» ihr Leben selbst organisierten. Mit dem Sieg der kubanischen Revolution und unter dem Einfluß der Kommunistischen Partei erhielt die anfangs rein defensiv ausgerichtete Guerillabewegung deutlich sozialrevolutionäre Züge. Insbesondere in den Regionen, die als Folge des Bürgerkrieges von Flüchtlingen neu besiedelt wurden, gewannen die FARC starken Rückhalt.

Heute sind die FARC die schlagkräftigste Rebellenbewegung Kolumbiens. Sie operieren mit ca. 25 Guerillaeinheiten auf dem gesamten kolumbianischen Territorium und verfügen über 6000 bis 8000 gut ausgerüstete Kämpfer. In einigen ländlichen Zonen üben sie sogar die Territorialherrschaft aus: Sie schützen die Bevölkerung vor Übergriffen des Militärs, überwachen die Einhaltung ihrer Gesetze, bestrafen Delinquenten und erheben Steuern und Abgaben. Vor allem in der ländlichen Bevölkerung genießen sie einen beträchtlichen Rückhalt. Politisch stehen die FARC der moskautreuen PCC (Kommunistische Partei Kolumbiens) nahe. Sie streben nicht in erster Linie nach der sofortigen Machtergreifung, sondern propagieren die «guerra prolongada», den anhaltenden Volkskrieg.

Die Wurzeln der übrigen Guerillagruppen sind gänzlich anders. So bildete sich die prokubanische ELN, die «Ejército de Liberacion National» (Nationales Befreiungsheer), im Jahre 1964 aus den Intellektuellenkreisen der Studentenbewegung. 1973 wurde die ELN militärisch fast vollständig aufgerieben und gewann erst Mitte der achtziger Jahre wieder an Bedeutung.

Der bekannteste ELN-Kämpfer war der katholische Priester Camilo Torres. Auch heute steht ein Vertreter der Befreiungstheologie an der Spitze der ELN: der spanische Priester Manuel Pérez, der zur großen Empörung einer ultra-konservativen Kirche wie Camilo Torres das Christentum mit der Revolution verbindet:

«Mein Glaube ist tief mit dem Volk verbunden, er ist menschlich. Ich glaube an das Volk. Ich glaube an die Befreiung. Ich glaube, daß Gott ein Mensch ist, daß er Juan oder Pedro heißt und irgendein ausgebeuteter Bauer ist oder einer von meinen Mitstreitern, mit dem ich das Leben der Revolution teile. Niemand von uns will die Gewalt – wir wollen den Frieden. Aber natürlich gibt es keinen Frieden ohne soziale Gerechtigkeit, ohne die Verteidigung des Lebens.

Die erste Form der Gewalt liegt bereits darin, das Tausende und Abertausende von Kindern an Hunger sterben. Die zweite ist die Gewalt der Armee, die ohne Unterschiede tötet. Und die dritte Form ist der schmutzige Krieg, der von den paramilitärischen Gruppen geführt wird, die ungestraft Menschen umbringen.

Das Leben verteidigen, Befreiung suchen, das ist genau der Weg, den das Evangelium aufzeigt, und der übereinstimmt mit der Revolutionstheorie, der marxistischen Theorie.»

Der Einfluß der ELN ist dort besonders groß, wo sich die Opfer der Illusion von industriellem Fortschritt sammeln: in den Slums und Elendsvierteln der Großstädte. Dort versucht sie, durch militärische

Einzelaktionen und Sabotageakte ihre beiden Hauptforderungen zu realisieren:

– nationale Souveränität über die Bodenschätze und
– Verwaltung des Profits durch das Volk.

Die Anschläge richten sich meist gegen multinationale Erdölgesellschaften, denn für die ELN ist das Öl nicht nur die zweitwichtigste Devisenquelle des Landes, sondern auch das Symbol seiner Abhängigkeit von den reichen Industrieländern und der schamlosen Ausbeutung der Bevölkerung und der natürlichen Ressourcen durch ausländische Gesellschaften. So verkauft das Land den Multis sein Rohöl für 2 US-Dollar pro Barrel – später muß Kolumbien sein raffiniertes Öl zum Preis von 18 US-Dollar zurückkaufen. Die Menschen in den Produktionsgebieten leben trotz des Ölreichtums in bitterer Armut, und die Arbeitsbedingungen in den ausländischen Raffinerien sind katastrophal.

Guerilla-Kommandant Manuel Pérez erklärt:

«Was wir also machen, sind Sabotageakte gegen Ölfelder. Wir halten Techniker der Gesellschaft fest, wir jagen Pipelines in die Luft, und wir fordern, daß die Gewerkschafter und Vertreter der verschiedenen Bevölkerungsgruppen an einem Rat teilnehmen, der sich mit der Überprüfung der Verträge dieser internationalen Gesellschaften befaßt, damit die Interessen des Volkes klar festgehalten werden.

Im Falle der deutschen Firma Mannesmann haben wir vier Angestellte festgehalten – einen Deutschen, einen Italiener, zwei Kolumbianer. Wir haben die Mannesmann dann zu Verhandlungen aufgefordert: einerseits über soziale Einrichtungen für das Volk, Einrichtungen, die nicht wir erfunden haben, sondern die das Volk forderte; andererseits verlangten wir 4 Mio. US-Dollar für die Freilassung der Festgehaltenen. Beide Bedingungen wurden von der Mannesmann erfüllt...»

Neben der maoistischen EPL, der «Ejército Popular de Liberacion» (Volksbefreiungsheer) und der Indianerguerilla «Quintin Lame» zählte bis zu ihrer Auflösung im März 1990 auch die M-19 zu den wichtigsten Rebellengruppen in Kolumbien. Anfang der siebziger Jahre trug sie die bewaffnete Rebellion in die Großstädte. In den Elendsvierteln organisierten Milizen der M-19 zusammen mit der Bevölkerung Landbesetzungen und verteidigten das besetzte Gebiet vor heranrückenden Militärs und Polizeitruppen. Zahlreiche Überfälle auf Milch-Lkws und Lebensmittelhandlungen mit anschließender

Beuteverteilung in den Slums brachten der M-19 den Ruf einer «Robin-Hood»-Guerilla ein. Nach dem blutigen Ende der Besetzung des Justizpalastes im November 1985 nahm allerdings die Popularität der Organisation rapide ab.

Trotz der Waffenübergabe der M-19 ist die bewaffnete Subversion insgesamt gesehen gestärkt aus den letzten Jahren hervorgegangen und hat als Folge des schmutzigen Krieges einen erheblichen Legitimationszuwachs bei der Bevölkerung erfahren. Die Guerilla ist heute militärisch stärker denn je. Sie verfügt über 13000 bis 15000 Rebellen, die in 87 Kampfeinheiten nicht nur in den Bergen und im Dschungel, sondern auch in den Städten und Wirtschaftszentren Stellung bezogen haben.

Die repressive Politik der kolumbianischen Oligarchie hat durch die Militarisierung des sozialen Konfliktes zudem das erreicht, was die ideologischen Differenzen zwischen den verschiedenen Guerillagruppen bisher vereitelten: Die bewaffneten Oppositionsgruppen vergaßen ihre alte Zersplitterung und schlossen sich im September 1987 in der Dachorganisation «Coordinadora Guerillera Simón Bolívar» zusammen. Die Coordinadora stellt zwar derzeit keine unmittelbare militärische Bedrohung des Regimes dar, ihre Existenz bedeutet aber eine permanente politische Herausforderung, was der Regierung zumindest das Versprechen sozialer Reformen und die Bereitschaft zum Dialog abverlangt hat.

Insbesondere das im April 1989 von der Regierung verhängte Verbot der bisher legal operierenden paramilitärischen Todesschwadronen ist ein Erfolg der konsequenten Haltung aller Guerillaverbände; mit Ausnahme der M-19 hatten sie die Streichung des Dekrets, das die Gründung paramilitärischer «Selbstverteidigungs»-Banden erlaubte, zur Voraussetzung für eine Beteiligung an Friedensgesprächen mit der Regierung gemacht.

Trotz der Bereitschaft zu Friedensgesprächen und der Bemühungen um einen Waffenstillstand hält die Mehrzahl der Guerillaverbände an ihrem prinzipiellen Ziel fest: dem militärischen Sieg gegen Armee und Paramilitärs, der die Machtübernahme durch und für das Volk einleiten soll. Mit einem «sauberen Krieg» – so die Aussage vieler Guerillaführer – wollen sie dem «schmutzigen Krieg» der Sicherheitskräfte und ihrer Handlanger ein Ende setzen.

Diese Differenzierung zwischen dem «verwerflichen, schmutzigen» und dem «heroischen, sauberen» Krieg ist für uns Europäer sicher nur schwer nachvollziehbar. Sie macht betroffen, und sie schokkiert. Ist denn Krieg nicht gleich Krieg, gebiert Gewalt denn nicht immer wieder Gewalt?

Ausgehend von der These, daß es keinen «sauberen» und daher auch keinen «schmutzigen» Krieg geben könne, wird vielfach eine Unterscheidung zwischen der Gewalt der Guerilleros und den Aktionen der Paramilitärs und Todesschwadronen abgelehnt. Eine Unterscheidung zwischen Ursache und Wirkung von Gewalt und eine genaue Analyse der Wurzeln des Terrors werden jedoch dadurch erheblich erschwert. Nur zu leicht wird nämlich übersehen, daß die bewaffnete Subversion der Guerilla vielfach nichts anderes darstellt als die Notwehr des Volkes gegen die Repression eines übermächtigen, infamen Regimes, das der Mehrzahl der Bevölkerung den Krieg erklärt hat.

Ernesto Cardenal, Priester, Poet und Politiker aus Nicaragua, der den bewaffneten Befreiungskampf in seinem Land mitgestaltet hat, erklärte bei der Entgegennahme des Friedenspreises des Deutschen Buchhandels (1980):

«Es gibt Christen, die kompromißlose Pazifisten sind, vor allem in den Vereinigten Staaten, und einige von ihnen sind meine Freunde. Aber ihre Haltung stimmt nicht mit der Bibel überein. Die Bibel segnet das Schwert des Holofernes in dem Augenblick, in dem es von Judith geschwungen wird. Ein nordamerikanischer Jesuit, der ein Freund von mir und einer dieser kompromißlosen Pazifisten ist, schrieb mir einen offenen Brief, in dem er meine Verteidigung des Sandinistischen Kampfes verurteilt und mir sagt, kein noch so hohes Prinzip wiege soviel wie das Leben eines einzigen Kindes. Ich habe ihm geantwortet, damit sei ich vollkommen einverstanden, die Sandinisten kämpften für das Leben von Tausenden von Männern und Frauen, Alten und Kindern, die Tag für Tag ermordert werden, und kein noch so hohes Prinzip, nicht einmal das des kompromißlosen Pazifismus, wiege soviel wie das Leben eines einzigen dieser Kinder.»

Auch wenn es hierzulande schwerfällt, revolutionäre Taten und politische Friedensgesinnung in Einklang zu bringen, sollten wir dies zumindest zu verstehen versuchen, um die Handlungsweise der kolumbianischen Guerillabewegung richtig, wenngleich keineswegs unkritisch, einschätzen zu können.

Dabei taucht immer wieder die sehr kontrovers diskutierte Frage auf, ob die Guerilla in ihren Operationsgebieten nicht selbst zur Verschärfung des «schmutzigen Krieges» beiträgt, indem sie durch Entführungen und finanzielle Erpressungen von Großgrundbesitzern und Mafiosi deren Gegenreaktion geradezu herausfordert, die sich dann aber regelmäßig nicht gegen die Guerilla selbst, sondern gegen deren «soziale Basis», die Zivilbevölkerung, richtet. Einer Überprüfung an der Realität jedoch hält diese Argumentation nicht stand.

Die politische Gewalt in Tolima, Antioquia, Santander etc. gehörte schon lange vor dem Auftauchen der ersten Guerilleros zum Alltag der Landbevölkerung. Und die aktuelle Situation im Magdalena Medio zeigt deutlich, daß auch nach dem Verdrängen der Guerilla der «schmutzige Krieg» unvermindert andauert: Obwohl sich die Einheiten der FARC und anderer Rebellenverbände vollständig aus dieser Region zurückgezogen haben, wütet der Terror gegen die Zivilbevölkerung gerade dort wie in keinem anderen Teil des Landes.

Dennoch: Obwohl Angriffe auf die Zivilbevölkerung nicht zur Strategie der Guerilla gehören, sind wiederholt auch Berichte über Entführungen, Folterungen und Hinrichtungen von Gefangenen – auch Zivilisten – durch verschiedene Guerillatruppen bekanntgeworden. Das abscheulichste Verbrechen dieser Art ereignete sich 1985 im Departement Cauca: Der Führer der «Frente Ricardo Franco» (eine von den FARC abgespaltene, inzwischen aufgelöste Terrororganisation) bekannte sich öffentlich zur Hinrichtung von 154 Männern, Frauen und Jugendlichen, bei denen es sich angeblich um «Infiltranten» gehandelt habe.

Im August 1988 wurde Ramón Tote, ein Indianerführer aus dem Departement Cauca, von Mitgliedern der M-19 ermordet, weil er verdächtigt wurde, ein Armee-Informant zu sein. Auch die FARC werden immer wieder beschuldigt, Guerilleros, die als Verräter verdächtigt werden, oder Personen, die sich weigern, die Territorialautorität der Guerilla anzuerkennen, durch Erschießungskommandos umbringen zu lassen.

Durch diese und andere Aktionen hat die Glaubwürdigkeit der Rebellen schwer gelitten. Doch ebensowenig wie es angebracht ist, die Guerilleros romantisierend zu Freiheitshelden ohne Fehl und Tadel zu stilisieren, sollte man diese Morde und Terroraktionen bei der Bewertung der Guerilla verabsolutieren. Für die Bevölkerung in den von ihnen kontrollierten Gebieten stellen die Guerillaverbände in der Regel eine konkrete Hilfe dar. Beispielhaft dafür steht der Bericht der internationalen Beobachterkommission aus dem Jahre 1986 über die Rolle der Guerilla im Caquetá:

«Auf unsere Frage, ob die Bevölkerung auch unter der Guerilla sehr zu leiden hätte, zeigten sich die Leute erstaunt.

‹Wenn die muchachos (Ausdruck für die Guerilleros) kommen, so kaufen sie zum normalen Preis. Als die Zufahrtsstraße zum Dorf abgerutscht war, waren sie es, die sie mit uns wiederherstellten. Für ein Bildungshaus erhielten wir vom Staat Zement, und ca. 40 muchachos haben das Gebäude errichtet, wobei wir ihnen Handlangerdienste leisteten. Sie setzten nicht nur ihr Können und ihre Arbeitskraft ein, sie kauften auch Fleisch und Yuca und verköstigten sogar auch uns. Im Dorf erteilten sie Hygieneunterricht und leisteten Kranken medizinischen Beistand. Auch schlechte Zähne können sie ziehen, doch ohne vorher eine Betäubungsspritze zu geben.›»

Gewalt in Kolumbien – Methoden der Repression

Folter

Aussage eines Opfers

«Ich, Gabriel Antonio Barco Diaz, geboren in Cali, verheiratet, zwei Kinder, von Beruf Verwaltungsangestellter, wurde am Dienstag, dem 12. April 1988, von ungefähr 20 Männern gefangengenommen und entführt.

Die Entführer, die alle in Zivil gekleidet und schwer bewaffnet waren, drangen um 3.30 Uhr morgens gewaltsam in unsere Residencia im Barrio Cuba, Pereira, ein. Sie holten mich aus dem Bett, banden mir die Hände auf den Rücken und begannen vor den Augen meiner Frau und meiner beiden kleinen Kinder, brutal und voller Haß auf mich einzuschlagen. Während sie die Wohnung durchsuchten, beschimpfen und bedrohten sie meine beiden drei- und vierjährigen Kinder mit der Waffe. Die Männer durchwühlten meine Bücher, zerschnitten die Bettmatratzen, warfen die Lebensmittel und das Essen auf den Boden, zerbrachen Glas, Geschirr und Einrichtungsgegenstände. Die wenigen Wertgegenstände (Radio, Cassettenrecorder und Schallplatten) stahlen sie. Nachdem sie eine halbe Stunde lang die Wohnung durchsucht hatten, verbanden sie mir die Augen und schleppten mich – im Schlafanzug und barfuß – aus dem Haus. Ich wurde unter Schlägen in einen Pkw gezerrt, der mit laufendem Motor vor dem Haus wartete.

Die Männer, die mit mir ins Auto stiegen, beschimpften mich in vulgärer Art und Weise; sie sagten, sie hätten den Auftrag, Kolumbien von Ungeziefer zu befreien, und da ich ein solches sei, würden sie ihrem Auftrag nachkommen und mich töten. Zu diesem Zeitpunkt hatte ich keinerlei Ahnung, was mit meiner Frau und den beiden Kindern geschehen war.

Nach ungefähr fünf Minuten hielten wir. Dem zurückgelegten Weg und der eingeschlagenen Richtung zufolge nahm ich an, daß wir uns im Militärbataillon San Mateo in Pereira befanden, was sich später, als man mir die Augenbinde abnahm, bestätigte. Ich wurde aus dem Wagen gezerrt und zu einem Ort gebracht, den ich später als Pferdestall des Bataillons erkannte. Ich wurde zuerst mit Handschellen gefesselt, dann begannen die Folterungen.

Den gesamten Dienstagvormittag und auch den Nachmittag über wurde ich in den Unterleib getreten, ins Gesicht, in den Magen und die Brust geschlagen. Die ganze Zeit über mußte ich mit verbundenen Augen stehen, so daß ich nie wußte, wann, wohin und von wem ich geschlagen wurde. Zwischen den Schlägen wurde ich immer wieder nach Dingen gefragt, die mit der M-19 zusammenhängen. Und immer wieder wurde mir gesagt, daß es keinen Zweck mehr hätte, irgend jemand schützen zu wollen, daß ich ohnehin der Nächste sei, der sterben würde.

Nach einigen Stunden der Tortur wurden die Folterer abgelöst und durch neue ersetzt: Zwei stellen die Fragen, die anderen schlugen auf mich ein.

Danach erschien irgendwann ein Offizier, der sich sehr gewählt ausdrückte. Er sagte, ihm täte es sehr leid, daß ich hier so schlecht behandelt würde. Er wisse, daß ich nichts mit der M-19 zu tun hätte, aber ich würde eine Menge Leute kennen, und ich sollte doch endlich reden. Wenn nicht, könne er leider nichts für mich tun, da er dann nicht mehr für mich zuständig sei.

Als er gegangen war, begann erneut das Inferno aus brutalen Schlägen und Drohungen: Bete, verfluchter Hurensohn, denn heute nacht wirst du noch bitter bereuen, daß du jemals geboren wurdest.

Dann begannen sie mit der Submarino. Sie banden mir mit den Handschellen die Hände auf den Rücken und stülpten mir eine Plastikkapuze über den Kopf. Sie befeuchteten die Kapuze mit einer Flüssigkeit, die sich sofort an Mund und Nase festsaugte und es unmöglich machte, zu atmen. Wenn sie sahen, daß ich ohnmächtig wurde und zu ersticken drohte, lockerten sie die Kapuze ein wenig, doch wenn ich wieder zu atmen begann, wiederholten sie die Prozedur von neuem.

Ich weiß nicht, wie lange ich zwischen Bewußtlosigkeit, der Submarino und den Schlägen in die Geschlechtsteile und ins Gesicht zubrachte. Ich weiß nur, daß es für mich eine Ewigkeit dauerte. Manchmal erwachte ich kurz aus der Bewußtlosigkeit und wußte nicht, ob ich noch am Leben oder bereits tot war.

Inzwischen war es Mittwoch geworden. Die ganze Zeit mußte ich stehend verbringen, mit verbundenen Augen, die Hände auf den Rücken gefesselt und den Schlägen der Folterer wehrlos ausgesetzt. Oft schlugen sie mir mit der flachen Hand auf die Ohren, so daß ich durch den Druck das Gleichgewicht verlor und hinstürzte.

An diesem Tag begannen sie mit der Colgada: Sie zogen mich an einem Seil, das sie am Dachbalken befestigt hatten, einige Meter über den Boden, und ich fühlte den Schmerz der gebrochenen Knochen. Dann ließen sie das Seil plötzlich los, so daß ich aus mehreren Metern Höhe mit dem Körper auf den Boden knallte. Danach zogen sie das Seil wieder an, ließen mich wieder auf den Boden stürzen usw. Auch während der Colgada schlugen sie mit Holzlatten und Fäusten auf mich ein.

Als sie mich wieder einmal auf den Boden knallen ließen, merkte ich, daß ich mit Wasser vollgespritzt wurde, und plötzlich spürte ich in der Brust einen bestialischen Schmerz. Es begannen die Folterungen mit Elektroschocks. Ich fiel schreiend vor Schmerz zu Boden, doch sofort wurde ich wieder hochgezerrt und weiter mit Elektroschocks traktiert.

Von nun an folgten systematisch die Verhöre der Folterer, die Schläge, die Colgada und die Elektroschocks in dieser Reihenfolge. Zwischen den Folterungen wurde ich immer wieder beschuldigt, Kollaborateur der M-19 zu sein. Sie fragten nach Afranio Para Guzman und Vera Grabe und beschuldigten mich, ihnen Unterschlupf gewährt zu haben.

Zwischenzeitlich war es Donnerstag geworden. Immer noch mußte ich stehen, mit verbundenen Augen und Händen. Nun erfanden sie eine neue Art der Tortur: Sie behaupteten, sie hätten auch meine Frau und meine beiden kleinen Kinder in ihrer Gewalt. Meine Frau würde gerade vergewaltigt werden, und nur wenn ich reden würde, könnte ich ihr Leben retten. Auf dem Gang hörte ich Stimmen von Kindern und Schmerzensschreie von einer Frau. Sie sagten, es seien die Stimmen meiner Familienangehörigen. Als ich nicht reden wollte, begannen wieder die Folterungen, und sie sagten, daß sie mich heute umbringen würden. Ich war fest davon überzeugt, daß ich den Raum nicht mehr lebend verlassen würde.

Am nächsten Tag bemerkte ich aber, daß etwas vorgefallen war. Denn die Folterer gaben sich Mühe, mich so zu schlagen, daß mein Äußeres nicht in Mitleidenschaft gezogen wurde. Mir wurden die

Handschellen abgenommen, das Gesicht von Blut gesäubert, irgend jemand versuchte, mich zu kämmen, was jedoch mißlang, da meine Haare völlig vom Blut verklebt waren. Zum erstenmal seit meiner Verhaftung wurde mir die Augenbinde abgenommen und ich sah, daß sie Fotos von mir machen wollten, mit Brusttafeln von Polizei und Interpol. Danach wurden mir die Augen abermals verbunden, und ich wurde in einen Pkw gezerrt – es war dies das erste Mal seit meiner Verhaftung, daß ich meine Beine ausruhen konnte. Ich wurde in dem Wagen zu einem anderen Teil der Kaserne gefahren. Die ganze Freitagnacht und Samstag führten Angehörige des Militärs Gespräche per Funk, die ich teilweise mithören konnte. Dadurch habe ich die Namen meiner Folterer erfahren, da sie sich per Funk mit Namen meldeten und ich ihre Stimmen wiedererkannte: Sergeant Cabezas Bernardo, Capitan Quiroga Carlos Tango und Hernan Grajales, der Schlimmste von allen, der die an mir vollzogenen Folterungen förmlich genoß.

Nach einer Weile wurden mir erneut die Augenbinden abgenommen, und sie zwangen mich mit Gewalt, drei Blätter Papier mit Blankounterschriften zu versehen.

Minuten später betrat der Untersuchungsrichter Dr. Esquivel Parra den Raum. Er fragte mich, ob ich Gabriel Antonio Barco sei, da er eine Anzeige meiner Frau erhalten habe wegen Entführung und Verschwindenlassens. Ich bejahte dies, erklärte ihm aber sofort, daß ich alle weiteren Erklärungen nur außerhalb des Bataillons und nicht in Gegenwart der Militärs abgeben wollte. Der Richter erklärte aber, er sei nur gekommen, um zu überprüfen, ob ich derjenige sei, der von meiner Frau als verschwunden gemeldet worden sei. Als er aufstand und gehen wollte, hielt ich ihn verzweifelt zurück und berichtete ihm, daß ich tagelang brutal gefoltert worden sei und daß ich hier im Bataillon um mein Leben fürchten müsse. Der Richter nahm alles zu Protokoll und versprach mir, einen Zivilarzt zu schicken.

Kaum war der Richter gegangen, schlugen die Soldaten wie verrückt auf mich ein, weil ich ihm über die Folterungen berichtet hatte.

Am Samstag schließlich brachten sie mir zum erstenmal etwas zu essen, aber vor Schmerzen und Schwäche konnte ich nichts anrühren. Am Nachmittag desselben Tages zerrten sie mich in einen Wagen und fuhren mich zum Distriktgefängnis von Pereira, in dem ich mich seitdem befinde.

Sowohl der Richter als auch der Gefängnisdirektor und die Aufseher des Gefängnisses in Pereira sind Zeugen meines schlimmen Gesundheitszustandes nach den Folterungen. Man brachte mich zu einem Zivilarzt, der die Folterungen bestätigte.

Noch heute leide ich unter den Folgen der Tortur: Der linke Arm und die linke Hand sind seitdem gelähmt. Ich leide unter permanenten Schulter- und Rückenschmerzen, unter Schlafstörungen, Alpträumen und unter Sehstörungen.

Meine Familie war seit meiner Entführung ständigen Drohungen ausgesetzt und mußte daher von Cali wegziehen. Meine beiden Kinder befinden sich in psychiatrischer Behandlung, da sie seit meiner Entführung unter extremen Angstzuständen leiden.

Zu meiner Person möchte ich zum Schluß noch folgende Erklärung abgeben: Ich bin ein engagierter Aktivist in Menschenrechtsorganisationen und den Massenbewegungen im Valle del Cauca, meine Tätigkeit in diesen Gruppierungen war immer legal. Wie viele andere meiner Generation bin ich auch Teil einer Bewegung, die sich auf die Suche nach einer gerechten, demokratischen Zukunft unseres Landes gemacht hat.

Aufgrund meiner gewaltfreien politischen Arbeit wurde ich schon früher politisch verfolgt: Ende 1986 wurde auf mich in Cali geschossen. Ich wurde schwer verletzt, war ca. ein Jahr krank und mußte vor den Todesdrohungen von Cali nach Pereira umziehen. Doch bis hierher nach Pereira gelangten die Drohungen, die in der eben beschriebenen Entführung mündeten.

Ich fordere meine Freilassung und klage die Armee Kolumbiens an, für meine Folterungen verantwortlich zu sein, genauso verantwortlich wie für die alltägliche Gewalt und die permanenten Menschenrechtsverletzungen in Kolumbien.

(Unterschrift)
Gefängnis Pereira»

Die geschilderte Entführung von Gabriel Antonio Barco Diaz erfolgte im Rahmen einer Militäroperation im Gebiet von Pereira, in deren Verlauf zwischen April und Juli 1988 weitere 25 Personen gefangengenommen wurden. Durchgeführt wurde diese Operation von den Militärbataillonen Cisneros aus Armenia und San Mateo aus Pereira; als Grund gab man offiziell die Suche nach einem mächtigen

Cafetero an, der Monate vorher entführt worden war. Alle Gefangenen wurden auf ähnliche Weise wie Gabriel Antonio gefoltert. Ihre Aussagen wurden vom kolumbianischen Solidaritätskomitee für politische Gefangene in der Haftanstalt von Pereira aufgeschrieben und veröffentlicht.

Obwohl die Verantwortlichkeit der kolumbianischen Streitkräfte für die Mißhandlungen der 25 Frauen und Männer eindeutig erwiesen ist und in mehreren Fällen sogar die Namen der Folterer bekannt sind, wurde kein einziges Ermittlungsverfahren angestrengt, geschweige denn eine Anklage erhoben.

Folter als System

Folter in Kolumbien – das ist die Geschichte von Tausenden Kolumbianern, die ähnlich wie Gabriel Antonio Barco Diaz Opfer von physischer Brutaliät und psychischer Perversion wurden und deren Qualen, Ängste und Schrecken zwar niedergeschrieben, aber letztendlich nie beschrieben werden können.

Ein Gefolterter: «In den langen Monaten der Gefangenschaft habe ich oft überlegt, wie man die Schmerzen beschreiben könnte, die ein Gefolterter spürt; ich bin aber immer wieder zu dem Ergebnis gekommen, daß dies unmöglich ist.» Und Vera Grabe, gefolterte M-19-Kommandantin, ergänzt: «Obwohl wir tausendmal über die Folter und wie man ihr widerstehen kann sprachen, obwohl wir tausendmal die Geschichten unserer Genossen in Kolumbien und aus anderen lateinamerikanischen Ländern gehört hatten – es ist nie und nimmer dasselbe.»

In unzähligen Berichten von politischen Gefangenen wird deutlich, daß die Folter ein fester Bestandteil der Verhörpraxis der kolumbianischen Sicherheitskräfte ist. Diese Aussagen stammen von Menschen aus allen Teilen des Landes und allen Schichten der Bevölkerung: legale linksgerichtete Oppositionskräfte, progressive christliche Führer, unabhängige Akademiker und Journalisten, Studenten, Bauern und Slumbewohner, Mitglieder von Indianerräten sowie ausländische Flüchtlinge. Man findet in den Berichten alle nur denkbaren Orte, alle Tageszeiten, jedes Datum von Januar bis Dezember.

Für das Opfer bedeutet die Folter meist: gewaltsame Entführung in den frühen Morgenstunden durch eine Anzahl schwerbewaffneter Männer in Zivil oder Uniform, Verbinden der Augen und Schläge auf den ganzen Körper, Überstülpen einer feuchten Plastikkapuze, Aufhängen, Elektroschocks, tagelanges Stehen, völliger Entzug von Essen und Trinken. Hinzu kommen die psychologischen Folterungen durch Androhung von Exekutionen, Anspielungen auf bevorstehende Mißhandlungen von Familienangehörigen oder perverse Drohungen wie beispielsweise folgende:

«... Plötzlich zwangen mich die Folterer, mit ihnen, wie sie sagten, ‹russisches Roulett› zu spielen. Sie sagten, sie würden mich nun umbringen, aber ich könne meinen Tod aus folgenden fünf Möglichkeiten selbst wählen: Kopfschuß – Messerstich – Gift – Ertränken im Fluß mit einem Stein um den Hals – und zum Schluß sagten sie mit großer Befriedigung, daß sie mich doch wohl am besten mit einer Säge zerstückeln würden, und sie würden jetzt damit anfangen, und zwar bei den Geschlechtsteilen.»

In den vergangenen Jahren ist die Folter zunehmend perfektioniert und «technisiert» worden. Symptomatisch dafür ist die generelle Anwesenheit von Medizinern bei der Tortur. Und während die Ärzte früher dazu da waren, einen möglichen Tod zu verhindern, so nehmen sie heute aktiv an der Folterung teil: «Einer kontrolliert mit sanfter Hand den Herzschlag, während der andere mit der Hand die Zunge festhält, damit der Gefolterte nicht erstickt.» (Bericht eines Folteropfers)

Die Folter hat eine lange Geschichte in Kolumbien, die Mißhandlung politischer Gefangener war seit jeher ein probates Mittel zur Unterdrückung der Opposition. So dokumentiert zum Beispiel das 1974 vom Solidaritätskomitee für politische Gefangene herausgegebene «Schwarzbuch der Repression» eine Vielzahl von Folterfällen in der Zeit der Frente Nacional. Doch erst gegen Ende der siebziger Jahre, in der Amtszeit des repressiven «Liberalen» Turbay Ayala wurde die Folter zu dem, was sie heute ist: eine systematisch angewandte Verhörmethode. Seit dieser Zeit werden politische Gefangene nach ihrer Verhaftung so gut wie ohne Ausnahme gefoltert – auch wenn das Ausmaß der Tortur je nach Fall und Person variiert.

Männer und Frauen aller Altersgruppen passierten damals die Folterzentren der Militärbataillone. Alles war verdächtig – jeder potentiell subversiv. Erst die Haft und die Anwendung der Folter mußte den staatlichen Häschern das Gegenteil beweisen. Im Zweifel wurde der Betroffene umgebracht oder verschwand für immer. Die Namen der militärischen Folterzentren wie die «Keller von Sacramonte» (Cuevas de Sacramonte) und die «Kavallerieschule von Usaquen» in Bogotá oder die Bataillone Pichincha und La Remonta in Cali wurden zum Inbegriff für grauenvolle Terrormethoden gegen die Zivilbevölkerung.

Dennoch besaß Präsident Turbay Ayala die Dreistigkeit, jegliche Foltervorwürfe öffentlich zurückzuweisen. In einer Ansprache vom Februar 1979 entgegnete er auf die Anschuldigungen diverser Menschenrechtsorganisationen: «Niemand, aber auch wirklich niemand ist jemals in Kolumbien gefoltert worden. Die Behörden unseres Landes foltern niemanden. Ich kann versichern, daß Anschuldigungen über Folterungen durch und durch verleumderisch sind.»

Wieviel diese Versicherungen des kolumbianischen Präsidenten wert waren, belegte schon bald darauf der Bericht einer Kommission von amnesty international, die sich vom 15. bis 31. Januar 1980 in Kolumbien aufhielt: «Die Mission... stellte fest, daß in militärischen Einrichtungen des Landes politische Häftlinge systematisch gefoltert wurden. Die Mission machte 35 Zentren ausfindig, wo Folterungen vorgenommen worden sein sollen...»

Ähnliche Berichte verschiedener Menschenrechtsorganisationen ziehen sich wie ein roter Faden durch die gesamten achtziger Jahre. Trotz gegenteiliger Beteuerungen der Regierung, die um ihr Prestige im Ausland besorgt ist, zweifelt derzeit keine einzige unabhängige Menschenrechtskommission daran, daß in Kolumbien routinemäßig und systematisch gefoltert wird.

Nicht nur die «unteren Chargen» des Militärs sind für diese Folterungen verantwortlich. Dies zeigte zum Beispiel ein Prozeß vor dem Obersten Verwaltungsgericht Kolumbiens am 27. Juni 1986. Das Gericht kam dabei nicht nur zu dem Schluß, daß die Ärztin Olga Lopez de Roldan im Januar 1979 im Hauptquartier des militärischen Geheimdienstes BIM (Brigada de Institutos Militares) in Bogotá brutal gefoltert worden war. Vielmehr hielt es auch die direkte Verantwortlichkeit des damaligen Kommandeurs der BIM, General Vega Uribe, für erwiesen. General Vega Uribe war zum Zeitpunkt des Prozesses amtierender Verteidigungsminister Kolumbiens.

Gefoltert wird in Kolumbien nicht nur, um Geständnisse und Informationen zu erzwingen. Die Folter ist darüber hinaus ein probates Mittel, die kollektive Angst zu schüren, um damit die gesamte Bevölkerung – und nicht nur die aktive Opposition – im Zaum zu halten. Jede Folterung ist eine unüberhörbare Warnung für alle anderen: Der Bürger soll wissen, daß der Terror keine Unterschiede macht, daß er ausgeübt wird, um einer Rebellion der zu Hunger und Armut verurteilten Bevölkerungsmehrheit vorzubeugen.

Diese Strategie zeigt Erfolg: Die Furcht vor der Folter bewirkt oftmals, daß sich die Bürger selbst ihre verfassungsmäßig garantierten Rechte beschneiden, indem sie sie nicht mehr wahrnehmen. Da die Ausübung von Meinungs-, Informations-, Versammlungs- und Demonstrationsfreiheiten für viele zum unkalkulierbaren Risiko geworden ist, ist es in Kolumbien nicht mehr nötig, diese Rechte explizit durch ein Dekret zu verbieten. Die Existenz der Folter als Repressionsmethode genügt.

Die Folter hat damit auch und insbesondere die Funktion, ein Unterwürfigkeitsmodell zwischen Regierung und Regierten durchzusetzen, ohne die verfassungsmäßig garantierten Freiheitsrechte sichtbar einschränken zu müssen. George Orwell beschreibt dies in seinem Roman «1984»: Danach geben die Leute, die einer Gehirnwäsche unterzogen wurden, allmählich nach, nachdem sie zuerst noch verstockt reagierten. Am Ende beherrscht sie nicht mehr die Furcht oder der Schmerz, sondern nur das Schuldbewußtsein, eine Gier nach Buße. «Wenn wir mit ihnen fertig waren, waren sie nur noch leere Hülsen. Nichts war mehr in ihnen vorhanden außer Reue und Liebe für den Großen Bruder. Es war erschütternd, wie sie ihn liebten. Sie forderten, sofort getötet zu werden, um mit reinem Gewissen sterben zu können. Sie fürchteten, sich wieder zu verunreinigen...»

Das Geständnis hat also vor allem eine symbolische Bedeutung. Es ist das Symbol für die Zerstörung der Identität des Opfers. Wenn es dem Folterer gelingt, sich des «Geheimnisses» des Häftlings zu bemächtigen, dann hat er sein Ziel erreicht: die Persönlichkeit des Gefolterten zu brechen. Der größte moralische Triumph des Gefolterten liegt demnach darin, trotz bestialischer Mißhandlungen sein Geheimnis für sich zu behalten, nicht zu gestehen, niemanden zu verraten – auch nicht um den Preis des eigenen Lebens.

In vielen Gesprächen mit gefolterten politischen Gefangenen konnte ich mich davon überzeugen, wie überaus wichtig für sie dieser moralische Triumph über die Peiniger gewesen ist. Der Sieg besteht in der Kunst des Überlebens, die nicht nur darin liegt, den Körper über die Zeit der Folter und der Haft physisch hinwegzuretten, sondern auch, das eigene Ich, die eigene Identität zu bewahren.

Vera Grabe, Führungsoffizier der Guerillaorganisation M-19, hat ihren Kampf mit der Folter unter diesem Gesichtspunkt beschrieben:

«Die Folter ist ein einsamer Kampf, in dem man als einzige Waffe die Standhaftigkeit, die Wertschätzung, Treue und Liebe zum Volk, das Vertrauen in die Richtigkeit der eigenen Sache hat. Es ist ebenfalls ein Kampf, aus dem man als Sieger oder Besiegter hervorgehen kann. Das hängt von einem selber ab. (...) Was wir erlebten, ist nicht einfach nur eine Unannehmlichkeit, sondern eine Methode, einen Menschen am Boden zu zerstören, die noch heute gültig ist und nicht mehr nur zu Freiheitsstrafen führt, sondern zum Tod. So scheint es widersprüchlich, daß für uns, die wir gesiegt haben, die Folter eine positive Erinnerung ist, weil sie eine gewonnene Schlacht bedeutet.

Bei der Folter gibt es kein Unentschieden, entweder du siegst oder du wirst besiegt. Die einzelnen Methoden sind unwichtig, sie haben nur den einen Sinn: deine schwachen Seiten zu finden, das heißt, deine Identität zu treffen.

Im Einzelfall erfolgt die kombinierte Anwendung aller Formen der Qual und des Drucks. Die Folter steigt stufenweise an. Sie begann mit dem Entzug des Essens, des Schlafs, der Kleidung; dann häuften sich die Schläge. Die Fußtritte am ganzen Körper. Tagelang mit den Beinen gegen die Wand gelehnt zu stehen, verursacht eine unendliche Müdigkeit und untergräbt die Widerstandskraft. Aufgehängt zu sein und geschlagen zu werden, vervielfacht die Schmerzen, bis sie keine Rolle mehr spielen und man sich wie ein Stück Lumpen fühlt.

Im wesentlichen passiert immer das gleiche, es gibt keine große Abwechslung, die ganze schmutzige Phantasie des Verhörenden kommt ins Spiel. Drohungen, Erpressungen und Versprechungen wechseln miteinander ab. (...) Es ist der Moment der Nacktheit – nicht nur der physischen, sondern auch der menschlichen. Es ist, als wenn sie einem das Innere nach außen drehen würden, weil nichts verborgen bleibt, es gibt keine Lügen vor einem selbst oder vor anderen, denn es kommt der Mensch an die Oberfläche, der du wirklich bist. Und daraus gehst du sauber und erneuert hervor. Das Leben ist nur in dem Maße etwas wert, in dem es würdig, rein, neu ist. Bis zu einem gewissen Punkt spürt man ein erstaunliches Gefühl von Freiheit. (...)

Nach den Schlägen kommt die Nacktheit und die Angriffe gegen deine Weiblichkeit, die Schläge, Kniffe und Stiche in deine Brüste und Genitalien, der Besenstiel in der Scheide. Und der makabre, vorher angekündigte Hexensabbat (31. Oktober), als die Folterknechte betrunken kamen, man roch es an ihrer Ausdünstung, ... und mit einem Radio, das schrille Musik spielte – die Rockmusik aus dieser Zeit kann ich heute noch nicht hören ...

Und dann beginnt die Foltersitzung, die Nacht der Schmach, in der sechs Männer ihre Wut an einer Frau auslassen, und beim Versuch, sie zu demütigen, sich selbst erniedrigen. Dies alles zieht vorbei wie ein Horrorfilm; über all den Schmerzen fühlst du, daß diese Wesen nicht die Bezeichnung Mensch verdienen, daß sie sich degradieren durch ihren Willen, dich zu kränken. So erniedrigt sich derjenige, der auf das Niedrige zurückgreift, auf Bedrohung, auf das Angebot der Freiheit gegen Verrat, auf Beleidigung, auf Gewaltanwendung. Der scheinbare Sieger ist besiegt. (...)

Ich hörte Fayad schreien, der am gleichen Tag verhaftet worden war wie ich, und das allein gab mir Kraft; ich sagte mir, daß es besser wäre, einer allein müßte alles aushalten, als die Genossen zu verraten, die das gleiche Schicksal erleiden würden. Die Folterer drehten das Radio stärker auf, um die Schreie zu übertönen. Wir wurden abwechselnd gefoltert: Wenn Fayad vom U-Boot kam oder sie fertig waren mit dem Prügeln, holten sie mich und umgekehrt. Ein einziges Mal konnte ich ihn sehen, nackt, zerschlagen. Die Aufseher mühten sich, mich in meine Zelle zurückzustoßen, damit ich ihn nicht länger sehen sollte. Sie wußten, welche Wut der Anblick eines gefolterten Genossen in einem erzeugt, und daß dadurch der gegenteilige Effekt zu ihrem Ziel, nämlich Informationen zu erhalten und einen moralisch zu brechen, erreicht wird.

Man erlebt auch noch andere Dinge, die einem Kraft geben und zeigen, daß es auch im Heer Menschen gibt, die der Demokratie offen gegenüberstehen und Sympathie für die Guerilleros haben, die anerkennen, daß diese für eine bessere Heimat kämpfen. Da ist zum Beispiel der gemeine Soldat, der dir eine Limonade bringt; der Soldat, der sich schämt, vor deinen Augen ein Hühnchen zu essen, damit du aus Hunger dem Druck nachgibst. Da war der Offizier, der eines Tages eintrat und mir berichtete, daß Fayad draußen gerade mit einer Gruppe von Soldaten spräche und ihnen seine Meinung zum Monopolismus und zur Antidemokratie erklärte; und er sagte mir, daß er ihm recht gäbe, weil in Kolumbien einige Politiker und Mächtige das Militär gegen das Volk kämpfen ließen, um dabei den Kuchen unter sich aufzuteilen. (...)

Später sprach ich im Rincón Quiñonez (dieses Bataillon wurde nach den Zeugenaussagen zur Wiederherstellung der Gefolterten benutzt, bevor sie in die Gefängnisse überführt wurden) mit vielen kleinen Beamten und Soldaten, und der Hauptnenner war, daß sie mit dieser Arbeit nicht einverstanden waren und sie nur aus Furcht ausführten. Sie könnten infolge der strengen Zucht beim Militär nicht anders handeln, angesichts der Strafen, die alle träfen, die eine abweichende Meinung äußerten.

Hier konnte ich durch das Fenster hinaussehen. Mir war eine halbe Stunde Sonnenlicht pro Tag gestattet. Einmal sah ich Fayad durch das Fenster, und mit Zeichensprache verständigten wir einander, daß wir fest geblieben waren, daß wir gewonnen hatten.

20 Tage blieb ich im Rinón Quiñonez, danach kam ich ins Buen Pastor. Beim Eintritt in das Gefängnis erwarteten mich die Genossinnen mit Essen und mit Liedern. Sie sangen:

Dank sage ich der Schande
und der Hand mit dem Dolch,
weil sie mich so schlecht behandelt hat,
und ich trotzdem weiterhin singen konnte.

So oft wie sie mich töteten,
wirst du auferstehen,
und in der Stunde des Scheiterns
wird einer dich erretten,
damit du weiter singen kannst,
singen kannst zur Sonne
wie die Grille
nach einem Jahr unter der Erde...»

(aus: Behar, S. 165–169)

Politischer Mord

«Diese Generation ist in Gefahr
Das liegt in der Luft
Es ist schon klar
Daß sie
Ausgemerzt werden soll.»

Dies sind die Anfangszeilen eines Gedichtes, das der 24jährige Dichter und Schauspieler Jesus Pena Maria am 29. April 1986 – eine Nacht vor seiner Ermordung – niederschrieb.

Am Morgen des 30. April wurde Jesus Peña in Bucaramanga von zwei Männern in Zivil verhaftet und in einem Pkw abtransportiert. Am 4. Mai fand eine Bäuerin in einem Außenbezirk von Bucaramanga seine Leiche. Sie berichtete: «Der Körper von Jesus Peña lag am Rande eines kristallklaren Baches, der von einem Wasserfall gespeist wurde. Zur Hälfte lag er auf der Erde, zur anderen Hälfte im Wasser. Die Füße waren mit einer Nylonschnur zusammengebunden. Die Haare waren bis zum Scheitel wegrasiert, die linke Hand war zerschmettert. Der Oberkörper war mit mehr als zwanzig Stichwunden übersät. Die Unterlippe war zerschnitten. Das Gesicht hatte keine Augen mehr.»

Jesus Peña Maria ist einer von vielen tausend Kolumbianern, die in den letzten Jahren unter ähnlichen Umständen aus politischen Gründen ermordet wurden. Niemand kennt die genaue Zahl der Opfer. Denn aufgrund der Vielzahl von Fällen ist es für nationale und internationale Menschenrechtsorganisationen oft unmöglich, einzelne Morde ausführlich zu untersuchen. Da zudem die Tatumstände und die Täter häufig völlig im dunkeln bleiben, ist der politische Hintergrund oft nicht zweifelsfrei feststellbar.

Polizeiberichten zufolge ereigneten sich in Kolumbien 1986 insgesamt 14000 Morde. Eine von der Regierung in Auftrag gegebene Stu-

Landkarte der Politische Morde 1988

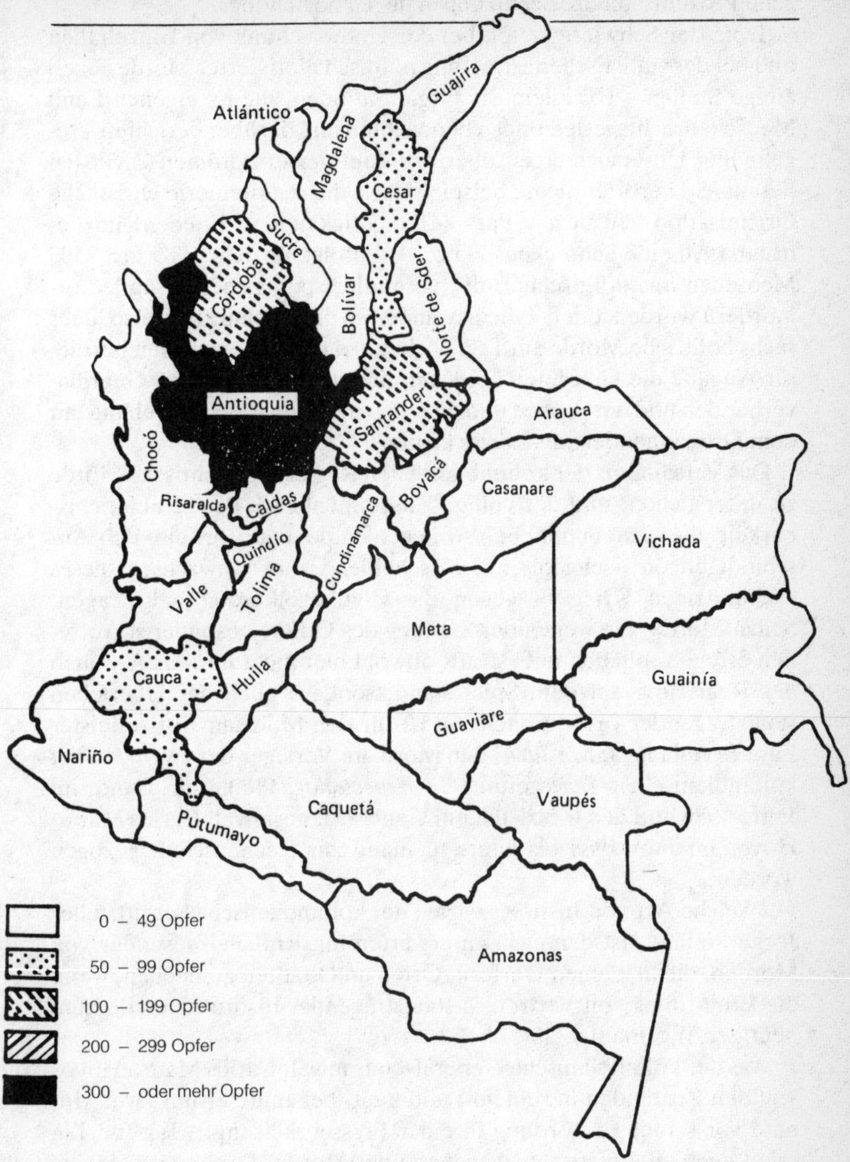

die schätzte den Anteil der politisch motivierten Morde daran auf zehn Prozent; andere Schätzungen liegen noch höher.

Trotz der Schwierigkeiten bei der Untersuchung von Einzelfällen und bei der statistischen Erfassung politisch motivierter Morde geben einige Stellen – vor allem die Organisationen, die im eigenen Land Menschenrechtsverletzungen beobachten und darüber berichten – regelmäßig Untersuchungen über die Zahl der ermordeten Zivilisten heraus. So veröffentlichte beispielsweise die renommierte christliche Organisation «Justicia y Paz» (Gerechtigkeit und Frieden) im Februar 1990 eine Schreckensbilanz, derzufolge im Jahr 1989 fast 2500 Menschen aus politischen oder vermutlich politischen Gründen ermordert wurden oder «verschwanden», durchschnittlich also über sechs politische Morde am Tag. Nicht hinzugerechnet wurden bei dieser Angabe die Getöteten bei Kampfhandlungen zwischen Guerillaverbänden und der Armee und diejenigen, die im Zusammenhang mit dem Drogenhandel ums Leben kamen.

Das Versäumnis der kolumbianischen Regierung, politische Morde zu untersuchen, und der völlige Zusammenbruch der Strafgerichtsbarkeit, die nicht einmal bei Vorliegen eindeutiger Beweise den Anschuldigungen nachgeht, hat entscheidend zum Anwachsen dieses «schmutzigen Krieges» gegen die Zivilbevölkerung beigetragen. Selbst Morde, die wegen der Stellung des Opfers besonderes Aufsehen erregen, blieben unbestraft, obwohl hier nicht nur das Ansehen der Regierung auf dem Spiel stand, sondern auch das Überleben staatstragender Institutionen: So ist für den Mord an Justizminister Lara Bonilla im Jahre 1984, den Mord am Verleger der zweitgrößten kolumbianischen Tageszeitung *El Espectador*, Guillermo Cano, im Jahre 1986 und den Mord an dem Generalstaatsanwalt Carlos Mauro Hoyos im Jahr 1988 bis heute niemand zur Rechenschaft gezogen worden.

«Welche Art von Justiz», so fragt der kolumbianische Schriftsteller Jorge Pinilla, «ist demnach zu erwarten hinsichtlich Tausender von Morden, die in kleinen Dörfern, Orten und Städten geschehen, wenn die Ermordung von Vertretern staatstragender Institutionen bis zum heutigen Tag unaufgeklärt blieb?»

Was der kolumbianische Generalstaatsanwalt Carlos Mauro Hoyos von den Zuständen in seinem Land hielt, bekannte er nur zwei Monate vor seiner Ermordung in einer Presseerklärung: «Tag für Tag erhalte ich eine Liste mit Angaben über Morde, Drohungen, Über-

Politische Morde in Kolumbien 1989

	Jan.	Feb.	März	April	Mai	Juni	Juli	Aug.	Sept.	Okt.	Nov.	Dez.	Summe	pro Monat	pro Tag
Politische Morde	60	55	20	38	45	28	37	42	24	44	50	20	**463**	38,58	1,27
Wahrscheinlich politisch begründete Morde	192	138	110	114	122	127	128	138	117	106	132	91	**1515**	126,25	4,15
Wahrscheinlich von Todesschwadronen verübte Morde	44	28	29	36	48	31	39	19	14	51	16	9	**364**	30,33	1,00
«Verschwundene»	8	25	3	4	8	33	6	14	4	3	17	12	**137**	11,42	0,38
Summe	**304**	**246**	**162**	**192**	**223**	**219**	**210**	**213**	**159**	**204**	**215**	**132**	**2479**	**206,58**	**6,79**
Morde mit ungeklärtem Hintergrund	425	334	304	347	359	337	357	289	248	311	308	416	**4035**	336,25	11,05
Summe	**729**	**580**	**466**	**539**	**582**	**556**	**567**	**502**	**407**	**515**	**523**	**548**	**6514**	**542,83**	**17,85**

Quelle: Justicia y Paz/CINEP

fälle und das Verschwindenlassen von Personen... Ich frage mich: Wo leben wir? Dies ist keine Demokratie, kein Staat. Hier herrscht das Gesetz des Dschungels.»

Und dieses «Gesetz des Dschungels» fordert immer mehr Menschenleben; der Kreis der Opfer weitet sich schier uferlos aus. Im Kolumbienbericht von 1988 (S. 13) stellt amnesty international fest:

«Nicht nur ist die Zahl der getöteten und verschwundenen Personen rapide angestiegen, zum Kreis der Opfer zählen nun bei weitem nicht mehr ausschließlich Angehörige der linksgerichteten Opposition, sondern auch Personen, die für ihr gesellschaftliches Engagement oder für ihre Leistungen auf wissenschaftlichem und kulturellem Gebiet bekannt sind. Es scheint, als werde gegen ganze Bereiche der kolumbianischen Gesellschaft eine gezielte Offensive geführt, wobei von Teilen der Sicherheitskräfte mangelnde Unterstützung der Regierung bereits als gleichbedeutend mit ‹Subversion› angesehen wird.»

Im nachfolgenden Kapitel werden, stellvertretend für das Schicksal Tausender Kolumbianer, zwei Gruppen vorgestellt, die besonders hart vom Verbrechen des politischen Mordes betroffen sind. Es handelt sich dabei einmal um Mitarbeiter von Menschenrechtsgruppen, die aufgrund ihrer Arbeit häufig selbst Opfer der staatlichen Gewalt werden. Zum anderen wird die Vernichtungsstrategie gegen die Mitglieder der Linkspartei Unión Patriótica (UP) aufgezeigt.

Der politische Mord an Mitgliedern von Menschenrechtsorganisationen

Die Repression gegen Mitarbeiter von Menschenrechtsgruppen hat zwischenzeitlich dermaßen brutale Formen angenommen, daß die bundesdeutsche Sektion von amnesty international bereits im Jahre 1987 den Tag der Menschenrechte (10. Dezember) dem Motto widmete: «Schützt die Menschenrechtler in Kolumbien.» Allein 1987 erhielten 15 Mitglieder des «Komitees zur Verteidigung der Menschenrechte» (CDDH) Todesdrohungen, vier wurden ermordet, einer fiel dem «Verschwindenlassen» zum Opfer.

Unter den Ermordeten befand sich auch der 65jährige Arzt und

Professor Héctor Abad Góméz. Über 30 Jahre lang lehrte er an der Medizinischen Fakultät der Universität von Antioquia. Er genoß als Arzt und Wissenschaftler international hohes Ansehen und galt als Pionier der öffentlichen Gesundheitsversorgung. Die Gewalt in Kolumbien war für Gómez das «Symptom einer kranken Gesellschaft», die Ursache sah er in der bestehenden sozialen Ungerechtigkeit: «Ohne wirtschaftliche und soziale Gerechtigkeit wird, kann und darf es keinen Frieden in Kolumbien geben.» Im Jahr 1962 reihte er sich aktiv in die Menschenrechtsbewegung ein. Bis zu seinem Tode war er Präsident des CDDH mit Sitz in Medellin.

Politisch gehörte Abad Gómez dem linken Flügel der Liberalen Partei an. Für die Stadtratswahlen 1988 wurde er mit enormer Zustimmung der Bevölkerung als Kandidat für das Bürgermeisteramt von Medellin, der zweitgrößten Stadt Kolumbiens, nominiert. Kaum jemand zweifelte daran, daß er die Wahl gewinnen würde – den Wahltag jedoch sollte Abad Gómez nicht mehr erleben.

Am 25. August 1987 befand er sich im Gebäude der Lehrergewerkschaft von Medellin, um dort seinem aufgebahrten Freund, dem Gewerkschaftsführer und Menschenrechtsaktivisten Luis Felipe Velez, die letzte Ehre zu erweisen. Velez war nur wenige Stunden vorher von einem Killerkommando auf offener Straße erschossen worden. Als Gómez zusammen mit seinem Kollegen Leonardo Betancur das Gebäude verließ, eröffneten zwei bewaffnete Männer das Feuer. Abad Gómez war auf der Stelle tot. Leonardo Betancur flüchtete verletzt in das Gebäude zurück, wurde jedoch verfolgt und ebenfalls erschossen.

Am folgenden Tag übergab der Generalstaatsanwalt Carlos Mauro Hoyos dem Präsidenten der Republik eine Liste mit den Namen von 22 Persönlichkeiten des öffentlichen Lebens, die von paramilitärischen Gruppen zum Tode verurteilt worden waren. Die Nr. 12 dieser Todesliste war zu diesem Zeitpunkt bereits liquidiert: Dr. Héctor Abad Gómez.

Sein Nachfolger im Amt des Präsidenten des CDDH wurde der 43jährige Rechtsanwalt Luis Vélez Vélez. Am 17. Dezember 1987 wurde auch er von Unbekannten auf offener Straße erschossen. Dessen Nachfolger, Dr. Carlos Gaviria, wurde ebenfalls mit dem Tode bedroht. Doch im Unterschied zu seinen Vorgängern gelang es ihm noch rechtzeitig, das Land zu verlassen.

Bis zum heutigen Tag sind die Morde an den Menschenrechtlern nicht aufgeklärt worden.

Nicht selten wird die Ermordung von Menschenrechtsaktivisten auf infame Art und Weise von staatlichen Sicherheitsbehörden buchstäblich vorbereitet. Dabei werden Angehörige von Menschenrechtsgruppen öffentlich als Mitglieder von Guerillaorganisationen diffamiert, was für paramilitärische Killerkommandos einer Aufforderung zur Liquidation gleichkommt.

So drangen beispielsweise am 15. April 1989 etwa 30 uniformierte Soldaten in die Wohnung von Alvaro Enrique Villamizar, dem Vorsitzenden eines universitären Menschenrechtskomitees, ein, um nach Waffen zu suchen. Obwohl sie bei der Hausdurchsuchung nichts finden konnten, verhafteten sie ihn und führten ihn in das Hauptquartier der 5. Militärbrigade nach Bucaramanga ab. Dort wurde er gezwungen, sich mit Waffen und Propagandamaterial der Guerilla fotografieren zu lassen, um wie ein Mitglied der Stadtguerilla zu erscheinen. Danach wurde er wieder freigelassen. Die Fotografien wurden von den Militärs an die Presse weitergegeben und veröffentlicht. Seitdem wird Alvaro Enrique Villamizar sowohl schriftlich als auch telefonisch mit dem Tode bedroht. Unter diesen Drohungen befand sich auch ein «Sufrágio» – eine Einladung zur eigenen Beerdigung.

Eine ähnliche «Einladung» ging auch Eduardo Umaña Luna zu, einem der renommiertesten Menschenrechtsaktivisten des Landes, Präsident der juristischen Fakultät der Nationaluniversität in Bogotá, Co-Autor des Standardwerkes «Die Gewalt in Kolumbien» und Mitglied des Anwaltskollektivs «Alvear Restrepo». In einem persönlichen Gespräch beschreibt er die gegenwärtige Misere der aktuellen Menschenrechtsbewegung in Kolumbien:

«Wir sind gegenwärtig an einem Punkt angekommen, wo die Menschenrechtsbewegung mit dem Rücken zur Wand steht. Denn was bedeutet Menschenrechtspolitik zum jetzigen Zeitpunkt in Kolumbien? Nicht etwa die Forderung nach Meinungs-, Presse- und Demonstrationsfreiheit, auch nicht die Forderung nach Bildungs- und Chancengleichheit; wir protestieren nicht einmal mehr für die Aufhebung des Ausnahmezustandes, die Beendigung der Pressezensur, die Freilassung politischer Gefangener und die Humanisierung des Strafvollzugs.

Was uns bleibt, ist die Forderung, doch wenigstens unser nacktes Leben zu verschonen, uns nicht umzubringen, uns nicht hinter Kasernenmauern oder Gefängniszellen einfach verschwinden zu lassen oder zu Tode zu foltern. Unser verzweifelter Schrei ‹Bitte bringt uns doch nicht alle um› ist im Moment der Kernpunkt kolumbianischer Menschenrechtsforderungen – ein wahrhaft dramatischer Rückschritt in der Geschichte der kolumbianischen Menschenrechtsbewegung, und, was noch viel schlimmer ist, ein Rückfall der kolumbianischen Gesellschaft in die Epoche der Steinzeit.»

Eduardo Umaña Luna mußte das Land verlassen, als bekannt wurde, daß sein Name auf mehreren Todeslisten paramilitärischer Gruppen aufgetaucht war. Mittlerweile lebt er jedoch wieder in Bogotá, um, wie er sagt, für die Zeit, die ihm bleibt, mit aller Kraft für das Recht auf Leben zu kämpfen.

Politischer Mord an Mitgliedern der UP

Dieses Recht auf Leben wird auch den Mitgliedern der linksgerichteten Unión Patriotica («Patriotischen Union». UP) seit Gründung der Partei im Jahre 1985 auf grausamste Art und Weise vorenthalten. Keine politische Organisation in Kolumbien hat so viele Todesopfer zu beklagen wie die UP. Die Chronik dieser Partei liest sich wie ein Kalender des Grauens: Über 900 UP-Mitglieder sind in den vergangenen vier Jahren ermordet worden (Stand März 1990). Darunter befanden sich zwei Präsidentschaftskandidaten, sechs Parlamentsabgeordnete, sieben Abgeordnete der regionalen Parlamente, beinahe 100 Stadt- und Gemeinderäte und 48 Kandidaten zur Bürgermeisterwahl.

Ein kleiner Ausschnitt aus dem «Kalenderblatt» der UP vom Februar 1989:

13. 2. 89: Francisco Dumar Mitre, Mitglied der UP, Vorstandsmitglied der CUT, Vizepräsident der Gewerkschaft von AVIANCA (kolumbianische internationale Fluggesellschaft), wurde in Monteria/Córdoba bei der Ankunft in seinem Büro erschossen. Den ersten Schüssen konnte er noch ausweichen, indem er in einer Eisdiele Zuflucht suchte. Dort verfolgten ihn seine Mörder und gaben dann zehn Schüsse auf ihn ab. Dumar Mitre starb noch am Tatort.

21. 2. 89: Gladis Naranjo Jaramillo, Mitglied der UP und Sekretärin im Stadtrat von Remedios, wurde von drei Männern erschossen, als

sie gemeinsam mit ihrem zehnjährigen Sohn ihre Wohnung verließ. Ihr Ehemann Alfredo, UP-Stadtrat in Remedios, war bereits am 19. September 1988 den Schüssen eines Todeskommandos zum Opfer gefallen.

23.2.89: Luis Eduardo Yaya, Mitglied der UP, Vorstandsmitglied der CUT und Stadtrat, wurde erschossen, als er gerade von seiner Wohnung in Villavicencio/Meta mit dem Wagen losfuhr. Da er zuvor verschiedene Todesdrohungen erhalten hatte, bat er die staatliche Sicherheitseinrichtung DAS um eine Eskorte, die ihm auch gewährt wurde. Am Mordtag jedoch war die Eskorte aus nicht geklärten Gründen nicht erschienen.

Für UP-Mitglieder lauert der Tod buchstäblich an jeder Ecke: Sie werden erschossen auf offener Straße oder in ihren verbarrikadierten Wohnungen, am Arbeitsplatz oder im Restaurant, in ihren Pkws oder am Flughafen, auf Parteikundgebungen oder beim Sonntagsausflug. Für die Bedrohten gibt es keine simplen Fußgänger, Fahrzeuge oder Straßen mehr. Es existieren nur noch potentielle Aggressoren, Killer, Entführer. Der Feind kann an jeder Ecke lauern, schon an der nächsten Straßenkreuzung kann ein Todeskommando warten, aus jedem Fenster kann sich plötzlich ein Gewehr schieben. Jede hastige Bewegung eines entgegenkommenden Spaziergängers kann das Entsichern einer todbringenden Waffe bedeuten.

In einem Gespräch beschrieb mir der 34jährige Alvaro Salazar, zuständig für die internationalen Kontakte der UP und nach der Ermordung von Jose Antequera dritter Mann in seiner Partei, was es heißt, unter diesen Bedingungen zu leben:

«Manchmal fühle ich mich sehr müde, fast verzweifelt, ständig in dieser psychischen Anspannung leben zu müssen. Wenn ich morgens aufstehe, denke ich unwillkürlich daran, daß vielleicht heute der Tag gekommen ist, an dem sie mich umbringen werden. Das schlimme daran ist, daß wir dem Terror tatsächlich nur wenig entgegenzusetzen haben.

Leibwächter? Kugelsichere Westen?

Natürlich, ca. 200 Männer vom DAS (Departamento Administrativo de Seguridad) sind für uns als Leibwächter abgestellt worden, und noch weitere 200 aus der eigenen Partei bilden Schutzeskorten, da die DAS-Leute bei weitem nicht ausreichen. Doch was hat das alles bisher genützt?

Wenn sie dich wirklich umbringen wollen, dann töten sie dich, selbst mit kugelsicherer Weste und 1000 Leibwächtern.

Wie sich meine politische Arbeit auf mein Privat- und Familienleben auswirkt, möchtest du wissen? – Gar nicht, weil ich keins habe! Das liegt zum einen an meinem Tagesablauf; der beginnt um sieben Uhr mit einem Englisch-Intensivkurs und endet meist erst nach Mitternacht, wenn das politische Tagespensum abgeleistet ist. Der andere Grund – und das ist der entscheidende – ist das große Risiko für uns, auf Feste, ins Kino oder Restaurant zu gehen. Deshalb ist den Führern unserer Partei der Besuch solcher Vergnügungsstätten grundsätzlich untersagt, in Ausnahmefällen benötigen wir eine entsprechende Erlaubnis unserer Partei, die dann eine Eskorte abstellt.

Natürlich haben wir damit begonnen, unseren Mitgliedern Unterricht in der Selbstverteidigung und im Schießen zu geben. Auch wird bereits seit längerem darüber diskutiert, eine eigene parteiinterne Selbstverteidigungsgruppe aufzubauen, da die staatlichen Stellen weder in der Lage noch gewillt sind, für unsere Sicherheit zu sorgen.

Der wirksamste Schutz ist aber immer noch die eigene Wachsamkeit – immer und überall.»

Alvaro Salazar weiß, wovon er spricht: Nur wenige Wochen vor diesem Gespräch, am 13. Dezember 1988, entging er dank seiner Wachsamkeit knapp einem Mordanschlag. Alvaro war gerade mit seinem Wagen im Zentrum Bogotás unterwegs, als hinter ihm ein Pkw zum Überholen ansetzte. Als sich beide auf gleicher Höhe befanden, eröffnete ein Killerkommando das Feuer. Doch wie durch ein Wunder wurden weder Salazar noch sein Leibwächter getroffen. Es gelang ihnen sogar, das Killerfahrzeug unter Beschuß zu nehmen und quer durch die Innenstadt zu verfolgen, bis der Wagen in einer Polizeistation Unterschlupf fand. Es stellte sich heraus, daß einer der Angreifer ein Angehöriger der kolumbianischen Luftstreitkräfte war. Salazar erstattete gegen ihn Anzeige wegen versuchten Mordes. Doch als das Gericht sich endlich mit dem Fall zu beschäftigen begann, war der Armeeangehörige bereits zu einer anderen Einheit verlegt worden – und gilt seitdem als unauffindbar. «So unauffindbar wie die Mörder von Hunderten unserer Genossen», bemerkt Salazar bitter und fährt fort: «Die Drahtzieher des Mordes an Jaime Pardo Leal beispielsweise sind noch immer in Freiheit und planen sicherlich noch immer Terrorakte gegen Mitglieder unserer Partei.»

Als Pardo Leal, der legendäre Vorsitzende der UP, Präsidentschaftskandidat, Universitätsdozent und Richter, am 11. Oktober 1987 ermordet wurde, befand er sich gerade zusammen mit seiner Familie auf dem Rückweg von einem Sonntagsausflug. Er wollte in Bogotá als Trauzeuge an der Hochzeit von Alvaro Salazar teilnehmen. Die geplante Hochzeitsfeier für Salazar verwandelte sich jedoch in eine Totenmesse für dessen Freund Jaime Pardo Leal. Bei einer Straßensperre nahe der Stadt Mesa ca. 40 Kilometer vor Bogotá wurde das Fahrzeug des Parteiführers zum Anhalten gezwungen. Dann eröffneten drei Männer das Feuer. Pardo Leal wurde von drei Schüssen getroffen und erlag kurze Zeit später im Krankenhaus seinen Verletzungen. Seine Frau und die Kinder überlebten den Anschlag mit leichten Verletzungen.

Auf die Frage nach den Drahtziehern des Attentats erklärte die Witwe des Oppositionsführers, Gloria Leal, in einem Interview: «Er wurde aus politischen Gründen umgebracht, weil er der Vorsitzende einer erstarkenden Volksbewegung war. Das Militär war an dem Mord bestimmt mitbeteiligt, da Jaime kurz vor seinem Tod Verbrechen von Angehörigen der Streitkräfte untersucht hatte.»

Knapp fünf Monate vor seiner Ermordung, im Mai 1987, hatte Pardo Leal Dokumente vorgelegt, die die Beteiligung von 58 Angehörigen der Streitkräfte an der Ermordung von 25 Mitgliedern der UP bewiesen. Immerhin wurden auf Grundlage dieser Dokumente Ermittlungsverfahren gegen verschiedene Militärangehörige eingeleitet. Für einige Militärs bedeuteten die Enthüllungen ein Disziplinarverfahren – für Jaime Pardo Leal jedoch den Tod.

Sofort nach Bekanntwerden des Attentats kam es im ganzen Land, insbesondere aber in den Slums der Großstädte, zu spontanen Protestkundgebungen, die vom Militär gewaltsam niedergeschlagen wurden und mindestens zehn Todesopfer forderten. Die enorme Popularität von Jaime Pardo Leal, die quer durch alle sozialen Schichten verlief, wurde deutlich am Tage seiner Beisetzung: Hunderttausende von Menschen gaben dem beliebten UP-Führer das letzte Geleit. Die Beerdigung in Bogotá wurde zu einer der größten Massenkundgebungen in der Geschichte Kolumbiens.

Der Nachfolger von Jaime Pardo Leal, Bernardo Jaramillo, mußte Anfang März 1989 Kolumbien zeitweise verlassen, nachdem verschiedene Mordanschläge auf ihn verübt worden waren und permanent Todesdrohungen gegen ihn ausgesprochen wurden. Im Juli 1989 kehrte er zurück, um als Kandidat der UP an den Präsidentschaftswahlen im Mai 1990 teilzunehmen. Am 22. März 1990 wurde Jaramillo auf dem Flughafen «El Dorado» in Bogotá von gedungenen Killern ermordet. Das Land verlassen wollte aus den gleichen Gründen auch der prominente 34jährige UP-Politiker José Antequéra. Auch er war nur knapp einem Attentat entgangen und hatte häufig Todesdrohungen erhalten. Als er am 3. März 1989, beim Einchecken am Flughafen von Bogotá, El Dorado, auf seine Abfertigung wartete, wurde er von vier Killern erschossen. Er erlag seinen Verletzungen auf dem Weg ins Krankenhaus. Die Zeitung *El Tiempo* berichtete am folgenden Tag, daß sich zum Zeitpunkt der Ermordung von Antequéra mehrere hohe Offiziere am Flughafen befanden, unter ihnen Nassin Yanine Diaz, Polizeichef von Bogotá. Zufall?

«Die UP und alle ihre Mitglieder wurden von der Armee und ihren paramilitärischen Helfern zum Tode verurteilt. Wir sollen ausradiert werden, weil wir eine Gefahr für die Interessen der Mächtigen dieses Landes darstellen», stellt Alvaro Salazar fest. Und der kolumbianische Schriftsteller Federico Melquisedec bemerkt: «Während sich die gesamte westliche Welt über die iranischen Morddrohungen an den Schriftsteller Salman Rushdie empört, bleibt die Entrüstung dieser Staaten über den tagtäglichen Vollzug solcher Todesurteile an Mitgliedern der UP völlig aus.»

Trotz des Terrors hat die UP sich nicht einschüchtern lassen. Gloria Leal, die Witwe des ermordeten Oppositionsführers Jaime Pardo Leal, sagt: «Je mehr Mitglieder der UP umgebracht werden, um so mehr schließen sich paradoxerweise der Partei an und demonstrieren so ihren Vorsatz, weiterzukämpfen.» Und Diego Montaña Cuellar, Präsident der UP und ebenfalls von Todesschwadronen bedroht, schwor am Grab des ermordeten José Antequéra: «Den rechtsradikalen Killern wird es an den Kragen gehen, noch bevor die letzten UP-Mitglieder ihren Kugeln zum Opfer gefallen sind. Der Kampf geht weiter...!»

Massaker

Die erschreckendste Form des schmutzigen Krieges in Kolumbien sind Massaker an der Zivilbevölkerung. Solche Kollektivmorde an mindestens vier oder fünf Personen haben eine lange Tradition in der blutigen Geschichte des Landes. Sie werden vor allem in den ländlichen Gebieten verübt.

Nach Berichten von CINEP kam es 1988 in Kolumbien zu insgesamt 62 Massakern, nach Dokumentationen der Union Patriótica waren es sogar 72, bei denen insgesamt 620 Menschen getötet wurden. Laut CINEP wurden allein in Urabá/Antioquia acht Massaker mit insgesamt 73 Toten verübt – alle sechs Wochen eine Massenhinrichtung in einem Gebiet, das lediglich ein Prozent der Gesamtfläche Kolumbiens ausmacht, was weniger als einem Fünftel der Fläche Bayerns entspricht! Auch im folgenden Jahr hielt die Welle der Gewalt unvermindert an.

Einige Berichte aus dem Jahr 1988 machen deutlich, was sich hinter diesen nüchternen Zahlenangaben über Massentötungen verbirgt:

21.2.1988, Piñalito: Rund 200 Personen dieses kleinen Dorfes sahen gerade einem Hahnenkampf zu, als 20 Angehörige der paramilitärischen Gruppe «Junge Nationalsozialisten» schwerbewaffnet den Platz umstellten und mit Maschinengewehren die Anwesenden bedrohten. Einer von ihnen verlas die Namen verschiedener Personen, darunter auch den von Ruth Prada. Sie mußte sich bäuchlings auf den Boden legen, und als sie bemerkte, daß sie erschossen werden sollte, flehte sie die Killer weinend an, ihr Leben zu verschonen. Ihre Worte wurden von tödlichen MP-Salven abgewürgt. Ihr Kind David, das sich unmittelbar neben seiner Mutter befand, begann zu weinen, nachdem die Mutter erschossen worden war. Daraufhin erschossen sie auch das Kleinkind.

Die Killer fuhren nun fort, aus ihren Namenslisten vorzulesen. Die

Genannten mußten sich auf den Boden legen und wurden sofort durch Kopfschuß getötet. Als sich die Aufgerufenen schließlich weigerten, sich zu melden, schossen die Männer blindlings in die Menschenmenge und töteten mehrere Anwesende. Danach verließen sie ruhig und ohne Hast den Platz.

Der Hahnenkampf war von Angehörigen der Union Patriótica organisiert worden, die meisten der bei diesem Massaker ums Leben gekommenen 16 Personen gehörten dieser Partei an.

3.4.1988, Municipio Buenavista/Córdoba: Die Bewohner von «La Mejor Esquina» feierten ein traditionelles Dorffest, als 15 maskierte und schwerbewaffnete Männer auf den Marktplatz drängten, nach einigen Personen fragten, und, da sie keine Antwort erhielten, auf die feiernden und tanzenden Campesinos zu feuern begannen. Bei diesem Massaker starben 36 Menschen, 20 weitere wurden schwer verletzt. Unter den Opfern waren der Schulleiter, eine Frau, ein Kind und viele Jugendliche. Der örtliche Gouverneur bezeichnete das von der Todesschwadron «Los Magnificos» verübte Massaker als «Irrtum». «Sie glaubten, es seien Guerilleros gewesen.» Acht Männer, die am Massaker beteiligt gewesen sein sollen, wurden verhaftet und kurz darauf wieder freigelassen.

21.6.1988, San Rafael/Antioquia: 17 Minenarbeiter wurden von einer paramilitärischen Gruppe aus ihren Hütten gezerrt und unter Schlägen mit Gewehrkolben abgeführt. Einen Tag später fanden Campesinos die Leichenteile der verschleppten Minenarbeiter: Köpfe, Füße, Beine und Hände. Kein einziger der Massakrierten wurde unverstümmelt aufgefunden. Der Dorfpfarrer von San Rafael bestätigte, daß alle 17 Getöteten Mitglieder der UP waren.

All diese Massentötungen sind nicht lediglich Taten von blutrünstigen Wahnsinnigen. Die Massaker sind Teil des kolumbianischen Aufstandsbekämpfungsprogrammes, der «guerra sucia» gegen die Zivilbevölkerung. Dadurch soll «dem Fisch das Wasser entzogen werden», der Guerilla soll die soziale Basis, also die Bevölkerung, genommen werden, um gleichzeitig jegliche legale Oppositionsbewegung im Keim zu ersticken. Die Ausführenden der Massenmorde sind immer dieselben: Angehörige extremer Rechtsgruppierungen, unterstützt von bezahlten Killern und paramilitärischen Gruppen, finanziert von der Mafia und ausgebildet von Eliteeinheiten der kolumbianischen Streitkräfte (siehe hierzu das Kapitel «Die Paramilitärs der Mafia»).

Der Generalstaatsanwalt von Kolumbien, Horacio Uribe Serpa, erklärte hierzu: «Ich bin davon überzeugt, daß die paramilitärischen Todesschwadronen mit der Hilfe und unter dem Schutz einflußreicher Kreise – sogar solcher aus dem Staatsapparat – die Massaker ausführen.»

Bewiesen werden konnte die Mithilfe von Militärangehörigen zum Beispiel bei einem Massaker, das am 4. März 1988 24 Bananenarbeitern in Urabá den Tod brachte. Gerichtliche Untersuchungen ergaben später (wiedergegeben nach America's Watch): Die Mörder gehörten den paramilitärischen Todesschwadronen der ACDEGAM an, die vom Drogenkartell in Medellin finanziert werden. Sie hatten die direkte Unterstützung von zwei Armeeoffizieren, Major Luis Felipe Beccera und Leutnant Vicente Bermudez Lozano, beide Mitglieder des militärischen Geheimdienstes B-2 und innerhalb des Bataillons «Voltigeros» tätig. Nur eine Woche vor dem Massaker hatten Armeeangehörige Bananenarbeiter verhaftet und sie beschuldigt, Guerillamitglieder zu sein. Die meisten der vorher verhafteten Arbeiter waren unter den Opfern des Massakers. Die Tat wurde vom regionalen Militärkommandanten gedeckt.

Der Kommandant wurde vom Dienst suspendiert, ging aber straffrei aus. Die Richterin Marta Lucia Gonzalez mußte nach ihrer Untersuchung aus Sicherheitsgründen das Land verlassen.

In einigen Fällen nehmen die Militärs auch selbst, in Uniform und in aller Öffentlichkeit, an Massentötungen teil. Am 30. September 1985 beispielsweise entführten jugendliche Angehörige der Guerillaorganisation M-19 einen mit Milch beladenen Lastwagen und versuchten, die Ladung in einem Armenviertel im Südosten Bogotás an die Bevölkerung zu verteilen. Die Aktion mißlang, und die Jugendlichen, die unbewaffnet waren, wurden von ca. 200 schwerbewaffneten Polizisten umringt. Als sich daraufhin die elf M-19 Mitglieder ergaben, wurden sie von den Sicherheitskräften gezwungen, sich bäuchlings auf die Straße zu legen. Daraufhin wurden sie einzeln erschossen.

Die Polizei rechtfertigte später das Massaker damit, daß zwischen den Jugendlichen und den Sicherheitskräften ein Gefecht stattgefunden habe, in dessen Verlauf die Mitglieder der M-19 umgekommen seien. Offizielle Quellen, darunter Untersuchungen des Generalstaatsanwaltes, belegen jedoch, daß die meisten der Getöteten aus einer Entfernung von weniger als einem Meter erschossen wurden, als sie auf der Straße lagen und sich schon längst ergeben hatten.

Auch folgender Vorfall beweist, daß Massentötungen nicht nur von paramilitärischen Todesschwadronen, sondern auch von regulären Einheiten der Streitkräfte durchgeführt werden:

Am 18. April 1988 drang eine Militärpatrouille in die Finca von Ana Luisa Arboleda im Municipio De Las Rosas, Cauca, ein. Ohne irgendwelche Fragen zu stellen, erschossen die Soldaten die ersten beiden Arbeiter, die ihnen über den Weg liefen. Dann begaben sie sich in die Kirche der Ortschaft, fragten die dort Anwesenden nach Guerilleros, und als diese sagten, sie wüßten nichts von der Guerilla, wurde ein weiterer Arbeiter erschossen. Danach kehrte der Militärtrupp wieder zurück auf die Finca, und der Kommandant erkundigte sich bei der Besitzerin nach ihrem Sohn. Als diese sagte, daß ihr Sohn in der Nähe der Finca wohne und den Militärangehörigen den Weg dorthin beschrieb, holten zwei Soldaten den Sohn, und er wurde vor den Augen seiner Mutter erschossen. Die Patrouille brachte noch weitere fünf Campesinos um, ohne daß sie auch nur die Möglichkeit gehabt hätten, etwas zu sagen oder sich zu verteidigen. Schließlich durchsuchten sie das gesamte Anwesen, raubten die Ersparnisse der Campesinos, schütteten das Essen über die Leichen und zogen von dannen.

Trotz zahlloser Beweise dafür, daß die Sicherheitskräfte und das Militär an vielen Massakern teils mittelbar, teils unmittelbar beteiligt waren, trotz namentlicher Überführung der Verantwortlichen durch den Generalstaatsanwalt, den Untersuchungsrichter oder den DAS, bleiben die Verantwortlichen straffrei, und das Massenmorden an Oppositionsangehörigen, Gewerkschaftern, Menschenrechtlern, Studenten, Arbeitern und Bauern geht weiter.

Am 11. November 1988 wurden in Segovia im Nordosten des Departements Antióquia 44 Menschen, darunter drei Kinder, von einem paramilitärischen Killertrupp ermordet. Niemals seit der Epoche der Violencia waren so viele Menschen Opfer eines Massakers geworden. Selten wurde die Kumpanei zwischen Paramilitärs und Sicherheitskräften so offensichtlich wie in dieser Blutnacht vom 11. November. Und wie so oft zeigten sich auch bei diesem Verbrechen die Staatsmacht, die politischen Parteien und Institutionen ohnmächtig und unfähig, dem Terror Einhalt zu gebieten.

Segovia ist eine Kleinstadt mit ca. 20000 Einwohnern. Die Menschen leben vom Anbau von Kaffee, Kakao, Mais und Bohnen oder von der Arbeit in den Goldminen der Frontino Gold Mines Company. Als im März 1988 erstmals in der Geschichte Kolumbiens Direktwahlen zum Bürgermeisteramt stattfanden, entschied sich die Bevölkerung der Stadt für die Kandidatin der linksgerichteten UP, und die Mehrheit des Stadtrats bestand seitdem aus Mitgliedern dieser Partei. Für dieses «Verbrechen» sollten die Einwohner von Segovia Monate später teuer bezahlen.

Einen Vorgeschmack bekamen sie bereits wenige Stunden nach Bekanntwerden des Wahlergebnisses: Der zuständige Militärkommandant Londoño drückte seine Glückwünsche folgendermaßen aus: «Jetzt weiß ich wenigstens, daß in dieser Stadt kein Schuß mehr den Falschen treffen kann, denn hier sind alle Subversive.» Willkürliche Verhaftungen, Folterungen, Hausdurchsuchungen und massive Drohungen gegen die gesamte Bevölkerung der Stadt gehörten von nun an zum Alltag in Segovia.

Am 2. Oktober wurde die Stadt zum militarisierten Gebiet erklärt. Unter dem Vorwand der Aufstandsbekämpfung wurden der Armee nahezu unumschränkte Vollmachten eingeräumt. Militäreinheiten patrouillierten ständig durch die Stadt, errichteten Straßensperren und Kontrolleinrichtungen und schikanierten und bedrohten die Bevölkerung.

Wenige Tage später wandte sich der Stadtrat von Segovia hilfesuchend an den Generalstaatsanwalt der Nation:

«Am 6. Oktober wurde Luis Eduardo Sierra unter der Anschuldigung, Guerillero zu sein, vom Militär verhaftet und brutal gefoltert.

Als man ihn danach laufen ließ, erklärte ihm der diensthabende Kommandeur wörtlich: ‹Keine Angst, wir tun dir diesmal nichts, aber bald übernimmt das die MRN (paramilitärische Todesschwadron «Muerte a los Revolucionarios del Noreste»).› Unsere Frage ist: Warum hat dieser Kommandeur Kenntnis davon, daß die MRN bald kommen soll, und warum ist er sich dessen so sicher? Wir jedenfalls wissen, daß immer mehr fremde, verdächtige Personen nach Segovia kommen, und wir haben Informationen, daß sich zur Zeit mehr als 15 Killer unter uns befinden, von denen noch mehr kommen sollen. Auch in den Militärkasernen bewegen sich viele verdächtige Zivilisten, und deshalb bitten wir Sie, umfassende Untersuchungen durchzuführen, um uns vor einem bevorstehenden Übergriff zu schützen...»

Am 26. Oktober, einen Tag vor dem geplanten Generalstreik, besetzten Armee und Polizei die Stadt und zwangen die Einwohner, sich die Nacht über in ihre Häuser einzuschließen. Die Sicherheitskräfte waren die einzigen, die sich in dieser Nacht auf der Straße aufhalten durften. Am anderen Morgen waren überall in der Stadt Hauswände mit wüsten Drohparolen gegen die UP und die Bevölkerung beschmiert. «Tod den Kommunisten», «Ihr Verräter werdet sterben» oder «Gott liebt Segovia so sehr, daß er uns schickt, Segovia zu befreien» lauteten einige der Parolen, die alle von der Todesschwadron MRN unterzeichnet waren. Wer konnte 15 Tage vor dem Massaker den Massenmord in dieser Weise ankündigen, wenn doch die ganze Stadt vom Militär kontrolliert wurde und niemand sonst auf die Straße durfte?

In den folgenden zwei Wochen führte das Militär täglich Schießübungen mitten in der Stadt durch. Die Bevölkerung sollte an den Waffenlärm gewöhnt werden und ihre Angst vor den Detonationen verlieren. Die Rechnung des Militärs für den Tag X ging auf: Als am 11. November das Massaker begann, dachten viele Einwohner, das Militär würde wieder einmal «Krieg spielen», und flüchteten deshalb nicht vor den Schüssen der Maschinengewehre. Als sie bemerkten, daß es diesmal kein Spiel war, war es für viele schon zu spät.

Am 9. November, also nur zwei Tage vor dem Massenmord, richteten der Stadtrat von Segovia sowie alle dort vertretenen politischen Parteien (Liberale, Konservative und die UP), die Gewerkschaftsverbände und viele namhafte Persönlichkeiten aus Segovia einen letzten, verzweifelten Aufruf an die Regierung Kolumbiens:

«In den letzten Tagen erlebte die Bevölkerung von Segovia eine Welle des Terrors und der Gewalt, die sich in Attentaten, Morden, Todesdrohungen und willkürlichen Verhaftungen seitens des Militärs und der Polizei ausdrückte. Außerdem haben wir Kenntnis erlangt von der Ankunft von Todesschwadronen und Killerbanden, die dem Anschein nach gekommen sind, um unsere Stadt in ein ‹zweites Urabá› zu verwandeln.»

Doch aus Bogotá kam keine Hilfe.

Am Freitag, dem 11. November 1988, herrschte Wochenendstimmung in Segovia. Gegen 17.30 Uhr, als die Frontino Gold Mine Co. ihre Tore schloß und die Arbeiter Dienstschluß hatten, füllte sich der Marktplatz mit Frauen, Männern und Kindern. In der Mitte des Platzes wurde eine kleine Tanzfläche aufgebaut, und aus den Lautsprecherboxen dröhnten die neuesten Hits. Schwatzend und lachend schlenderten die Menschen über den überfüllten Hauptplatz, eng umschlungen saßen Paare auf dem Boden und lauschten der Musik. Auch die Cafés und Bars rund um den Platz füllten sich allmählich. Trotz der Repression der Vortage war die Stimmung fröhlich und ausgelassen.

Gegen 19 Uhr, kurz nach Einbruch der Dunkelheit, näherten sich drei Geländewagen mit ausgeschalteten Scheinwerfern dem Marktplatz von Segovia. Ein schwerbewaffneter Trupp der MRN waren gekommen, um Segovia «vom Kommunismus zu befreien». Innerhalb von wenigen Sekunden hatten die Geländewagen den Platz eingekreist. Die Mörder stoppten die Fahrzeuge und feuerten ohne Vorwarnung mit Maschinengewehren und Granaten in die Menge.

Fünf Minuten später war der Platz überspült mit Blut, 15 Menschen waren tot, 20 weitere verletzt.

Danach drangen einige der Killer in die Bar «Johnny Key» ein. Ein Augenzeuge, der verletzt überlebte, berichtete:

«Wir waren etwa 25 Personen in der Bar, als plötzlich drei Männer die Tür aufstießen und zu schießen begannen. Einige versuchten, in die Toiletten oder Nebenräume der Bar zu entkommen, andere warfen sich auf den Boden und suchten Schutz unter den Tischen. Doch da die Männer zuerst die Glühbirnen des Lokals zerschossen hatten, konnten wir nicht sehen, wohin wir liefen. Einige rannten direkt in die Arme ihrer Mörder...»

Anschließend setzte die Todesschwadron ihre Blutorgie in gleicher

Weise in zwei weiteren Kneipen am Marktplatz fort; wahllos wurde auf jeden geschossen, der sich in den Lokalräumen aufhielt.

Doch auch in ihren Wohnungen waren die Menschen nicht sicher. Überlebende berichteten, daß der Killertrupp nach dem Massaker am Marktplatz, mit Namenslisten versehen, einzelne Häuser an der Hauptstraße aufsuchte. Die Mörder schlenderten dabei ohne Hast und Nervosität an der örtlichen Polizeistation vorbei, zerschossen die Türschlösser der Wohnungen und ermordeten ihre Opfer, wo sie sie gerade antrafen. Der 74jährige Carlos Restrepo wurde in seinem Bett umgebracht; seine beiden Söhne, die verzweifelt versucht hatten, die Mörder an der Tür zurückzudrängen, starben ebenfalls. Andere Familien wurden durch Granaten ausgelöscht, die das Kommando durchs Fenster in die Häuser warf.

Nach mehr als einer Stunde sammelten sich die drei Geländewagen wieder am Hauptplatz, um Segovia zu verlassen. Doch auch auf ihrem Rückweg mordeten die Männer weiter: Ein Kleinbus, der den Killern entgegenkam, wurde mit Granaten beschossen. In dem Bus starben 17 Personen, viele wurden für immer verkrüppelt. Der Angriff auf diesen Bus geschah direkt gegenüber der Kaserne der örtlichen Streitkräfte, ohne daß auch nur ein Soldat den Opfern zu Hilfe gekommen wäre.

Dem Massaker der MRN fielen 44 Menschen zum Opfer, über 100 wurden schwer verletzt.

Erst anderthalb Stunden nach Beendigung des Mordens erschienen die ersten Militäreinheiten auf dem Hauptplatz, der mit Toten und Verletzten übersät war. Ein Unteroffizier sah sich um, fing an zu grinsen und sagte der Bürgermeisterin von Segovia, Frau Tobón: «Endlich ist es also vollbracht, alles vollbracht und vorbei», und begann laut zu lachen.

«Was für Menschen sind das», fragte Frau Tobón wenige Stunden später in einem Interview, «die angesichts des Todes von über 40 Menschen derartig zynische Bemerkungen lachend abgeben? Liegt es vielleicht daran, daß die Armee zufrieden war über die ‹erfüllte Mission›? Liegt es daran, daß die Armee, deren Aufgabe es wäre, die Bevölkerung zu schützen, an diesem grausamen Massaker selbst beteiligt war? Wir jedenfalls werden alles daran setzen, um die Verantwortlichen für dieses Verbrechen vor die Gerichte zu bringen.»

Nach dem Massaker begründete der Direktor der Nationalpolizei die Passivität seiner Polizisten wie folgt: «In diesem Jahr wurden schon 112 Angriffe auf unsere Polizeistation ausgeführt; da erscheint es doch verständlich, daß wir zuerst versuchen müssen, unsere Einrichtungen zu schützen.» Und der Gouverneur von Antioquia, Antonio Roldan Betancur, erklärte öffentlich: «Nur dem adäquaten Verhalten der Polizei und des Militärs, die Kaserne nicht zu verlassen, ist es zu verdanken, daß wir heute keine Toten unter den Sicherheitskräften beklagen müssen.»

Führende Militärs versuchten, die von der UP geforderte Untersuchungskommission zu verhindern, Spuren zu verwischen und Zusammenhänge zu verschleiern: Nach Meldung des lokalen Polizeichefs von Segovia wurde der Angriff von den Guerilleros der FARC durchgeführt, obwohl zu diesem Zeitpunkt längst bekannt war, daß der Anschlag auf das Konto der paramilitärischen Todesschwadron MRN ging. Dennoch hielt das Militär hartnäckig an dieser Darstellung fest – eine Version, die wegen der eindeutigen Beweislage nicht einmal von konservativen Politikern und den rechtslastigen Medien geglaubt wurde.

Erst nach einer Woche Generalstreik in Segovia und täglichen Protestaktionen der Bevölkerung bequemte sich die Regierung dazu, eine Untersuchungskommission an den Tatort zu entsenden. Diese kam zu dem Ergebnis, das ohnehin schon jeder kannte: Verantwortlich für das Massaker ist die Todesschwadron MRN, aber ebenso die örtlichen Sicherheitskräfte, die ohne ersichtlichen Grund dem Töten nicht Einhalt geboten. Weiter erbrachte die Kommission den Beweis, daß Armee und Polizei vorher von dem Überfall der MRN gewußt hatten. Der Generalstaatsanwalt erstattete daraufhin Anzeige gegen die Oberbefehlshaber der Nationalpolizei und des Militärbataillons von Segovia.

In der Folgezeit häuften sich die Beweise für die persönliche Verantwortlichkeit von Armeemitgliedern an dem Massenmord. Ein Zivilrichter förderte bei seinen Ermittlungen zutage, daß der Kommandant des Bataillons von Bombona, Oberst Alejandro Londoño, persönlich den Druck eines Flugblattes, das im Namen der Todesschwadron MRN Drohungen gegen die Bevölkerung von Segovia enthielt, vorbereitet und veranlaßt hatte. Die Ermittlungen ergaben weiterhin, daß Oberst Londoño die Betreiber der Goldmine Frontino ersucht hatte, Vervielfältigungen gewisser «Anordnungen der Armee» zu drucken; wie sich später herausstellte, handelte es sich um das Pamphlet «La Voz de la Verdad» (Die Stimme der Wahrheit), das eine «Säuberungsaktion» in Segovia ankündigte. Gegen Oberst Londoño, einen Armeemajor, den Polizeikommandanten von Segovia sowie drei Zivilisten wurden wegen terroristischer Betätigung und Beteiligung an dem Massaker Haftbefehle erlassen.

Als die Militärgerichtsbarkeit die Zuständigkeit für sich in Anspruch nehmen und die Vorwürfe gegen die beschuldigten Armeeangehörigen selber untersuchen wollte, wurde der Fall an den Obersten Gerichtshof weitergeleitet. Dieser entschied am 22. Februar 1989, daß die drei Angeklagten vor ein ziviles Gericht gestellt werden sollten. Terroristische Handlungen seien als allgemeine Straftaten zu werten, die nicht der Militärgerichtsbarkeit unterliegen – eine wegweisende Anordnung, die einmalig ist in der Geschichte Kolumbiens.

Der kolumbianische Verteidigungsminister, General Manuel Jaime Guerrero Paz, äußerte dazu, die Armee akzeptiere die Verfügung des Gerichts, jedoch stimme sie nicht mit ihr überein. Folgerichtig setzten die Streitkräfte den Anschuldigungen des Zivilgerichts wieder einmal ihren Corpsgeist entgegen. Zwar nahm man die drei Zivilisten in Haft, doch kam die Militärbehörde der Aufforderung des Gerichts, die angeklagten Armeeangehörigen ebenfalls festzunehmen, bis heute nicht nach. Sie wurden lediglich vorläufig vom Dienst suspendiert.

Die mutige Richterin Marta Luz Hurtado, die den Haftbefehl gegen die Militärangehörigen unterzeichnet hatte, erhielt unterdessen bereits mehrfach anonyme Telefonanrufe, in denen sie aufgefordert wurde, ihre Untersuchungen gegen die Uniformierten sofort einzustellen, da ihr ansonsten dasselbe Schicksal zuteil werde wie ihrer Kollegin Maria Elena Diaz Pérez. Diese Richterin war im Juli 1989 in Medellin von einem vorbeifahrenden Wagen aus erschossen worden.

Das Ergebnis des Prozesses gegen die an dem Massaker beteiligten Zivilisten war bei Drucklegung dieses Buches noch nicht bekannt. Bekannt allerdings ist, daß die Bevölkerung von Segovia nach wie vor Todesdrohungen ausgesetzt ist. Eine Frauendelegation von bundesdeutschen Parlamentarierinnen der Grünen, der Alternativen Liste und der SPD, die wenige Tage nach dem Massenmord Segovia besuchte, wurde vom Bataillonskommandeur mit den Worten begrüßt:

«Hier in Segovia gibt es nur Subversive – ähnlich kriminell wie die

‹Baader-Meinhof-Bande› bei Ihnen in der Bundesrepublik. Ich bewundere euch Deutsche sehr und bin ein großer Anhänger von Adolf Hitler. Nur schade, daß er den Krieg verloren hat, denn sonst ginge es euch in Deutschland noch besser als heute ...»

Auf einer der Häuserfassaden stand mit großen Lettern geschrieben: «Bewohner von Segovia, wir werden wiederkommen – ganz bestimmt! MRN.»

«Verschwindenlassen»

Urs Fiechtner – Eines Tages

Eines Tages
Fingen sie an
Todesanzeigen zu drucken
In denen stand:
Para siempre ausente
(Für immer abwesend)
Eines Tages
Kamen den Müttern die Söhne abhanden
Und den Söhnen die Schwestern.
Eines Tages
Verschwanden Namen aus Einwohnerlisten
Und Priester verleugneten ihre Taufbücher.
Eines Tages
Legten Bäuerinnen und Studenten,
Arbeiter und Matrosen
Ihre Trauringe ab,
Weil sie nicht mehr verheiratet waren,
Weil sie nicht ledig waren,
Und weil sie noch nicht verwitwet waren.

Die Anwesenheit wurde ausgelöscht
In einem Tunnel der Welt verschwinden die Menschen
Und, Mann, – das ist kein Gerücht –
das ist zur Gewohnheit geworden.

Das «Verschwindenlassen» von Personen ist wohl die infamste Form, Menschen aus politischen Gründen zu verfolgen, eine Technik, die sich nicht mehr damit begnügt, den politischen Gegner einzusperren oder auf offener Straße zu töten, sondern seine Existenz streicht, seine Anwesenheit auslöscht. In Kolumbien spricht man vom «Verschwindenlassen», wenn ein Mensch von den Sicherheitskräften oder den mit ihnen zusammenarbeitenden Todesschwadronen festgenommen und entführt, die Inhaftierung aber abgeleugnet wird. Niemand erklärt sich verantwortlich für die Entführung des Opfers, nirgendwo ist etwas über seinen Verbleib zu erfahren – ein Faktor, der das «Verschwindenlassen» wegen seiner Lautlosigkeit und Anonymität besonders schwer bekämpfbar macht. Hinzu kommt, daß sich die Behörden regelmäßig weigern, nach dem Schicksal und dem Aufenthaltsort von «Verschwundenen» zu forschen.

Ein Mensch kann nicht wirklich «verschwinden». Irgendwo befindet er sich – lebendig oder tot –, irgend jemand weiß davon, und irgendwer trägt die Verantwortung. Um dies hervorzuheben, wird das Wort «Verschwundener» in diesem Buch in Anführungszeichen gesetzt.

Erfunden und erstmalig angewandt wurde die Strategie des «Verschwindenlassens» nicht, wie oftmals behauptet wird, von südamerikanischen Diktatoren, sondern von deutschen Nazis. Sie geht zurück auf den sogenannten «Nacht-und-Nebel-Erlaß» Hitlers für die besetzten Westgebiete, der den Widerstand vor allem in Frankreich brechen sollte. Da Hitler davon überzeugt war, daß die Exekution von Partisanen den Haß und damit auch den Widerstand gegen die Besatzer noch verstärken würde, sollte jeder wegen des Verdachts auf «Gefährdung der deutschen Sicherheit» Verhaftete bei «Nacht und Nebel» nach Deutschland transportiert werden, um dann für immer hinter KZ-Mauern zu verschwinden.

Am 7. Dezember 1941 gab der Chef des Oberkommandos der Deutschen Wehrmacht, Oberfeldmarschall Wilhelm Keitel, die entsprechenden Weisungen bekannt. Es gehe dabei um eine wirksame Einschüchterung, so erklärte er, die «in dem spurlosen Verschwinden der Beschuldigten liegt, da über ihren Verbleib und ihr Schicksal keinerlei Auskunft gegeben werden darf». Ungefähr 7000 Menschen wurden unter dem «Nacht-und-Nebel-Erlaß» nach Deutschland deportiert.

Etwa 30 Jahre später breitete sich die Praxis des «Verschwindenlassens» wie eine Seuche auf dem lateinamerikanischen Kontinent aus. Vor allem in Guatemala (nach 1966), Chile (seit 1973) und Argentinien

(seit 1976) wurden Tausende als «Verschwundene» gemeldet, und auch vor Kolumbien hat diese Entwicklung nicht haltgemacht: Seit der Übernahme des Präsidentenamtes durch Turbay Ayala «verschwanden» immer mehr Menschen in Kolumbien, und während der Amtszeit von Präsident Barco im Jahre 1988 erreichte diese Form der Repression mit täglich zwei registrierten «Verschwundenen» einen dramatischen Höhepunkt. Nach Angaben der «Vereinigung der Familienangehörigen von Verhafteten und Verschwundenen, ASFADDES, sind bisher 1600 Menschen in Kolumbien «verschwunden».

Besonders gefährdet sind Personen, die von den Sicherheitskräften beschuldigt werden, Mitglieder oder Sympathisanten bewaffneter Widerstandsgruppen zu sein. Das Fallbeispiel der Brüder Orlando und Carlos Ortega Chicunque verdeutlicht dies:

Die beiden jungen Männer waren 1984 unter dem Vorwurf der Zugehörigkeit zur Guerillaorganisation ELN gefangengenommen und ins Untersuchungsgefängnis «Modelo» in Bogotá gebracht worden. Als Orlando im November 1989 bei seiner Haftentlassung um Aushändigung seiner Personaldokumente bat, wurde ihm von der Gefängnisleitung mitgeteilt, daß seine Papiere aus «unerklärlichen Gründen» verschwunden seien. Knapp zwei Monate später war auch Orlando «verschwunden». Am 11. Januar 1990 verabschiedete er sich von seiner Freundin und verließ die Wohnung. Da er am darauffolgenden Tag immer noch nicht zurückgekehrt war, veranlaßten seine Freunde eine großangelegte Suchaktion – doch vergeblich. Am 15. Januar 1990 wurde die Leiche von Orlando auf einer Müllhalde in der Gemeinde Mosquera in den Randbezirken von Bogota aufgefunden. Sein Körper wies 17 Schußwunden und zahlreiche Folterspuren auf. Er erlitt damit dasselbe Schicksal wie zuvor sein Bruder Carlos, der bereits 1988 aus der Haft entlassen worden war und seit dem 29. August 1989 als «verschwunden» gilt. Von ihm fehlt bis heute jede Spur.

Vom «Verschwindenlassen» betroffen sind jedoch bei weitem nicht nur angebliche Rebellen oder deren Anhänger. Einmal ist es der gewerkschaftlich organisierte Sohn, der auf dem Weg zur Arbeit von schwerbewaffneten Zivilisten in einen Pkw geprügelt und von da an nie wieder gesehen wird. Ein anderes Mal ist es der Ehemann und Vater, der sich politisch für eine gerechtere Gesellschaft einsetzte und deshalb einer Militärpatrouille in «Nacht und Nebel» verwandelt wird. In all diesen Fällen verliert sich die Spur der Opfer, selbst wenn auf Drängen der Angehörigen behördliche Nachforschungen angestellt werden oder es sogar bewiesen werden kann, daß der «Verschwundene» von Angehörigen der Sicherheitskräfte verhaftet wurde.

Nicht nur Einzelpersonen fallen dem Verbrechen des «Verschwindenlassens» zum Opfer. Am 14. Januar 1990 hat eine Gruppe bewaffneter Männer nicht weniger als 42 Landarbeiter «verschwinden» lassen. Die Opfer sind zwischen 17 und 50 Jahre alt – und bis heute nicht wieder aufgetaucht. Etwa 40 Bewaffnete, einige in Militäruniformen, drangen in die Stadt Pueblo Bello im Gemeindebezirk Turbo (Departement Antioquia) ein, durchsuchten Häuser und nahmen die Landarbeiter fest, die zumeist gerade von ihren Feldern zurückgekehrt waren. Andere Bewohner der Kleinstadt wurden aus ihren Häusern gezerrt, aus der Kirche geschleppt oder an Bushaltestellen festgenommen. Sie mußten sich alle auf dem Hauptplatz des Ortes auf den Bauch legen, wurden dann gefesselt und auf zwei Lkw verladen. Nach Aussagen von Zeugen wurden die Opfer, zu denen auch die beiden Lkw-Fahrer gehörten, in Richtung der Kaserne des Bataillons «Pedro nel Ospina» weggefahren. Bevor die Angreifer den Ort verließen, steckten sie noch mehrere Wohnhäuser und andere Gebäude in Brand.

Der Militärbefehlshaber der Region Urabá hat erklärt, was in diesen Fällen von den Sicherheitskräften immer erklärt wird: Trotz intensiver Bemühungen sei der Verbleib der «verschwundenen» Landarbeiter genausowenig festzustellen wie der der Angreifer...

Die Angehörigen

Was bedeutet es für die Familienangehörigen von «Verschwundenen», wenn einer der Ihren plötzlich nicht mehr da ist? Welche Möglichkeiten haben sie, darauf zu reagieren? Dr. Héctor Abad Gómez, ermordeter Präsident des Komitees zur Verteidigung der Menschenrechte CDDH, beschrieb in einer Ansprache anläßlich des nationalen Schweigemarsches vom 3. April 1986 den Leidensweg der Angehörigen:

«Ein Familienangehöriger verschwindet. Hunderte von kolumbianischen Familien haben diese schreckliche Tragödie am eigenen Leibe erfahren müssen: Familien von Bauern und Arbeitern, Familien aus der städtischen Mittelschicht, Familien aus allen sozialen Gruppen wurden von einem Tag auf den anderen brutal mit dem Verschwinden eines ihrer Angehörigen konfrontiert, wurden Opfer einer modernen Pest, die schlimmer ist als die Pest des Mittelalters und schlimmer noch als die schlimmste Seuche ...

Ich erinnere mich genau an die von panischer Angst gezeichneten Gesichter des Vaters, der Mutter und der Geschwister von Gustavo Alveiro Muñoz, als sie in Anwesenheit des Generalstaatsanwalts von der Verhaftung ihres geliebten Sohnes und Bruders berichteten, die durchgeführt wurde von einer Militärpatrouille in unmittelbarer Nähe des Wohnhauses.

Ich erinnere mich an die verzweifelten Telefonanrufe der Familienangehörigen und Freunde beim Menschenrechtskomitee, fragend und suchend nach irgendeiner Spur von Gustavo, nach irgendeinem Licht im schrecklichen Dunkel der Ungewißheit: eine Ungewißheit, die aus der Verweigerung jeglicher Auskunft über den Verbleib des Verhafteten resultierte, denn weder in der Kaserne des Militärs noch in Polizeistationen, Gefängnissen, Gerichten, Behörden, ja nicht einmal am Friedhof wollte irgend jemand Auskunft geben über den Verbleib von Gustavo.

Nein! Niemand hatte ihn. Niemand entführte ihn. Niemand erklärte sich verantwortlich für eine Verhaftung, die von der ganzen Nachbarschaft des Stadtviertels beobachtet wurde, die mit eigenen Augen sah, wie sie Gustavo in ein Militärfahrzeug stießen und davonfuhren.

Es war das letzte Mal, daß er gesehen wurde.

Denn Gustavo hatte sich verwandelt in Nacht und Nebel. Nacht und Nebel wie N. N.: Unbekannt, verschwunden, in Luft aufgelöst.

Und was ist geschehen mit Rodrigo Penagos de Itagui, mit Beatrize Rivera und den vielen anderen, die hier unmöglich alle einzeln aufgezählt werden können?

Wann werden wir sie jemals wiedersehen?

Wann werden wir ihnen wieder zuhören können, sie ansehen können, wann wieder mit ihnen sprechen können?

Wann werden wir sie endlich wieder in unsere Arme nehmen dürfen?

Wann?

Eines Tages? Oder vielleicht nie wieder?

Fragen, wie sie unzählige Male von all denjenigen gestellt werden, die einen der Ihren «verloren haben».

Fragen, die Minute für Minute, Stunde für Stunde, Tag für Tag, Jahr für Jahr aufs neue gestellt werden – und immer unbeantwortet bleiben.

Keine Antwort, kein Hinweis, kein Hoffnungsschimmer (...)

Nun beginnt eine weitere Etappe des Leidensweges für die Angehörigen:

Es werden Briefe geschrieben, Briefe an den Generalstaatsanwalt, den Kriegsminister, den Brigadekommandanten, an den Präsidenten des Landes, an amnesty international und die UNO.

Einige dieser Briefe werden auch beantwortet:

‹Dies ist ein schmutziger Krieg›, schreibt der Kriegsminister an die von Gram gebeugte Mutter.

‹Frohe Weihnachten und ein gutes Neues Jahr›, wünscht der Präsident einer Familie, deren Sohn von den Streitkräften des Landes, deren Oberbefehlshaber er ist, geraubt wurde.

Tragödien wie diese sind die ständigen Begleiter der Familien von Verschwundenen.

Intime Tragödien, unmenschliche Tragödien, Tragödien, die nur wenige kennen – und nur wenige interessieren.»

In dem von amnesty international herausgegebenen Buch «Nicht die Erde hat sie verschluckt» ist die Entwicklung von hilfloser Angst bis zu aktivem Handeln beschrieben, die viele Angehörige von «Verschwundenen» durchlaufen:

«Menschenrechtler, Ärzte und Rechtsanwälte haben aus ihrer engen Zusammenarbeit mit Familien von Verschwundenen gelernt, daß sich deren Reaktion auf die Situation durch verschiedene Stadien entwikkeln kann.

Das erste Stadium ist gewöhnlich von Untätigkeit geprägt, die der Angst vor Repressalien oder der traditionellen Haltung gegenüber der Amtsgewalt entspringt. Wiederholte amtliche Bescheide, keine Kenntnis oder Information über ‹verschwundene› Personen zu besitzen, können die auf ein Wiedersehen hoffenden Familien in Angst versetzen, zu viele Fragen zu stellen. Treiben sie sie nicht womöglich in den Tod, wenn sie direkt oder indirekt um deren Leben bitten? In den Ländern wie Kolumbien, in denen die Rechtsstaatlichkeit vollständig zusammengebrochen ist, fürchten Angehörige aufgrund einer sehr konkreten Bedrohung der Sicherheit der Opfer oder anderer Familienmitglieder, tätig zu werden, nachdem sie Zeugen einer Entführung geworden sind. Und Angehörige können von Verwirrtheit und intensiven Schuldgefühlen heimgesucht werden, möglicherweise selbst indirekt für den Verlust einer geliebten Person verantwortlich zu sein: ‹Irgend etwas, das ich gesagt oder getan habe, könnte tatsächlich zu ihrem Verschwinden geführt haben.›

Das erste Stadium der Angst und Schuldgefühle macht meistens einem zweiten Stadium Platz, in dem wie besessen nach der verschwundenen Person gesucht wird – eine Suche, die von dem Glauben erfüllt ist, die Person sei am Leben – irgendwo. Die absolute Ungewißheit über das Schicksal der Gefangenen erzeugt ein extrem starkes Bangen, und die Hoffnung auf ein Wiedersehen verleiht der Aufgabe der Angehörigen eine erschreckende Dringlichkeit. Jeder Tag zählt. Selbst wenn die Regierung direkt oder indirekt zugibt, daß die verschwundene Person tot ist, gelten die Gefangenen für ihre Familien weiterhin als verschwunden, weil die Fakten fehlen, wie sie getötet und wo sie begraben wurden.

Das dritte Stadium der Reaktion auf Verschwinden ist geprägt von kollektivem Handeln, sobald die Familien von verschwundenen Gefangenen erkannt haben, daß der individuelle Einsatz nicht ausreicht.»

Zu der Angst um den «Verschwundenen» gesellt sich oftmals auch die Furcht der Angehörigen, selbst Opfer der Repression zu werden, wenn sie sich auf die Suche nach ihren Familienangehörigen machen. Daß diese Angst nicht unbegründet ist, zeigt folgendes Beispiel, das den Fallunterlagen des Rechtsanwaltskollektivs «Alvear Restrepo» entnommen wurde:

Victor Essassa, 56jähriges Gewerkschaftsmitglied aus Segovia, wird von einer Militäreinheit gefangengenommen und verschwindet hinter den Gefängnismauern von Puerto Mare.

Alfonso Lozano, ein Familienangehöriger von Victor, gibt dessen «Verschwinden» beim Menschenrechtskomitee in Medellin bekannt und stellt Nachforschungen nach dem Verbleib von Victor an. Kurze Zeit später verschwindet auch er in der Militärkaserne von Segovia.

Alfonso Lozano, Sohn des Vorhergenannten, wird von acht Kugeln tödlich getroffen, als er das «Verschwinden» seines Vaters bei offiziellen Stellen anzeigt.

Carlos Lozano, Bruder des Vorhergenannten, wird, als er das Schicksal seiner Angehörigen aufzuklären versucht, von gedungenen Mördern erschossen.

Cecilia Essassa, die Witwe von Victor, zeigte diese Verbrechen an vier ihrer Familienangehörigen auf dem 8. Kongreß des lateinamerikanischen Verbandes der Familienangehörigen von Verschwundenen, FEDEFAM, an. Ihre Lebenserwartung ist nur noch gering. Denn sie sagte, sie würde nicht Ruhe geben, bis alle Morde und das «Verschwindenlassen» ihres Mannes restlos aufgeklärt sind. Kurze Zeit nach Beendigung des Kongresses erhielt Cecilia die ersten anonymen Todesdrohungen.

Die begründete Furcht vor Repressalien macht es sehr schwer, genaue statistische Angaben über die Anzahl der «Verschwundenen» zu machen, da viele Angehörige hoffen, durch Schweigen das Leben des «Verschwundenen» zu retten und sich selbst nicht zu gefährden. Hinzu kommt, daß sich sehr viele Fälle des «Verschwindenlassens» in ländlichen Gebieten abspielen, wo es kaum eine Möglichkeit gibt, staatliche Stellen zu informieren. Die von ASFADDES angegebene Zahl von 1600 «Verschwundenen» in Kolumbien (Stand Juli 1989) dürfte daher noch hinter dem wahren Ausmaß dieser Repressionsmethode zurückbleiben.

Die Urheber des «Verschwindenlassens»

Das «Verschwindenlassen» von Menschen bedeutet für die Angehörigen der Opfer nicht nur einen Teufelskreis aus Hoffnungslosigkeit und Ungewißheit, sondern symbolisiert darüber hinaus ein Labyrinth absoluter Straflosigkeit. Denn es liegt im Wesen des «Verschwindenlassens», daß die Identität der Urheber verborgen bleibt: Wenn kein Gefangener, kein Leichnam, kein Opfer vorhanden ist, so scheint es, kann auch niemand angeklagt werden, irgend etwas getan zu haben.

Eine Erklärung für das spurlose «Verschwinden» von Menschen ist seitens der staatlichen Behörden schnell gefunden; zu den beliebtesten Behauptungen der Regierungsstellen gehören Äußerungen wie: die vermißte Person habe das Land heimlich verlassen – habe sich der Guerilla angeschlossen – sei von «privaten und unabhängig operierenden Extremisten» entführt worden – habe als Person nie existiert, da die Namen auf den von Menschenrechtsorganisationen erstellten Listen frei erfunden seien.

Bei einem persönlichen Gespräch mit dem Generalstaatsanwalt für Menschenrechtsfragen, Echeverry, der vorher Chef der kolumbianischen Nationalpolizei war, erklärte dieser auf meine Frage, wie er sich das «Verschwinden» von Hunderten von Personen in seinem Lande erklären könne:

«Ach wissen Sie, junger Mann, das ist alles gar nicht so dramatisch, wie Sie sich das so vorstellen. Da geht ein Familienvater verloren, und in Wirklichkeit hat er sich mit seiner Geliebten aus dem Staub gemacht, um diese irgendwo, wo man ihn nicht kennt, zu heiraten. Da verschwindet eine Mutter, und in Wirklichkeit hat sie von ihrem gewalttätigen Ehemann die Nase voll und ist ihm durchgebrannt. Da wird ein Sohn als vermißt gemeldet, und in Wirklichkeit weiß man auf Grund seiner politischen Betätigung, daß er sich in den Bergen der Guerilla angeschlossen hat. Und da macht man sich Sorgen um eine Großmutter, und in Wirklichkeit irrt diese geistig verwirrt in den Straßen der Großstadt umher und findet nicht mehr nach Hause.

All dies läuft in Kolumbien unter dem Begriff Verschwundene, und all diese Namen werden in entsprechende Listen der Menschenrechtsgruppen aufgenommen, nicht zuletzt deshalb, um Kolumbien im Ausland zu deskreditieren.»

– Originalton eines Mannes, dessen Aufgabe es sein sollte, als Hauptankläger in Menschenrechtsfragen aufzutreten und den staatlichen Schutz vor Angriffen auf die elementarsten Grundrechte zu repräsentieren.

Solche verharmlosenden und zynischen Erklärungen werden möglich, weil der Nachweis einer Verantwortlichkeit staatlicher Stellen für das «Verschwinden» von Personen nur überaus schwer zu führen ist und durch ebendiese Stellen planmäßig verhindert wird. Denn weite Teile der Gerichtsbarkeit unterliegen in Kolumbien den Hauptverantwortlichen selbst, dem Militär. Trotz der großen Schwierigkeit des Einzelfallnachweises haben nationale wie internationale Menschenrechtsorganisationen aufgrund Hunderter von Fallstudien bewiesen, daß – so amnesty international in seinem Kolumbienbericht 1988 – «die kolumbianischen Streitkräfte für schwerste Menschenrechtsverletzungen verantwortlich sind und daß sie auch für die Mehrzahl ... der Verschwundenen-Fälle ... Verantwortung tragen».

Das kolumbianische Anwaltskollektiv «José Alvear Restrepo» konnte an Hand von acht typischen Fällen von «Verschwundenen» den Nachweis erbringen, daß die staatlichen Sicherheitskräfte, insbesondere verschiedene Militäreinrichtungen des Landes, aktiv an Verbrechen des «Verschwindenlassens» beteiligt waren. Einer der von den Anwälten dokumentierten Fälle führte erstmalig in der Geschichte Kolumbiens zu einer Verurteilung durch den Interamerikanischen Menschenrechtsausschuß wegen nachgewiesener Menschenrechtsverletzung durch das Militär: der Fall Luis Fernando Lalinde.

Luis Fernando Lalinde, ein 26jähriger Soziologe und Mitglied der Kommunistischen Partei Kolumbiens, wurde am 2. Oktober 1984 von seiner Partei beauftragt, einige verletzte Guerilleros der EPL aus dem Kampfgebiet von Jardin und Andes (Antioquia) zu bergen. Am selben Tag verließ er seine Wohnung in Medellin und verabschiedete sich von seinen Brüdern mit den Worten, er werde spätestens am nächsten Tag wieder zu Hause sein. Doch Luis Fernando kehrte von seiner Mission nie mehr zurück.

Die späteren Untersuchungen durch Gerichte, Anwälte der Familie und Menschenrechtsorganisationen ergaben folgenden Geschehensablauf:

Luis Fernando wurde im Morgengrauen des 3. Oktober 1984 in der Nähe der Gemeinde Jardin/Antioquia von Agenten des Infanteriebataillons «Ayacucho» gefangengenommen. Einige Bauern aus der Umgebung sahen, wie er unter Schlägen und Fußtritten zu einem

Stall geführt und dort gefoltert wurde. Danach banden die Soldaten Luis Fernando an einen Baum in der Nähe der Dorfschule, wo sie in aller Öffentlichkeit und in Anwesenheit von Kindern mit den Folterungen fortfuhren. Erst am Abend beendeten sie die Tortur. Sie banden ihn vom Baum los und zerrten ihn auf einen Militärlastwagen des Bataillons, der in Richtung Riosucio/Caldas davonfuhr.

Viele Bauern erkannten bei den späteren Gerichtsuntersuchungen den Gefolterten und Abtransportierten zweifelsfrei als Luis Fernando Lalinde wieder. Sie waren die letzten, die ihn lebend gesehen haben, denn seit diesem Zeitpunkt ist er spurlos verschwunden.

Nun begann die verzweifelte Suche der Familie Lalinde nach dem Sohn und Bruder, eine Suche, die heute – fünf Jahre nach dessen Entführung – noch immer nicht beendet ist. Das Militär und auch andere staatliche Einrichtungen verweigerten anfangs hartnäckig jegliche Auskunft über den Verbleib von Luis Fernando, und immer erhielten die Angehörigen die gleiche Antwort: «Ihr Sohn wurde nicht verhaftet; wir wissen nicht, wo er sich befindet.» Das Bataillon «Ayacucho» räumte lediglich ein, einen Unbekannten mit dem Decknamen «Jacinto» gefangengenommen und bei einem Fluchtversuch erschossen zu haben. Dieser, so behaupteten die Militärs, habe jedoch keinerlei Ähnlichkeit mit dem Vermißten und könne daher nicht Luis Fernando sein. Richter und Rechtsanwälte, die das «Verschwinden» des jungen Lalinde untersuchten, bemühten sich vergeblich, den Leichnam des Unbekannten «Jacinto» zu sehen, um zu überprüfen, ob es sich hierbei nicht doch in Wahrheit um Luis Fernando handelt.

Doch die Angehörigen, insbesondere die Mutter Fabiola Lalinde, gaben nicht auf. Sie setzten alle Hebel in Bewegung, schalteten nationale und internationale Menschen- und Bürgerrechtsbewegungen in den Fall ein, und schließlich wurde der Druck auf die Regierung derart groß, daß sich das Militär entschloß, seine Taktik zu ändern: Am 1. August 1988 behaupteten die kolumbianischen Streitkräfte mit einemmal, der vom Militär erschossene unbekannte «Jacinto» sei in Wahrheit der «verschwundene» Luis Fernando Lalinde gewesen – eine Behauptung, die das Militär jahrelang heftig bestritten hatte. Am 16. September 1988 verurteilte daraufhin die Kommission für Menschenrechte der Organisation Amerikanischer Staaten den kolumbianischen Staat wegen der Verletzung von Menschenrechten im Fall Luis Fernando Lalinde.

Da die Leiche von «Jacinto» jedoch immer noch nicht zur Identifizierung freigegeben wurde (was medizinisch auch nach dieser langen Zeitspanne noch möglich wäre), bezweifeln die Familie Lalinde und deren Rechtsanwälte die neue Version des Militärs: «Die Suche nach meinem Sohn werde ich erst aufgeben, wenn ich ihn als Lebenden oder Toten identifiziere, insbesondere wenn sich herausstellen sollte, daß die vom Bataillon Ayacucho ermordete Person tatsächlich mein Sohn sein sollte. Doch wenn dies so ist, warum verweigert das Militär eine Exhumierung der Leiche? Und warum bestanden sie jahrelang auf der Behauptung, der von ihnen Erschossene sei nicht mein Sohn gewesen?»

Wie gefährlich diese Fragen und Nachforschungen von Familienangehörigen «Verschwundener» in Kolumbien sind, wird auch am Beispiel der Familie Lalinde deutlich. Mauricio Lalinde, der Bruder des «Verschwundenen», mußte im Mai 1989 das Land verlassen, nachdem er mehrere Todesdrohungen erhalten hatte und ihm ein Militärangehöriger im Beisein der Mutter ins Gesicht schrie: «Du wirst mit Sicherheit den gleichen Weg gehen wie dein verdammter Bruder, das schwöre ich dir!» Fabiola Lalinde, die Mutter von Luis Fernando, wurde ebenfalls mit dem Tode bedroht. Als sie sich davon nicht einschüchtern ließ, versuchte man, sie wegen Rauschgiftschmuggels hinter Gitter zu bringen. Bei einer Hausdurchsuchung im Oktober 1988 «fanden» Militärangehörige in der Wohnung Drogen, die sie vorher selbst dort versteckt hatten.

Frau Lalinde sagt, sie verdanke ihr Leben einer internationalen Menschenrechtsorganisation, die sich zur Zeit ihrer Verhaftung in Kolumbien aufhielt und die sich energisch für ihre Freilassung einsetzte. Ihre Arbeit mußte sie aufgeben aus Angst, dort einem Attentat zum Opfer zu fallen, das ihr bereits mehrmals schriftlich wie auch telefonisch angekündigt wurde. Doch sie wird auch weiterhin nach ihrem Sohn suchen, Tag für Tag, Woche für Woche, Jahr für Jahr – bis, wie sie sagt, das Schicksal ihres Sohnes restlos geklärt ist.

Die Arbeit der «Verschwundenen»-Komitees

Um bei ihren langwierigen und gefährlichen Nachforschungen nicht allein zu stehen, haben sich viele Angehörige von «Verschwundenen» in Kolumbien zur «Vereinigung der Familienangehörigen von Verhafteten und Verschwundenen», ASFADDES, zusammengeschlossen. Die Arbeit dieser Familienvereinigung, die häufig unter hohem persönlichem Risiko für die Mitglieder geleistet wird, ist für die Betroffenen – wie auch für die generelle Lösung des «Verschwundenenproblems» – von außerordentlicher Bedeutung. ASFADDES dokumentiert Fälle von «Verschwundenen», übt Druck auf die Regierung und Behörden aus, stellt internationale Kontakte zu anderen «Verschwundenen»-Komitees her und leistet nicht zuletzt eine lebensnotwendige psychische Unterstützung für die Angehörigen.

Jeannethe Bautista, führendes Mitglied von ASFADDES, berichtet über ihre Arbeit:

«ASFADDES ist ein Zusammenschluß von derzeit 50 Familien; Ziele und Tätigkeitsfelder werden einmal jährlich festgelegt. Die Arbeit besteht aus den Schwerpunkten öffentliche Anklage und Nachforschung: Zu den Anklagen gehören Protestversammlungen, das Verteilen und Herausgeben von Broschüren, zu den Nachforschungen die Gänge zur Generalstaatsanwaltschaft, das Verfolgen der einzelnen Fälle, Besuche bei betroffenen Familien. Sie wollen wir informieren und auffordern, sich der Vereinigung anzuschließen. Ihnen erklären, daß ihr Unglück kein individuelles ist und daß das ‹Verhaften-Verschwinden› einem Plan folgt, der sich gegen jedweden richtet, der es wagt, laut von einem Wandel zu träumen.

Wir arbeiten mit zusammengebissenen Zähnen, denn Öffentlichkeitsarbeit und Reisen verlangen viel Geld. Wöchentlich treffen wir uns, um die Prioritäten der Arbeit festzulegen. Richter, Staatsanwälte müssen besucht werden. Und Friedhöfe. Wir organisieren Suchtage in umliegenden Dörfern, da die Verschwundenen von einer Gegend in eine andere transportiert werden, und wir wissen, daß sie an dem Ort, an dem sie verhaftet wurden, nicht zu finden sind. Tot, denn im allgemeinen finden wir sie tot wieder.

Manchmal legen sie die Toten an den Wegen aus, in Abständen von wenigen Kilometern. Ab und zu findet man aufgrund irgendeiner Information einen heimlichen Friedhof. Wir haben bewiesen, daß

80 Prozent der aufgefundenen Toten klare Folterspuren aufweisen. Meistens reißen sie ihnen die Fingerkuppen ab, und manchmal zerstören sie ihnen das Gesicht durch Feuer oder Säure, um eine Identifikation unmöglich zu machen.

Unser Anschluß an die Menschenrechtsbewegung wurde mit Blut getauft. Daß sie unsere Angehörigen mitnahmen, verpflichtet uns, ihren Kampf, der voller Hingabe und Zärtlichkeit war, zum unseren zu machen. Weil sie ‹verschwunden› wurden, ist der Kampf deswegen nicht beendet. Nein. Sie leben in uns weiter, ihr Handeln hat uns einen Samen gelassen, und diesen Samen wollen wir im ganzen kolumbianischen Volk säen.

Wir werden nicht müde werden, auch wenn sie uns ‹verschwinden› lassen oder umbringen, weil Menschenrechtsarbeit subversiv ist; andere werden an unsere Stelle treten.»

Todesschwadronen als Militärstrategie

«Die Leute sollen wissen, was in meinem Land wirklich passiert; sie sollen alles erfahren von einem internen Krieg, einem schmutzigen Krieg. Angeblich gibt es hier eine Demokratie und eine Regierung, die das Land regiert. Aber das ist eine Lüge. Das Land wird vom Militär regiert. Das Militär kommandiert zwar noch nicht offen, aber sicher bald. Ihre Zahl nimmt ständig zu, und sie sind gut bewaffnet.

Es gibt alle möglichen Polizeiübergriffe – und Übergriffe der Armee selbst. Die Polizei mißbraucht ihre Macht in den Städten und die Armee überall. Die Bauern werden terrorisiert, man begeht alle Arten von Unrecht.

Ja, auch wenn ich selbst zum Militär gehöre und viele Fehler gemacht habe, kann man das nicht mit der Mehrheit dieser Leute vergleichen, die töten, um zu töten – einfach, weil sie einen militärischen Rang und die nötige Unterstützung haben.

Ich habe 1986 angefangen, da hat man uns den Befehl gegeben, loszugehen, um Menschen zu erschießen. Man hat uns viel über die Leute erzählt, die wir töten sollten: daß sie Guerillahelfer seien, Informationszubringer, Anstifter. Aber später ist uns klar geworden, daß die meisten von ihnen nur Angehörige einer legalen Partei waren: der Unión Patriótica.

Man sollte annehmen, daß eine Regierung da ist, um das Volk zu schützen und nicht, um es zu tyrannisieren. Deshalb erzähle ich das alles...»

(Auszug aus einem Interview mit Gonzalo Ortega, ehemaliger Soldat und Angehöriger einer vom Militär geleiteten Todesschwadron.)

Die Beteiligung von Angehörigen der Nationalpolizei und der Streitkräfte an schwersten Menschenrechtsverletzungen ist offenkundig und durch eine Vielzahl von Untersuchungen nationaler Ermittler und internationaler Organisationen belegt. Viele hochrangige Offiziere des Heeres und der Polizei sind der Urheberschaft oder Beihilfe an verschiedenen Massakern angeklagt; so zum Beispiel der Polizeikommandant von Puerto Boyacá und der Chef der Geheimdienstabteilung des Bataillons «Voltigeros» wegen des Massakers in Urabá oder der Kommandant desselben Bataillons wegen Beteiligung am Massenmord in Segovia.

Doch nicht immer verüben sie ihre Verbrechen als regulär operierende Einheiten der Sicherheitskräfte. In der Mehrzahl werden Morde und Entführungen als Aktionen der sogenannten «Todesschwadronen» getarnt. Angeblich handelt es sich dabei um unabhängige Zivilisten, die sich entschieden hätten, «die Justiz als Antwort auf Entführungen und Erpressungen durch die Guerilla in die eigenen Hände zu nehmen». Tatsächlich aber liegen schlüssige Beweise vor, daß die Übergriffe von Offizieren der Sicherheitskräfte geplant und organisiert und anschließend von unter ihrem Befehl stehenden Reservisten als «Todesschwadronen» ausgeführt werden.

Zahlreiche Menschenrechtsorganisationen haben nachgewiesen, daß es sich hierbei nicht lediglich um Vergehen einzelner «schwarzer Schafe», sondern um eine Strategie der militärischen Aufstandsbekämpfung handelt. So ist amnesty international aufgrund Hunderter von Fallstudien zu dem eindeutigen Schluß gelangt, «daß die Todesschwadronen integrierter Bestandteil der kolumbianischen Sicherheitskräfte sind» und ihre «Übergriffe in Wirklichkeit von Polizei- und Militärangehörigen und von zivilen Hilfstrupps begangen wurden, die im Auftrage der Führungsspitze der Armee agieren».

Diese Militärstrategie hat sich in Kolumbien wie eine Seuche ausgebreitet. Innenminister Cesar Gaviria, der im Februar 1989 von seinem Amt zurücktrat, mußte auf Anfrage der UP dem Kongreß mitteilen, daß bei einer offiziellen Bestandsaufnahme nicht weniger als 140 Todesschwadronen gezählt worden waren – die Hälfte davon soll von mächtigen Mafiagruppen finanziert und unterstützt werden.

Nicht offengelegt hat der Minister allerdings die Verbindungen von Teilen der regulären Armee mit den Todesschwadronen. Bis heute beharrt die kolumbianische Regierung auf ihrer Behauptung, die Greueltaten der Todesschwadronen seien das Werk unabhängiger Extremistengruppen, auf die die Regierung keinen Einfluß habe und die weder zu identifizieren noch zu kontrollieren seien. Der schmutzige Krieg gegen die Zivilbevölkerung wird als «private Gewalt» rivalisierender Gruppen und als Folge des Aufeinanderprallens politischer Extreme von Links und Rechts dargestellt, wobei die Regierung immer wieder ihre Hilflosigkeit beteuert und jegliche Verantwortung von sich weist.

1986 sprach der damals amtierende Generalstaatsanwalt Dr. Jiménez Gomez in einem Bericht an das kolumbianische Parlament allerdings eine andere Sprache: «Die perverse Praxis der Militärs, sich ziviler Bürger zu bedienen, um ihre Anti-Guerilla-Taktik voranzutreiben, war weit verbreitet. Auf diese Weise konnte das Militär die ihm gesteckten legalen Grenzen überschreiten... Sie machten Zivilisten, die sie ursprünglich als Führer, Informanten, Kollaborateure und Hilfskräfte benötigt hatten, zu ihrem verlängerten Arm. Diese waren und sind in der Lage, als gedungene Mörder (sicarios) inoffizielle Dinge zu tun, die durch offizielle Institutionen nicht vertretbar sind.»

Sein Nachfolger, Dr. Horacio Serpa Uribe, fügte im Juni 1988 hinzu, daß «viele Morde Merkmale aufweisen, die darauf hindeuten, daß sie den Schutz und/oder die Billigung einiger staatlicher Institutionen» genössen.

Diesen Abschlußberichten der beiden Generalstaatsanwälte liegen Untersuchungen mutiger Richter und Justizbeamter zugrunde, die wissen, daß ihre Ermittlungen über die Verquickung von Armeepersonal und Todesschwadronen häufig mit dem Tode bestraft werden. Einer der brutalsten Versuche der jüngsten Vergangenheit, solche Ermittlungen der Ziviljustiz zu vereiteln, war die Ermordung von zwölf Mitgliedern einer Untersuchungskommission in La Rochela, Gemeinde Simacota im Departement Santander.

Am 18. Januar 1989 verließen zwei Richter, zwei Sekretäre, neun Beamte der Kriminalpolizei und zwei Fahrer die Erdölstadt Barranca in Richtung Süden. Ihre Mission: sie sollten eine Serie von Massakern, politischen Morden und Fällen von «Verschwindenlassen» untersuchen, die sich in letzter Zeit in der Region des Magdalena Medio ereignet hatten. In den Dossiers, die ihnen als Grundlage zur Aufklärung dienten, erschienen verschiedene Angehörige örtlicher Armeebrigaden und einige paramilitärische Todesschwadronen als vermutliche Urheber der Gewalttaten.

Als die Kommission in die Nähe des Weilers La Rochela kam, wurden ihre beiden Jeeps von einer Gruppe Schwerbewaffneter angehalten, die sich als Mitglieder der Guerillaorganisation FARC ausgaben. Sie boten den Ermittlern Auskünfte und Beweismaterial an und forderten die Justizbeamten auf, sie zu begleiten. Die Kommissionsmitglieder wurden dazu überredet, sich die Hände fesseln zu lassen, um für den Fall, daß die Kolonne auf eine Militärpatrouille treffen sollte, eine Entführung zu simulieren.

Als die Beamten die Täuschung bemerkten, war es bereits zu spät: die Männer – Paramilitärs statt Guerilleros – eröffneten mit halbautomatischen Waffen das Feuer auf die Ermittler und schossen sie in oder neben ihren Fahrzeugen zusammen. Diejenigen, die danach noch am Leben zu sein schienen, schoß man in den Hinterkopf. Drei verwundete Kriminalbeamte stellten sich tot und konnten so wie durch ein Wunder das Massaker überleben. Passanten brachten sie nach Barranca zurück, und dort gaben sie Zeugnis von dem Massaker ab – gerade rechtzeitig, um die vom örtlichen Militärkommandanten bereits verfaßte Erklärung, wonach Guerillagruppen für den Massenmord verantwortlich gewesen seien, zu widerlegen.

Die von der Kommission erstellten Akten mit den schriftlichen Zeugenaussagen über die Zusammenarbeit von Todesschwadronen und Armeeinheiten wurden von den Killern entwendet – die Untersuchung der Massaker im Magdalena Medio wurde eingestellt.

Nur wenig später erließ Präsident Barco zwei Dekrete, die der Generalstaatsanwaltschaft die Befugnis entzogen, Uniformierte wegen des Verdachts der Beteiligung an Verbrechen zu belangen. Bewußte Kumpanei mit den Killern in Uniform oder sträfliche Naivität? Festzustellen bleibt jedenfalls, daß immer dann, wenn staatsanwaltschaftliche Untersuchungen ausnahmsweise zu Ende geführt werden konnten, ohne daß vorher die erstellten Akten oder der ermittelnde Richter «verschwanden», die zivilen Behörden belastende Erkenntnisse gegen Angehörige der Sicherheitskräfte zutage förderten.

Auch Polizeiorganen wurden immer wieder enge Verbindungen zu rechtsextremen Terrorgruppen nachgewiesen. So mußten Anfang 1987 allein in der Stadt Cali über 100 Polizeibeamte aus dem aktiven Dienst entfernt werden. Sie hatten mit «Todesschwadronen» zusammengearbeitet, die im ersten Halbjahr 1986 mehr als 350 Menschen aus verschiedenen sozialen Randgruppen – Bettler und Prostituierte, Kleinkriminelle und Gamines (Straßenkinder) – auf offener Straße ermordet hatten. Nicht ein einziger dieser Polizeibeamten wurde strafrechtlich zur Verantwortung gezogen.

Wenn Mitgliedern von Polizei- und Armeeinheiten politische Verbrechen zur Last gelegt werden, gibt es meist weder eine Anklage noch ein Verfahren. Und nur in Ausnahmefällen wurden hochrangige Offiziere für solche Verbrechen vor Gericht gestellt. Viele Menschenrechtsorganisationen schließen daraus, daß sich die kriminellen Handlungen im Rahmen einer militärischen Strategie bewegen, wonach den mit den Todesschwadronen verstrickten Sicherheitskräften bewußt Straffreiheit gewährt werden soll. Denn die strafrechtliche Verfolgung von Uniformierten fällt nach kolumbianischem Recht in Zeiten des Ausnahmezustandes – der in Kolumbien, von kurzen Unterbrechungen abgesehen, seit 1958 besteht – in die alleinige Zuständigkeit der Militärgerichte. Sie waren bisher noch immer der Garant für die Straffreiheit ihrer mordenden Kollegen.

Professor Eduardo Umafía Mendoza, Menschenrechtsanwalt und selbst von Todesschwadronen bedroht, resümiert:

«Da stapeln sich bei der Generalstaatsanwaltschaft gegenwärtig über 5200 Anzeigen, von denen die meisten Angehörige der Sicherheitskräfte betreffen, die im Verdacht stehen, zusammen mit Todesschwadronen gemordet zu haben – doch Untersuchungsverfahren gegen Uniformierte werden regelmäßig eingestellt.

Da werden Tausende von kolumbianischen Bürgern von Todesschwadronen in Gebieten massakriert, die zu den militarisierten Zonen des Landes gehören und in denen buchstäblich jeder Quadratmeter von Armeeinheiten kontrolliert wird – doch niemals kam es zu einem Zusammenstoß beider Gruppen – im Gegenteil: je mehr Militär sich in einer Region befindet, desto schlimmer wüten die Horden der Killerkommandos.

Da benutzen Mitglieder der als Todesschwadronen operierenden Einheiten Fahrzeuge, die auf Militärbataillons zugelassen sind, Waffen, die nur den Sicherheitskräften zur Verfügung stehen, und Ausweisdokumente, die von Armeeoffizieren unterzeichnet wurden. Da werden Angehörige paramilitärischer Banden beobachtet, wie sie sich völlig zwanglos in militärischen Einrichtungen bewegen und dort sogar Gefangene übergeben, von denen einige kurze Zeit später tot aufgefunden werden – doch die Regierung stellt sich nach wie vor schützend vor den Militärapparat und sorgt mit der Verhängung des Ausnahmezustandes, dem Erlaß von Notstandsgesetzen und Kompetenzbeschneidungen ziviler Ermittlungsbehörden für den gesetzlichen Rahmen, der die Aktivitäten von Todesschwadronen erst ermöglicht.»

Während die kolumbianische Regierung trotz aller Gegenbeweise nicht müde wird, jegliche Verantwortung für die Gewalt der Todesschwadronen weit von sich zu weisen, sprechen die Terrorkommandos Klartext: «... Noch einmal sagen wir unseren Brüdern im Nordosten: Wir werden die Region um jeden Preis zurückerobern. Dabei haben wir die militärische Unterstützung der Polizei, der kolumbianischen Armee... sowie bedeutender Söhne der Region, die heute hohe Regierungsämter bekleiden», hieß es 1988 in einem von der Schwadron MRN unterzeichneten Pamphlet. Daß dies keine Übertreibung war, zeigte sich nur wenige Monate später bei dem Massaker der MRN in der Kleinstadt Segovia. Die im Ort stationierten Militär- und Polizeieinheiten rührten keinen Finger, um dem Blutbad Einhalt zu gebieten.

Die direkte Zusammenarbeit zwischen Sicherheitskräften und Todesschwadronen läßt sich bis in die Anfänge der paramilitärischen Gruppen zurück verfolgen. Das Anwaltskollektiv «José Alvear Restrepo» nennt die «Geburtshelfer» der paramilitärischen Gruppen in Kolumbien:

«Unter dem Einfluß der kubanischen Revolution und den Anfängen des Vietnamkriegs begannen die Vereinigten Staaten, die Prinzipien des Partisanenkrieges auf die lateinamerikanischen Länder anzuwenden. 1962 kam General William Yarborough nach Kolumbien. Er war u. a. Kommandant des Special Warfare Center von Fort Bragg, North Carolina, wo auch die Green Berrets herkommen, die in Vietnam und der Dominikanischen Republik (1965) sehr engagiert waren.»

Michael McClintock beschreibt die Tätigkeit von Yarborough und seinen Mitarbeitern in Bogotá folgendermaßen: «Das Team traf sich mit dem Verteidigungsminister und hatte vollen Zugang zur Sicherheitspolizei. Sie empfahlen, neue Organisationen gegen den Terrorismus und Gruppen zur Bekämpfung des Kommunismus zu gründen. Der radikalste Vorschlag zur Ausbildung der Antiguerilla erschien in einer Spezialausgabe unter dem Titel ‹Geheime Beilage›. In diesem Artikel empfahl Yarborough die Bildung von geheimen paramilitärischen Gruppen in Kolumbien, um gewalttätige Operationen gegen die Opposition durchzuführen...»

Folgerichtig waren schon die Verantwortlichen für die ersten Aktionen von Todesschwadronen Ende der siebziger Jahre in den Reihen der regulären Sicherheitskräfte zu suchen: Fünf Offiziere, die früher der Spionageabwehreinheit BIMCI angehört hatten, gaben im Juli 1980 gegenüber der Presse bekannt, daß Angehörige ihrer Einheit zum Dienst in der Todesschwadron «Alianza Anticomunista Americana» (AAA) abgestellt worden waren und im Auftrag von Offizieren der regulären Armee Morde und Folterungen an Zivilpersonen verübten.

Die Gründung der AAA war der Auftakt für eine Repressionsstrategie, die sich in den folgenden Jahren als erschreckend effizient erwiesen hat. Sie ermöglicht es der kolumbianischen Regierung, ihrer Verantwortung für Menschenrechtsverletzungen mit dem Hinweis auf «nicht kontrollierbare, unabhängige Killergruppen» auszuweichen, und gestattet es den Sicherheitskräften, Morde und Entführungen hinter dem Schutzschild «Todesschwadron» auszuüben, ohne sich der Gefahr auszusetzen, für kriminelle Taten belangt zu werden.

Die Vorgehensweise der Todesschwadronen weist weitgehend übereinstimmende Merkmale auf, sie ist darauf angelegt, die Bevölkerung in einen permanenten, lähmenden Angstzustand zu versetzen. Zum gängigen Repressionsmuster gehören vulgäre Todesdrohungen, die telefonisch oder in anonymen Briefen ausgesprochen werden und die Opfer dazu bringen sollen, das Land zu verlassen oder ihre Aktivitäten einzustellen. Diese Einschüchterungen machen heute auch vor ausländischen Mitarbeitern von Hilfsorganisationen nicht mehr Halt: Ute Sodemann, die bundesdeutsche Mitarbeiterin von terre des hommes in Kolumbien, wurde am 5. Oktober 1989 unter Todesandrohungen zum Verlassen des Landes aufgefordert.

Manchmal werden Särge in die Häuser von Personen geliefert, die eingeschüchtert werden sollen, oder sie erhalten sogenannte «Sufragios», Einladungen zu ihrer eigenen Beerdigung, wie beispielsweise die an den Gewerkschafter Lozano adressierte: «Wir laden dich zum Begräbnis des Gewerkschaftsführers Lozano ein. Im Laufe seines kurzen Lebens hat er sich im Kampfe der kolumbianischen Arbeiterschaft und bei der Verbreitung der Guerilla unschätzbare Dienste erworben. Erste Warnung.»

Oftmals werden Todeslisten erstellt und in Umlauf gebracht. Systematisch werden diese Listen hernach «erledigt». Und sollten Drohungen, Entführungen und Morde an Einzelpersonen nicht ausreichen, um Campesinos und Arbeiter, Oppositionsparteien und Gewerkschaften mundtot zu machen, folgt als grausamste Steigerung des Terrors der Massenmord.

Aussage eines Täters

Im September 1987 legte der ehemalige Soldat Gonzalo Ortega dem kolumbianischen Generalstaatsanwalt einen Bericht über seine Tätigkeit als bezahlter Mörder der Armee vor. Dieser Bericht, in dem erstmals ein Angehöriger der Sicherheitskräfte das Gesetz des Schweigens bricht, ist ein erschütterndes Dokument über die «Arbeitsweise» der Todesschwadronen. Er wurde zusammen mit einem Interview mit Ortega in der kolumbianischen Zeitschrift *Cromos* veröffentlicht:

«Ich bin 23 Jahre alt, stamme aus Santander und kam 1982 nach Pamplona zum Militär. Dort wurde ich sechs Monate in einer Contraguerilla-Einheit ausgebildet. Nach dieser Ausbildung wurde ich nach Chimatarra gebracht und mußte im Guerillagebiet der FARC patrouillieren. Man konnte sich dort eine Medaille oder 15–20000 Pesos für jeden Getöteten verdienen – auch wenn er nicht Guerillero war oder außerhalb eines Gefechtes umgebracht wurde. Tötete man jemanden und erbeutete dabei auch sein Gewehr, so bekam man eine Prämie von 100000 Pesos. Man mußte nur sagen: ‹Mein Cabo, ich habe jemanden mit einer Waffe gesehen und ihn umgebracht, da ist er› – so war die Sache erledigt und man erhielt die Prämie.

Einmal waren wir mit einer Patrouille unterwegs, in Zivil, sechs Mann und der Cabo. Wir kamen zu einer Brücke in der Nähe von Chimatarra, als uns drei Campesinos entgegenkamen. Plötzlich gab der Cabo den Befehl zum Schießen. Da ich ca. 15 Meter hinter meinen Kameraden herging, hörte ich nur das Geknatter der Gewehre. Als ich die Truppe eingeholt hatte, waren die drei Campesinos bereits erschossen. Sie trugen keine Uniform, keine Waffen, und deshalb fragte ich meinen Cabo: ‹Aber warum ...?› Doch bevor ich ausreden konnte, drehte dieser sich um und gab mir eine schallende Ohrfeige – da war ich ruhig. Wir ließen die Leichen einfach liegen und gingen weg. Der Vorfall wurde niemals gemeldet.

Einmal mußte ich mit ansehen, wie eine schwangere Frau von meinem Cabo zu Tode geprügelt wurde. Auch dies wurde nie gemeldet.

Einer der schlimmsten war Major Bohorquez Montaya, ein kaltblütiger Mörder. Für ihn war jeder harmlose Bauer ein Guerillero. Immer wieder trichterte er uns ein, daß jeder Zivilist ein Feind, ein potentieller Gegner sei – man dürfe daher mit niemandem reden, von keinem etwas annehmen. Viele Soldaten fingen im Laufe der Zeit an, dies zu glauben, und mißhandelten deshalb Bauern und andere Zivilisten.»

Im Oktober 1986 wurde Ortega dem Hauptmann Ardila, Chef des Nachrichtendienstes B-2 des Bataillons «Ricaúrte» in Santander, und dessen Vorgesetztem Major Echandia zugeordnet. Dort sollte er Aufträge für den Nachrichtendienst der Armee ausführen, die als «Sonderaufträge» bezeichnet wurden. Er sagte aus, daß er bei diesen Aufträgen mit anderen Zivilisten zusammengearbeitet habe, «in der Regel mit Reservisten, weil wir als ehemalige Soldaten die Mentalität der Militärs kennen, aber nicht mehr im aktiven Dienst stehen. Und wenn dann mal etwas auffliegt, kann den aktiven Militärs nichts nachgewiesen werden.»

Über die Art dieser «Sonderaufträge» gab Gonzalo Ortega im Interview Auskunft:

«Sie schickten mich zuerst nach Matanza, einem kleinen Dorf in Santander.»

«Was war Ihr Auftrag?»

«Zwei Männer umzubringen, die, wie sie sagten, den FARC angehörten.»

«Wer gab Ihnen dazu den Befehl?»

«Hauptmann Ardila. Ich habe immer zwei-, dreimal am Tag bei ihm angerufen und gefragt, ob es einen Auftrag gäbe, und ab und zu bekam ich dann den Befehl, sofort ins Bataillon zu kommen, da es etwas Dringendes zu erledigen gäbe.»

«Bekamen Sie zur Durchführung Ihrer Aufträge ein Fahrzeug?»

«Ja, einen Toyota.»

«Arbeiteten Sie mit jemandem zusammen?»

«Ja, mit einem Typ namens Javier Vergara. Mit ihm zusammen fuhr ich also am 15. November 1986 um 14 Uhr los, und um 17 Uhr war der Auftrag erledigt.»

«Wußten Sie denn, wo Ihre Opfer anzutreffen waren?»

«Natürlich, wir wußten genau, wie die beiden aussahen und wann sie das Dorf verlassen würden. Allerdings weiß ich nicht, ob die beiden tatsächlich Guerilleros waren.»

«Glauben Sie denn, daß die von Ihnen Getöteten gar keine Guerilleros waren?»

«Nun, Ardila zeigte uns lediglich ein Foto, las die Namen vor und sagte, sie seien von den FARC. Man muß aber wissen, daß es öfters vorkommt, daß Leute, die mit ihren Nachbarn oder mit sonst irgend jemandem Streitigkeiten haben, zum Militär gehen und sagen, Herr XY ist Mitglied der FARC. Und damit ist die Sache für das Militär erledigt.»

«Erzählen Sie uns doch einige Details über die Ermordung dieser angeblichen FARC-Angehörigen.»

«Also, die beiden kamen aus Matanza und streckten den Daumen hinaus, um per Autostop nach Hause zu fahren. Wir hielten an und ließen sie einsteigen.»

«Was hätten Sie getan, wenn die zwei nicht per Zufall Autostop gemacht hätten?»

«Dann hätten wir sie gleich an Ort und Stelle erledigt.»

«Was geschah dann?»

«Sie stiegen zu uns ins Fahrzeug, und wir fuhren in Richtung Bucaramanga, um einen geeigneten Platz zu finden, um sie zu töten. Nach ca. vier Kilometer hatten wir einen passenden Ort gefunden. Wir zerrten beide aus dem Wagen und schossen drei Kugeln auf jeden ab. Sie starben sofort.»

«Wie fühlt man sich, wenn man Menschen auf diese Art und Weise umbringt?»

«Mensch, wie soll ich das erklären...»

«Was taten Sie mit den Leichen?»

«In diesem Fall ließen wir sie einfach liegen. Manchmal bekamen wir aber auch den Befehl, die Leichen zum Müllabladeplatz nach Bucaramanga zu schaffen.»

«Wer gab Ihnen den Befehl, die beiden Männer zu töten?»

«Hauptmann Ardila, aber auch Major Echandia wußte Bescheid.»

«Stimmt es, daß dann, wenn das Militär jemanden verdächtigt, Guerillero zu sein, es den Befehl zum Töten gibt?»

«Genau.»

«Ohne vorherige Verhaftung, ohne Gerichtsverhandlung?»

«Ja.»

«Welche Befehle erhielten Sie danach?»

«Nun, da war eine üble Sache mit einer Frau aus Bucaramanga. Klar, ich habe sie nicht selbst ermordet, aber ich habe sie der Brigade übergeben. Sie hatte eine Waffe bei sich, als ich sie schnappte. Daraufhin übergab ich sie der Brigade, wo sie zuerst verhört und dann gefoltert wurde.»

«Wer führte die Verhöre durch?»

«Hauptmann Ardila, Major Echandia und ein Cabo Sandoral, sowie einige, die ich nicht kannte.»

«Wurde die Frau auch gefoltert?»

«Ja, bestialisch.»

«Wie lange?»

«Die ganze Nacht bis ca. 5 Uhr morgens. Dann haben wir sie gepackt und ...»

«Starb sie an den Folterungen oder habt ihr sie umgebracht?»

«Also hör mal zu, ihr wurde ein Pfahl oder so was ähnliches in den Leib gerammt, die Rippen gebrochen... es ist grauenhaft, einen Menschen so sterben zu sehen, da ist es besser, man bringt ihn gleich um.»

«War Hauptmann Ardila bei dieser Folterung anwesend?»

«Natürlich, er genoß es förmlich, einen Menschen leiden zu sehen.»

(...)

«Wer war Ihr nächstes Opfer?»

«Das war Rodríguez Celys, Campesino aus Rio Negro und Mitglied der UP. Zu viert sollten wir ihn beobachten, doch als wir ihn verfolgten, bemerkte er dies und wollte fliehen. Da erschoß ich ihn. Doch dieses Mal bekam ich keine Prämie, da ich nicht den Befehl erhalten hatte, ihn umzubringen. Ich wurde ins Bataillon geschickt und dort gerügt. In den Zeitungen wurde tags darauf gemeldet: ‹Subversive ermorden Campesino.› So war das immer ...»

Rauschgift und Macht – Die Kokaingesellschaft

Der Aufstieg der Drogenkartelle

Elegante Ledersessel umringen einen Tisch aus weißem Marmor, schwere Samtvorhänge verdunkeln den Raum und schirmen ihn diskret vor den Blicken Neugieriger ab, der Ventilator unter der Decke kämpft surrend gegen die tropische Hitze. Ab und zu greift einer der feingekleideten Herren nach seinem Notizbuch, um darin Zahlenreihen oder Daten zu vermerken – alles sieht so aus wie eine der unzähligen Routinesitzungen ehrenwerter Geschäftsleute, in denen stundenlang um Kauf- und Verkaufskonditionen gefeilscht wird.

Und doch ist das Treffen ungewöhnlich. So ungewöhnlich, daß es unter strenger Geheimhaltung und ohne Protokollierung der Absprachen erfolgt. Denn Geschäftspartner sind einerseits Vertreter der kolumbianischen Regierung, darunter der Generalstaatsanwalt und der Ex-Präsident Lopez Michelsen, andererseits Abgesandte des milliardenschweren Rauschgiftkartells von Medellin. Inhalt der Verhandlung ist der Ausverkauf staatlicher Souveränität an eine kriminelle Clique von Drogenbaronen.

Im Verlauf dieser Sitzung unterbreiteten die Drogenbosse der verblüfften kolumbianischen Regierung das Angebot, für die gesamten Auslandsschulden des Landes in Höhe von 12,5 Mrd. US-Dollar aufzukommen, ihr Vermögen, das auf insgesamt 60 Mrd. Dollar veranschlagt wird, nach Kolumbien zurückzubringen und künftig den Handel mit dem Rauschgift aufzugeben. Als Gegenleistung verlangten die Kokainbarone ihre Wiedereingliederung ins legale öffentliche Leben und Immunität gegenüber jeder Strafverfolgung und jedem Auslieferungsbegehren der USA.

Dieses Treffen fand 1984 in Panama statt – ob und gegebenenfalls welche Vereinbarungen erzielt wurden, blieb bis heute im dunkeln. Nach Bekanntwerden der merkwürdigen Unterredung schlug der damalige Präsident Betancur das Angebot der Mafia freilich empört in den Wind, war aber doch einigermaßen perplex darüber, daß als Kontaktmann zur Mafia ausgerechnet der Chef des Obersten Rechnungshofes fungierte.

Wie war es möglich, so fragten sich damals viele Kolumbianer, daß hohe Regierungsvertreter beinahe diplomatische Beziehungen mit der vielgeschmähten Drogenmafia unterhielten? Oder umgekehrt: wie hatte es eine Gruppe krimineller Drogenschieber innerhalb von weniger als 15 Jahren geschafft, sich zur mächtigsten Kokain-Connection des lateinamerikanischen Kontinents zu mausern und Regierungsvertreter an den Verhandlungstisch zu zwingen?

Als Anfang der siebziger Jahre das kolumbianische Marihuana in den USA zunehmend Abnehmer fand und auch Mohn und Coca-Blätter als Rohstoff für harte Drogen eine gewichtige Rolle zu spielen begannen, wurde der illegale Rauschgifthandel nur von einer kleinen Gruppe von Mafiosi an der Karibikküste kontrolliert, die den Anbau und Export des «Santa Marta Golden», das als bestes Marihuana der Welt gilt, organisierten. Obwohl der Löwenanteil der Gewinne aus dem Drogengeschäft in die Taschen der US-amerikanischen Groß- und Einzelhändler floß, war der Anteil, den die kolumbianische Mafia für sich verbuchen konnte, schon damals beträchtlich. Die Tageszeitung *El Espectador* berichtete bereits 1972 über einige Küstenbewohner, die demonstrativ mit ihren Devisengewinnen aus dem Rauschgiftgeschäft prahlten und ihre Privatjets, mit denen sie die Drogen in die USA schmuggelten, offen zur Schau stellten. Schon 1974 wurden mehr als 300 geheime Flugpisten an der Nordküste Kolumbiens gezählt, und auch zahlreiche Schiffe beförderten von den Häfen der Region aus heiße Ware zu den US-amerikanischen Konsumenten.

Die Umsätze aus dem Drogengeschäft stiegen im Verlauf der siebziger Jahre rapide an, und gegen Ende des Jahrzehnts – als Kolumbien bereits 70 bis 80 Prozent des Marihuana-Marktes der USA versorgte – flossen 1,5 bis 2 Mrd. Rauschgiftdollar pro Jahr ins Land, was schon damals die Einkünfte aus dem wichtigsten legalen Exportzweig, dem Kaffee, übertraf. Diese Dollarflut führte schon bald zu einem innigen Bündnis des Drogenhandels mit den traditionellen Wirtschaftssektoren. Zwar gab es anfangs noch Widerstände aus einigen Bereichen der alteingesessenen Oligarchie gegen die Dollarmillionäre der «Clase emergente» (aufstrebende Klasse). Die liberalen Präsidenten López Michelsen und Turbay Ayala betrieben jedoch gezielt und erfolgreich die Verschmelzung von Mafia und alter Bourgeoisie: Es entstand die Narco-Oligarchie.

Der Finanz- und der Exportsektor profitierten am meisten von dieser Verbindung. Banken und große Handelsketten schossen aus dem Boden, die ihre Gründung und ihr Florieren meist den riesigen Gewinnen aus dem Rauschgifthandel verdankten. Auch viele mächtige Kaffeepflanzer schlossen sich mit den Drogenhändlern zusammen. Vor allem dann, wenn der Weltmarktpreis für den Kaffee stagnierte oder eine Talfahrt erlebte, wurde in den traditionellen Kaffeeanbaugebieten Quindio und Risaraldo im großen Stil Marihuana produziert. Durch Landkäufe und Zwangsvertreibungen von Campesinos beschaffte man sich zusätzliches Land für den Marihuanaanbau.

Der Drogenhandel stärkte aber nicht nur einige nationale Wirtschaftszweige, sondern spielte auch eine wichtige Rolle im Staatshaushalt. Dazu trugen insbesondere die während der Amtszeit von Präsident López Michelsen (1974–78) eingeführten «Ventanillas siniestras», die öffentlichen Geheimschalter der Staatsbank, bei, an denen jedes Vermögen unklarer Herkunft in Pesos umgetauscht und dadurch «gewaschen» werden kann. Der größte Teil dieser Gelder sind Erlöse aus dem Drogengeschäft, die damit durch staatliche Hilfe legalisiert werden. Hintergrund dieser unorthodoxen Maßnahme war die Absicht der kolumbianischen Regierung, die einheimische Konjunktur zu beleben und so die Staatskassen durch höhere Steuereinnahmen zu füllen. Der Versuch gelang: Die Flut der Schwarzmarktdollars hatte entscheidenden Anteil daran, daß die ehemals marode kolumbianische Wirtschaft heute mit vier- bis fünfprozentigen Wachstumsraten und positiven Handelsbilanzen aufwarten kann.

Um den Fiskus direkt an dem gewinnbringenden Marihuanageschäft zu beteiligen, schlugen einflußreiche Wirtschaftsgremien, darunter Kolumbiens ehrwürdige Bankvereinigung ANIF (Asociación Nacional de Instituciones Financieras), sogar die Legalisierung des gesamten Marihuanaexportes vor, was eine direkte Besteuerung von Produktion und Handel erlaubt hätte. Daß diese Pläne nicht realisiert wurden, hing weniger mit moralischen Skrupeln der kolumbianischen Oligarchie als mit dem massiven Druck der US-Regierung und der Konkurrenz aus dem Norden zusammen. Einerseits begannen nämlich die USA, das Hauptanbaugebiet des kolumbianischen Marihuanas, die Sierra Nevada, mit Entlaubungsmitteln zu besprühen – womit sie Tausenden von Kleinbauern die Existenzgrundlage raubten –, und zugleich wurde das Rauschgift in zunehmendem Maße in den Vereinigten Staaten selbst angebaut. Die kolumbianische Mafia wurde dadurch weitgehend vom Markt verdrängt, während die USA heute das größte Marihuanaanbaugebiet der Welt sind.

Doch zu Beginn der achtziger Jahre witterte die kolumbianische Rauschgiftbourgeoisie eine Alternative zum Marihuanageschäft, deren Profite gewaltiger werden sollten als der Ertrag aus jeder anderen Tätigkeit auf dieser Erde: das Geschäft mit dem «weißen Gold» – dem Kokain.

Das weiße Gold – Die Kokainökonomie

Die Coca-Pflanze ist eines der ältesten Kulturgewächse Südamerikas und wurde vor der Unterwerfung durch die Spanier als heiliger Strauch verehrt. Jahrhundertelang züchteten die Indios der Andenregionen die grünen Coca-Blätter an den Osthängen der Kordilleren. Aus ihnen wurde das Coca gewonnen, das für rituelle Zwecke und später zur Bekämpfung von Hunger und zur Erhöhung der Widerstandskräfte verwendet wurde.

Heute ist das aus dem heiligen Coca-Strauch gewonnene Kokain zu einer der gefährlichsten Herausforderungen der Industrieländer und des lateinamerikanischen Kontinents geworden.

Auf 300 bis 500 Mrd. US-Dollar schätzen Experten den weltweiten Jahresumsatz aus dem Rauschgiftgeschäft. Die «Unternehmensgewinne» machen etwa zwei Drittel dieses Umsatzes aus. Mit einem Anteil von ca. 9 Prozent liegt der Drogenhandel im Welthandel an zweiter Stelle – hinter dem ebenso tödlichen Rüstungsgeschäft.

Zentrum des weltweiten Cocahandels ist Kolumbien. Rund 80 Prozent der Kokaineinfuhr in die USA wird von den Kartellen in Medellin und Cali kontrolliert. Die Rauschgiftbosse erwarben innerhalb weniger Jahre riesige Flächen landwirtschaftlich nutzbaren Bodens für den Anbau der Coca-Pflanze. In den Provinzen Caquetá, Guaviare und Putumayo lebt seit 1985 fast die gesamte bäuerliche Bevölkerung, das sind ca. 60000 Familien, von der Produktion der Coca-Blätter.

Dennoch liegen die Hauptanbaugebiete des Coca nicht in Kolumbien (Anbaufläche ca. 25000 ha), sondern in den Nachbarländern Peru (100000 ha) und Bolivien (40000–60000 ha). Von dort kommt das Rohkokain (Pasta de cocaina, ein Vorprodukt des Kokains, das aus gemahlenen Coca-Blättern besteht, die mit Schwefelsäure, Natriumcarbonat und Petroleum versetzt werden) über die Amazonashäfen Leticia und Mocoa oder über die Andengrenze bei Ipiales nach Kolumbien. Gewaltige Summen von Bestechungsgeldern sorgen dafür, daß der Verkauf an die kolumbianischen Händler von den Sicherheitskräften nicht gestört wird.

Die ins Land gelangte Kokapaste wird nun in den chemischen Laboratorien von Bogotá, Medellin und Cali zum Endprodukt, dem Kokain, verarbeitet. Die zur Kokainherstellung benötigten Chemikalien, die in Kolumbien nicht erhältlich sind, kommen zum Großteil aus den USA und der Bundesrepublik und unterliegen bis heute keinerlei Exportbeschränkungen.

Von Kolumbien wird das verarbeitete Kokain zu den Verteilergruppen nach Westeuropa und in die USA geschmuggelt. Dort wird es zu kleinen Portionen umgepackt und in versetzter und gestreckter Form an die Abnehmer verkauft. Wieviel Kokain jährlich nach Übersee abgesetzt wird, ist nur schwer zu bestimmen: Nach Schätzungen von Experten, die allerdings weit auseinandergehen, belaufen sich die Lieferungen auf 100 bis 300 Tonnen pro Jahr.

Der Wert des geschmuggelten Endproduktes hat mittlerweile astronomische Ausmaße angenommen und garantiert den Großhändlern in den kolumbianischen Kartellen eine Gewinnspanne, die kaum steigerbare Dimensionen erlangt hat: Für die zur Herstellung von 1 kg Kokain benötigten Coca-Blätter bezahlt der Mafioso dem produzierenden Bauern ca. 100 Dollar. Die Coca-Paste, die für das Endprodukt von 1 kg Kokain verarbeitet werden muß, ist für ca. 2000 Dollar zu haben. Der Preis für 1 kg reines Kokain beträgt bei der Ankunft in den USA zwischen 15000 und 60000 Dollar – je nach momentanem Marktwert und der Menge des gelieferten Stoffes. Wenn das Kokain schließlich in gestreckter und versetzter Form grammweise an den einzelnen Süchtigen gelangt, hat es einen Kilopreis von 250000 bis 300000 Dollar erreicht.

Zwar beruhen vorliegende Zahlen über Produktionsmengen und Preise lediglich auf Schätzungen verschiedener Rauschgiftexperten, die z. T. erheblich differieren. Dennoch wird aus diesen Zahlen deutlich, in wessen Taschen der Löwenanteil des enormen Gewinns aus dem Kokaingeschäft fließt: Die größten Preissteigerungen liegen im Verarbeitungs- und Transportprozeß zwischen den Laboratorien in Kolumbien und dem Absatzmarkt in Übersee. Dieser lukrativste Teil des Drogendeals liegt fest in den Händen der straff organisierten kolumbianischen Kartelle, die sich nahezu eine Monopolstellung bei der Verarbeitung und Kommerzialisierung des Kokains erkämpft haben.

Dieses Phänomen wurde durch verschiedene Faktoren begünstigt: Die Kokainbosse konnten, dank einer alten Tradition des illegalen Handels mit Smaragden und Marihuana, auf eine perfekte Schmuggel-Infrastruktur zurückgreifen, die es ihnen binnen kurzer Zeit erlaubte, den Drogenhandel zu industrialisieren. Dabei wirkten sich auch die günstige geografische Lage Kolumbiens mit zwei Küsten (Atlantik und Pazifik), die unmittelbare Nähe zu den Hauptanbauländern der Coca-Pflanze (Peru und Bolivien) und die kurze Entfernung zum Hauptkonsumenten, den USA, vorteilhaft aus. Hinzu kommt, daß die staatlichen Stellen den illegalen Handel nicht nur tolerierten, sondern über viele Jahre durch Steueramnestien, Geldwaschanlagen etc. tatkräftig unterstützten.

Zwar führte ein Preissturz des Kokains Mitte der achtziger Jahre zu einer Profiteinbuße der Kartelle: Wurde 1984 der Verdienst der kolumbianischen Mafiosi noch auf 10 bis 12 Mrd. US-Dollar jährlich geschätzt, so sank ihr Einkommen 1988 auf etwa 4 Mrd. US-Dollar. Nach Abzug der «betriebsbedingten Aufwendungen» wie Labor- und Transportkosten, Bestechungsgelder und Gehälter für Killer und paramilitärische Banden gehen Fachleute jedoch noch immer von einem Nettogewinn von ca. 3 Mrd. US-Dollar aus, die den kolumbianischen Kartellen jährlich zufließen. Damit erwirtschaften die Drogenbosse etwa doppelt soviel Profit wie die gesamte kolumbianische Kaffeeindustrie, der wichtigste legale Devisenbringer des Landes.

Der Löwenanteil des Kokaingewinnes wird sofort in den Konsumländern selbst investiert oder in europäischen bzw. US-amerikanischen Banken «gewaschen», so daß – in bar oder in Form von Schmuggelware (wie elektronische Geräte und Konsumgüter) – «nur» geschätzte 1–1,5 Mrd. Narco-Dollars nach Kolumbien zurückfließen. Dennoch: 1 Mrd. US-Dollar aus geheimen Quellen, die jedes Jahr in einem Land zirkulieren, dessen Bevölkerung größtenteils in bitterer Armut und unterhalb des Existenzminimums lebt, sind genug, um «Sicarios» (Meuchelmörder) und paramilitärische Todesschwadronen zu finanzieren – genug, um Richter, Offiziere und Parlamentsangehörige zu korrumpieren – genug, um einen zwischen Außenschuld und Wirtschaftsstagnation eingeklemmten Staat buchstäblich aufzukaufen.

Das Kapital aus dem Drogenhandel hat mittlerweile nahezu alle gesellschaftlichen Bereiche durchdrungen. Der kolumbianische Journalist Fabio Castillo deckt in seinem Buch «Los jinetes de la cocaina» die zahlreichen Verbindungen von Mitgliedern des militärischen, politischen und wirtschaftlichen Establishments mit den Kokaindealern auf und beschreibt die teilweise totale Abhängigkeit der Massenmedien, aber auch kultureller und sportlicher Einrichtungen, von den mächtigen Rauschgiftkartellen. Über die ökonomischen Perspektiven der Drogenkartelle schreibt Salomón Kalmanovitz in der Zeitschrift *Solidaridad*:

«Die Rationalität dieser Kapitalfraktion bewegt sich im Rahmen langfristiger Ziele wie zum Beispiel den Status der Legalität zu erhalten und sich unanfechtbar in der zivilen Gesellschaft einzunisten. Außerdem setzt sie auf weit vorausschauende Investitionen, um irgendwann die mit hohem Risiko verbundenen Aktivitäten einstellen zu können. Diese sind meist überdimensioniert; es werden neueste kapitalintensive Technologien eingesetzt, und man achtet darauf, daß es sich um Operationen handelt, bei denen – aus Sicherheitsgründen – ein Minimum an Arbeitskräften zum Einsatz kommt. Das gilt für ihre Investitionen in der Landwirtschaft, der Viehzucht, dem Handel, dem Immobiliengeschäft, dem Hotelgewerbe, den Fußballvereinen, den Kommunikationsmedien ebenso wie für den Finanzsektor und die Industrie.»

Das Bündnis der Drogenhändler mit der führenden Schicht des Landes beschränkt sich nicht auf den wirtschaftlichen Bereich. Es hat den Charakter eines politischen Komplotts angenommen. So beschuldigte eine der führenden Figuren des kolumbianischen Rauschgifthandels, der deutschstämmige Carlos Léhder, den konservativen Präsidenten Betancur, 1982 aus seinen Händen mehr als 110 Mio. Pesos als Wahlkampfhilfe angenommen zu haben – wohlwissend, woher das Geld stammte. Auch Betancurs liberaler Widersacher bei den Präsidentschaftswahlen ging nicht leer aus: Mit 26 Mio. Pesos wurde sicherheitshalber auch sein Wahlkampf gesponsert. Entsprechende Anschuldigungen wurden auch gegen andere namhafte Parlamentarier erhoben, die die Herkunft der Gelder für ihre sündhaft teuren Wahlkampagnen bisher hartnäckig verschwiegen haben. Nach Untersuchungen von Fabio Castillo befinden sich mindestens 50 Abgeordnete auf den Gehaltslisten der Drogenmafia, ein Drittel der Parlamentarier soll unmittelbar am Rauschgiftgeschäft beteiligt sein.

Auf einer 1989 von der US-amerikanischen Drogenfahndungsbehörde «Drug Enforcement Agency» (DEA) erstellten «schwarzen Liste» tauchen die Namen führender Repräsentanten beider traditioneller Parteien auf, die für eine ganze Reihe von Drogenverbrechen verantwortlich gemacht werden. Die beiden Senatoren der Liberalen Partei und Präsidentschaftsbewerber Hernando Durán und Alberto Santofimio wurden sogar offen beschuldigt, mit den Killerbanden der Mafia in enger Verbindung zu stehen. Ebenso düster sieht es bei den Mitgliedern der chronisch unterbezahlten Sicherheitskräfte aus: Die Zusammenarbeit der Nationalpolizei mit den Kokainhändlern brachte ihre Angehörigen in den Ruf, «Gangster mit offiziellem Gehalt» zu sein; und bereits mehrmals wurden Militärflugzeuge der kolumbianischen Luftwaffe im Ausland sichergestellt, die mit großen Mengen Kokain beladen waren.

Drogenhandel – Hoffung für die Armen?

Doch das Rauschgift bedeutet nicht nur immense Gewinne für die Elite des Landes, sondern verkörpert auch die Hoffnung von Millionen arbeitslosen Kolumbianern auf eine Existenzgrundlage. Für die Landbevölkerung stellen der Coca-Anbau und die weitere Verarbeitung oft die einzige ausreichende Verdienstquelle dar, da ihre traditionellen Produkte auf dem Weltmarkt eine gigantische Talfahrt erleben. Beispielsweise sank der Anteil des Kaffees von 78 Prozent am Gesamtexport auf nurmehr knapp 50 Prozent. Im September 1989 führten die USA bewußt den völligen Zusammenbruch des internationalen Kaffeeabkommens herbei, was zu einem fast 50prozentigen Preisverfall führte: Während im Juli 1989 ein Pfund Kaffee noch 1,30 Dollar kostete, sank der Preis nach dem Zusammenbruch auf 0,75 Dollar, was dem Land einen Devisenverlust von ca. 400 Mio. US-Dollar bescheren wird.

Einerseits fordern die reichen Industrieländer die kolumbianischen Campesinos auf, Alternativprodukte zum Rauschgift anzubauen, doch gleichzeitig sorgen sie dafür, daß der Erlös dieser Produkte den Bauern nicht einmal das Existenzminimum garantieren kann. Der Anbau von Kaffee oder tropischen Erzeugnissen bringt auf dem Weltmarkt momentan ca. 500 Dollar pro Hektar ein, während der Anbau von Coca auf der gleichen Fläche nach Schätzungen des Sekretärs der interamerikanischen Drogenkontrollkommission rund 9000 Dollar abwirft. Für die Minifundisten ist daher der Anbau der Cocablätter häufig überlebensnotwendig. Tausende von Campesinos zweigen ein Stückchen Land für die Cocastaude ab, auch wenn sie dafür nur ein Bruchteil des realen Gegenwerts von den Drogenbossen erhalten.

Jahrzehntelang versuchten westliche Berater und Entwicklungshelfer, den Bauern und Indios einzubleuen, sie sollten doch das anbauen, was am Weltmarkt den höchsten Profit einbringt. Wer könnte es den Campesinos nun verübeln, daß sie diesen Rat jetzt endlich beherzigen, zumal der Coca-Anbau sich in der Praxis kaum von einer legalen Beschäftigung unterscheidet und man sich mit der Staatsmacht relativ problemlos arrangieren kann? Ein Gespräch mit einem Coca-Bauern verdeutlicht dies:

«Hier in Macarenas lebt jeder vom Kokain. Es gibt nur wenig Viehzucht, und wir fangen gerade erst an, Mais anzubauen.»

«Was machen Sie, wenn Sie von der Polizei geschnappt werden?»

«Das ist kein Problem. Zuerst einmal ist es sehr schwierig für die Polizei, in dieses Gebiet zu gelangen.»

«Warum?»

«Weil es keinen Grund für sie gibt, hierherzukommen, und weil sie Angst haben, daß ihnen hier etwas passieren könnte.»

«Von wem?»

«Von den Bauern.»

«Und wenn man Sie mit dem Kokainrohstoff erwischt?»

«Dann verhandeln wir eben mit der Polizei, falls sie die Ware beschlagnahmen wollen. Man kann ihnen einen gewissen Prozentsatz abgeben, oder aber Bargeld.»

«Wieviel gibt man ihnen so?»

«Das hängt davon ab, wieviel Ware man hat. Wenn Sie zum Beispiel 1 Kilogramm Kokain haben, können Sie ihnen die Hälfte davon abgeben.»

«Was macht die Polizei damit?»

«Sie verkauft es später. Das gilt auch für die Militärs. Das ist doch überall dasselbe, die Machthaber lassen sich immer auf verschiedene Art und Weise kaufen.»

Auch viele Bewohner der Vorstadtbarrios versuchen, im Drogengeschäft eine Alternative zur chronischen Arbeitslosigkeit zu finden. In den Kokainküchen von Medellin und Cali liegt der Verdienst immerhin vier- bis fünfmal über dem gesetzlichen Mindestlohn, und wichtige Kurier- und Strohmanntätigkeiten werden sogar mit dem zehnfachen Mindestgehalt honoriert. Der Traum von Millionen hungerleidender Habenichtse besteht aber darin, direkt ins Drogengeschäft einzusteigen, um damit den großen Sprung aus der Misere der Elendsviertel in die Villen der Rauschgiftbourgeoisie zu schaffen. Ein Taxifahrer berichtet:

«Manuel hat mir früher immer den Wagen gewaschen und kleinere Reparaturen an meinem Taxi durchgeführt. Heute besitzt er einen Mercedes, kleidet sich mit sündhaft teuren Anzügen und speist täglich in den vornehmsten Restaurants. Es heißt, er habe sich der Mafia angeschlossen. Ich habe auch gehört, daß er sich nun in Melgar eine Villa gekauft und die 10 Mio. Pesos in bar bezahlt habe.»

Die Legende um den sagenhaften Reichtum der Drogenbosse hat dazu geführt, daß viele Jugendliche aus den Slums der Großstädte offen ihre Bewunderung für die Chefs der Mafia zum Ausdruck bringen – zumal nicht wenige von denen aus den gleichen miserablen Elendsvierteln abstammen wie sie selbst: So stieg beispielsweise Pablo Escobar vom kleinen Autodieb zum unumstrittenen Boss des mächtigsten Rauschgiftkartells der Erde, dem Medellín-Kartell, auf und gehört mit einem geschätzten Vermögen von 3 Mrd. US-Dollar zu den reichsten Männern der Welt. Auch andere Rauschgiftbarone wie Jorge Luís Ochoa (geschätztes Vermögen: 2 Mrd. Dollar), Gonzalo Rodríguez Gacha (1 Mrd. Dollar) oder der in die USA ausgelieferte Carlos Léhder (800 Mio. Dollar) verstanden es, sich mit Brutalität und Geschäftstüchtigkeit nach oben zu kämpfen.

Viele Mafiosi haben sich durch Geschenke, Spenden und die Schaffung von Sozialeinrichtungen eine zuverlässige Basis in der Bevölkerung der Armenviertel geschaffen. Teilweise werden sie dort wie Volkshelden verehrt. In Medellin führte uns eine alte Frau durch ihr Viertel, zeigte uns die ordentlich aussehenden Lehmhütten mit Wellblechdächern und Wasseranschluß und erklärte:

«All das hat Pablo Escobar den Armen geschenkt, die in den Slums wohnten, auf dem Müllhaufen. Er hat für unsere Kinder einen Fußballplatz errichtet und eine Krankenstation eröffnen lassen. Manchmal kommen Angestellte von ihm hierher und bringen Geschenke,

Geld und Lebensmittel mit. Ob ich weiß, womit er soviel Geld verdient? Natürlich, jeder weiß das hier: Mit dem Verkauf der Droge verdient er es. Don Pablo ist ein guter Mann – Gott schütze ihn.»

Ein ganzer Stadtteil in Medellin wurde nach Pablo Escobar benannt. Mit seinem Bauprogramm «Medellin ohne Elendsviertel» erstellte er Wohnkomplexe für Obdachlose, baute Sportplätze und Freizeitanlagen für Armenviertel und einen zoologischen Park, den jedermann gratis bewundern kann. Nicht zuletzt schuf er in der Stadt wie in den unterentwickelten ländlichen Regionen zahlreiche Arbeitsplätze. Die dadurch gewonnenen Sympathien in der armen Bevölkerung münzte Escobar 1982 in zählbare Erfolge um: in Wählerstimmen, die ihm das ersehnte Abgeordnetenmandat bescherten. Auf einer Liste der Liberalen Partei zog er in das nationale Parlament ein. Die Parlamentskarriere des Drogenbosses dauerte freilich nur wenige Monate: Nachdem er sich mit dem damaligen Justizminister Lara Bonilla angelegt hatte, wurde ihm sein Mandat wieder aberkannt. Lara Bonilla wurde dafür mit dem Tode bestraft: Er starb 1984 im Kugelhagel von Sicarios des Medellinkartells.

Die Paramilitärs der Mafia

«Ich bin Soldat mit Haut und Haaren, ich fühle militärisch, ich lebe militärisch. Aus diesem Grunde bin ich ein fanatischer Kämpfer gegen die Subversion. Meinen besonderen Dank möchte ich dem Abgeordneten Leonardo Guavín aussprechen, der mit seiner finanziellen Unterstützung einen wesentlichen Beitrag zur Aufrechterhaltung von Ordnung und Sicherheit in dieser Region geleistet hat.

Ich weiß, daß ich ein umstrittener Kommandant bin, aber meine Handlungsweise entspricht meiner Herkunft: Ich bin ein Sohn des Magdalena Medio.»

Dies war die pathetische Abschiedsrede eines hohen Militärkommandanten, der zusammen mit skrupellosen Drogenbossen dafür sorgte, daß die Region am Magdalena-Fluß in weniger als fünf Jahren in ein Reich des Terrors, in ein gigantisches Massengrab verwandelt wurde. Coronel Luís Bohorquez Montaya, Befehlshaber des Bataillons Barbula in Puerto Boyacá, war selbst für die abgebrühten Militärstrategen im Verteidigungsministerium nicht mehr haltbar, nachdem Ermittlungen des DAS ergeben hatten, daß der «fanatische Kämpfer gegen die Subversion» und mit ihm das gesamte Bataillon Barbula an Mord- und Terroraktionen paramilitärischer Banden der Mafia aktiv beteiligt war. Ende April 1989 wurde er seines Postens enthoben – doch anstatt ihn vor Gericht zu stellen, wurde er lediglich zu einer anderen Einheit versetzt.

Mit Hilfe von Coronel Bohorquez gelang es der Rauschgiftmafia, in einem Zweckbündnis mit Viehzüchtern, Lokalpolitikern und Militärs die schlagkräftigsten paramilitärischen Einheiten Kolumbiens aufzubauen, die Region des Magdalena Medio in eine Art «unabhängige paramilitärische Mafiarepublik» zu verwandeln und den rechtsradikalen Terror auch noch mit der Gründung einer eigenen politischen Partei zu legalisieren.

Über Killerbanden und Privatarmeen verfügten die Drogenkartelle

schon in den siebziger Jahren. Anfangs zerfleischten sich diese Gruppen in blutigen Kämpfen um Marktanteile vor allem gegenseitig. Doch als Anfang der achtziger Jahre der Markt unter den mächtigsten Drogenschiebern aufgeteilt war und diese damit begannen, riesige Landflächen für den Anbau von Coca und die Unterbringung ihrer Laboratorien aufzukaufen, richtete sich die Gewalt zunehmend gegen die dort ansässigen Campesinos und die in diesen Gebieten operierenden Guerillaverbände. 1981 entführte die Guerillabewegung M-19 die Schwester des Drogenbarons Jorge Luís Ochoa. Daraufhin erklärten die Kokainkartelle den Rebellen und ihren Sympathisanten in tausendfach verteilten Flugblättern den offenen Krieg und gründeten die heute berüchtigste paramilitärische Gruppe, die MAS.

Anfangs agierten diese und andere Mafiabanden im Magdalena Medio noch unabhängig von den in derselben Region ansässigen paramilitärischen «Zivilverteidigungstrupps» der Großgrundbesitzer. Im Verlauf der achtziger Jahre aber wurden die verschiedenen Terrorgruppen miteinander verschmolzen, alte und neue Oligarchie bildeten gemeinsam mit dem Militär eine «Einheitsfront» gegen alle, die ihre Geschäfte stören könnten.

Die Geschichte dieses Interessenbündnisses und der oft mystifizierten paramilitärischen Einheiten der Mafia konnte mittlerweile anhand von Dokumenten, Berichten und Zeugenaussagen weitgehend offengelegt werden. Der folgende Bericht stützt sich auf Untersuchungsergebnisse des zivilen Sicherheitsdienstes DAS, Informationen der nationalen Generalstaatsanwaltschaft sowie auf Nachforschungen der kolumbianischen Wochenzeitschrift *Semana*.

Entstehungsgeschichte der Paramilitärs

Die Region des Magdalena Medio galt in den siebziger Jahren als Hochburg des kommunistischen Guerillaverbandes FARC. Die Rebellen übten wegen der geringen staatlichen Präsenz in diesem Gebiet quasi Regierungsgewalt aus und finanzierten ihre Organisation und deren Kämpfer durch «Steuererhebungen» und Schutzgeldabgaben, die sie von reichen Großgrundbesitzern der Region erpreßten. Dabei kam es öfter vor, daß zahlungsunwillige Hacienderos von der FARC entführt und erst gegen Bezahlung beträchtlicher Lösegeldsummen wieder freigelassen wurden.

Mitte 1983 wurden die Bewohner von Puerto Boyacá und Umgebung plötzlich Zeugen eines höchst merkwürdigen Vorgangs: Zivilpersonen, die zum Teil bewaffnet waren, begannen, zahlreiche Gesundheitsstationen einzurichten. Da das Gebiet sehr wenige solcher Stationen hatte, verschafften sich deren Angehörige schnell Kontakt zur Zivilbevölkerung, erfuhren von deren Sorgen und vor allem, wie sie es mit den FARC hielten. Insbesondere versuchten sie zu erforschen, welche Campesinos den FARC Sympathien entgegenbrachten und diese unterstützten – und welche Angst vor ihnen hatten und gegebenenfalls bereit waren, gegen sie zu kämpfen.

Die Einrichtung solcher Tarn-Gesundheitsstationen war die Idee des mächtigen Viehzüchterverbandes vom Magdalena Medio,

ACDEGAM, angeblich eine Organisation, die Interessen der Kleinbauern verteidigen und den Einwohnern von Puerto Boyacá soziale Hilfeleistung gewähren sollte. Nach einem Bericht des DAS vom März 1988 handelt es sich aber in Wirklichkeit um eine reaktionäre Frontorganisation für den Aufbau, die Ausbildung und Koordination von paramilitärischen Gruppen in der Region.

Es dauerte nicht lange, da wurden verstümmelte und zum Teil mit Folterspuren versehene Leichen im Umkreis der «Gesundheitsstationen» entdeckt. Auffällig dabei war insbesondere, daß es sich bei den Getöteten in der Mehrzahl um Personen handelte, die kurz vorher vom Militär beschuldigt worden waren, Kontakte zu den FARC zu unterhalten. Bei vielen der Leichen fand man Handzettel mit wüsten Drohparolen gegen Kommunisten und Linksoppositionelle.

Bereits Ende 1983 hatten sich diese «Gesundheitsbrigaden» vor allem dort ausgebreitet, wo die Guerilla besonders stark und mit der Bevölkerung eng verwurzelt war. Immer mehr alteingesessene Großgrundbesitzer, reiche Kaufleute und Minenbesitzer in der Region des Magdalena Medio verbündeten sich mit den Mitgliedern der «Gesundheitsbrigaden», die schon bald offen eingestanden, daß ihre «Heilsmethoden» darin bestünden, mit dem aufsässigen linken Gesindel und unzufriedenen Landarbeitern endgültig aufzuräumen. Ende 1983 ereignete sich das erste große Massaker in Remedios/Antioquia, und von nun an wurden täglich Ermordete und Verstümmelte in Puerto Berrio, Puerto Nare, Puerto Triunfo und Barranca aufgefunden. Am schlimmsten war die Gewalt in der Region von Puerto Boyacá, dem Zentrum der «Gesundheitsstationen» und des Viehzüchterverbandes ACDEGAM.

Bald darauf zeigten die «Gesundheitsstationen» ihr wahres Gesicht: Sie gaben ihre Tarnung auf und verwandelten sich von einem Tag auf den anderen in paramilitärische «Zivilverteidigungsgruppen». Die Bildung dieser Kampfverbände geschah damals völlig legal: Ein Gesetzesdekret erlaubte nämlich, daß die Bevölkerung in Guerillagebieten sogenannte Selbstverteidigungsgruppen bilden konnte, sofern es sich dabei um Personen handelte, die für Aktionen gegen die Guerilla speziell ausgebildet und ausgerüstet wurden und die selbst aus den umkämpften Gebieten stammten. Erst im April 1989 hob die Regierung dieses Dekret auf.

Unter dem Vorwand der Guerillabekämpfung wurden von nun an Zivilisten von den Sicherheitskräften ausgebildet und mit Waffen versorgt. Die Mitglieder der Zivilverteidigungsgruppen führten Patrouillen durch und wurden dabei vom Militärbataillon Barbula und Coronel Bohorquez begleitet, beraten und unterstützt. Ihre Aktivitäten beschränkten sich jedoch keineswegs darauf, die bewaffneten FARC zu bekämpfen. Sie richteten sich ebenso gegen Zivilpersonen, die im Verdacht standen, mit der Guerilla zu sympathisieren oder der Linksopposition anzugehören. Viele Campesinos und Arbeiter wurden in dieser Zeit im Schnellverfahren hingerichtet, nachdem sie beschuldigt worden waren, Kollaborateure der Rebellen zu sein.

1984 begannen die Selbstverteidigungsgruppen mit massiven Zwangsrekrutierungen von Söhnen armer Campesinos, die in der ersten paramilitärischen Schule des Landes «El Tecal» auf der Finca «La Paz» in unmittelbarer Nähe von Puerto Boyacá ausgebildet wurden. Ein Campesino aus Puerto Boyacá berichtet:

«Ich mußte meinen Hof verlassen, auf dem ich sechs Jahre lang gearbeitet hatte. Sie wollten, daß ich mich den paramilitärischen Gruppen anschließe, weil ich sicher wußte, daß es wirklich paramilitärische Gruppen gab, und weil ich ebenfalls wußte, daß es sich dabei um Militär und Mafiosi handelte.

Ich kannte diese Leute, die mich bedrohten. Sie kamen zuerst mit maskierten Gesichtern zu uns, und so haben wir sie dann auch genannt: die Maskierten. Sie sagten zuerst, sie seien Kämpfer der Guerilla, um so herauszubekommen, ob wir irgend etwas wüßten. Aber ich habe ihnen immer nur gesagt, daß ich bloß ein Arbeiter sei und mit alldem nichts zu tun hätte.

Dann haben sie mir das Leben zur Hölle gemacht, wann immer sie mich erwischten. Als sie dann sagten, sie wüßten schon, was sie als nächstes mit mir machen würden, da habe ich nicht lange gewartet, bis sie mich umbringen, sondern habe meine Siebensachen gepackt und bin geflohen. Freunde haben mir gesagt, daß sie zwei Tage danach gekommen sind, um mich abzuholen und mich zu töten.»

Während der ersten Monate finanzierten sich die Zivilverteidigungsgruppen ausschließlich durch die Mittel der örtlichen Großgrundbesitzer. Dies war möglich, weil die Gruppen anfangs noch relativ klein waren und nicht viel Geld benötigten: Ein Mitglied erhielt ca. 7000 Pesos im Monat, die Verpflegung wurde den im Operationsgebiet lebenden Campesinos abverlangt. Aber nach und nach begannen die Gruppen zu wachsen, und die Ausgaben für Löhne, Nachrichtentechnik, Waffen und Ausrüstungsgegenstände nahmen ständig zu.

Das von den Gutsbesitzern bezahlte Geld reichte schon bald nicht mehr aus.

Diese Zwangslage änderte sich jedoch schlagartig Anfang 1985: Eine Episode, die sich in der Ortschaft Dos y medio, nur wenige Kilometer von Puerto Boyacá entfernt, abspielte, sollte die Geschichte der paramilitärischen Zivilverteidigungsgruppen grundlegend verändern. Ein Kommando der Selbstverteidigung hatte eine Straßensperre errichtet und hielt einen Geländewagen an, der voll beladen mit Kokain war. Der Fahrer des Wagens versuchte, die Straßensperre zu durchbrechen, und es entstand ein Schußwechsel, in dessen Verlauf einige Insassen des Coca-Fahrzeugs verletzt wurden. Die Paramilitärs beschlagnahmten das Fahrzeug mit dem Rauschgift und stellten die Coca-Kuriere unter Arrest.

Sofort danach setzten sich die Eigentümer des Kokains, Jairo Correa und Pacho Barbosa, mit den Chefs der Zivilverteidigung in Puerto Boyacá in Verbindung, um über eine Rückgabe zu verhandeln; es kam zu einem Vertragsabschluß, der für beide Seiten eine neue Epoche einleitete. Mafia und Zivilverteidigung einigten sich, daß ein Konflikt zwischen ihnen ihren jeweiligen Interessen zuwiderlaufen würde und man sich statt dessen lieber auf ein gemeinsames Ziel konzentrieren sollte: die Zerschlagung der lästigen Guerilla und das Ausräuchern linksgerichteter Aktivisten, Gewerkschafter und Bauernführer. Das Kartell von Medellín sagte den Zivilverteidigungsgruppen großzügige finanzielle Unterstützung zu, und diese versprachen im Gegenzug, die Drogenbosse vor Guerillaüberfällen und Landbesetzungen der Campesinos zu schützen. Der beschlagnahmte Geländewagen mit dem Kokain wurde an die Eigentümer zurückgegeben – ein gegenseitiger Beistandspakt war abgeschlossen worden.

Dies war der Beginn einer Romanze, die mit einer Hochzeit endete: Beide Seiten verstanden und ergänzten sich hervorragend, und schon bald duzten sich die Chefs der Zivilverteidigung mit den führenden Köpfen des Rauschgiftkartells von Medellín: Pablo Escobar Gaviria, Jorge Luís Ochoa Vasquez und Gonzalo Rodríguez Gacha, bekannt unter dem Namen «der Mexikaner». Sie alle investierten riesige Geldmengen in die Zivilverteidigung von Puerto Boyacá, die bereits Ende 1985 den Aufbau eines mächtigen paramilitärischen Netzes ermöglichten, das nahezu das gesamte Land überspannte und koordinierte Aktionen in allen Regionen erlaubte.

Doch nicht genug mit der finanziellen Verbrüderung: Auch die Privatarmeen der Drogenkartelle wurden mit den Zivilverteidigungsgruppen der Armee und der Großgrundbesitzer verschmolzen, und es entstand eine allmächtige paramilitärische Allianz aus Militär, Mafia und Zivilverteidigung. Die Achse Urabá-Córdoba-Cauca-Magdalena Medio-Meta befand sich ab jetzt in den Klauen paramilitärischer Banden, deren Hauptziele sind:

– Schutz der Großgrundbesitzer und Mafiaangehörigen vor Schutzgeldforderungen, Entführungen und Erpressungen durch die Guerilla;

– Ausbildung von Leibwächtern und Schutzstaffeln für die Mafiabosse und Chefs der Paramilitärs;

– Ausbildung und Schulung von Personal für die Kokainproduktion;

– Verübung von Mordanschlägen gegen Führer und Mitglieder der UP und anderer Volks- und Gewerkschaftsorganisationen sowie gegen Mitglieder der Regierung, politischer Parteien und aller gesellschaftlichen Sektoren, die sich gegen die Rauschgiftmafia stellen.

Die militärischen Ausbildungszentren der Mafia

Um die Schlagkraft dieser Kampfverbände zu erhöhen, wurden die ersten, noch recht primitiv eingerichteten Schulungszentren der Zivilverteidigungsgruppen durch zwei hochmoderne Ausbildungszentren ersetzt, in denen der Lehrplan den Bedürfnissen der Mafia-Paramilitärs angepaßt wurde. Es handelt sich dabei um die Schule «Galaxias» in Pacho/Cundinamarca sowie um die Schule «Cero 81» in der Nähe von Puerto Boyacá, wo nach Aussagen eines Informanten «die Besten ausgebildet» werden. Wer dort eintreten will, muß das Abitur und einige Semester Studium an der Universität nachweisen können. Niemand wird ohne Empfehlungsschreiben eines Großgrundbesitzers, der selbst Verbindungen zu paramilitärischen Gruppen haben muß, aufgenommen. Insgesamt gibt es nach regierungsamtlichen Zählungen inzwischen mindestens 32 von der Mafia finanzierte und aufgebaute Killerschulen in Kolumbien.

Der Kurs eines «Patrulleros» dauert zwischen 30 und 60 Tagen und beinhaltet folgenden Ausbildungsplan: Bedienung von Waffen und Kriegsgeräten aller Art, Nahkampf und Selbstverteidigung, Leibwächterausbildung, Geheimdienstkurse, Nachrichtentechnik und Erste-Hilfe-Ausbildung. Nach Beendigung dieses Ausbildungsabschnittes bekommt jeder Teilnehmer eine komplette Kampfausrüstung ausgehändigt, unter anderem ein Zelt, Hängematten, Buschmesser, ein Gewehr, 200 bis 300 Schuß Munition, verschiedene Handgranaten, Lebensmittel und blaue oder grüne Uniformen. Jedes Mitglied einer paramilitärischen Gruppe benutzt auf seinen «Kontrollgängen» einen falschen Ausweis, einen «Alias-Namen» und ein besonderes Codemerkmal. Die «Patrulleros» unterliegen äußerst strengen Disziplinregeln, schwere Verstöße werden mit dem Tod bestraft.

Monatsgehälter der Paramilitärs:

- Patrullero: 30000–50000 Pesos
- Patrouillenkommandant: 200000–300000 Pesos
- Elitekommandant: 1–1,5 Mio. Pesos
- Bezahlter Killer (Sicario): Bezahlung entsprechend den jeweiligen Aufträgen

In der zweiten Hälfte der achtziger Jahre wurden die paramilitärischen Verbände kontinuierlich verstärkt. Nach Informationen des staatlichen kolumbianischen Sicherheitsdienstes DAS laufen alle Fäden der Mafiaarmee in der Tarnorganisation ACDEGAM in Puerto Boyacá zusammen. Sie besitzt Transportfahrzeuge, Jeeps und Helikopter, Kliniken und Apotheken, Druckereien und Waffengeschäfte und außerdem ein modernes Kommunikationszentrum, das eng mit der staatlichen Telefongesellschaft TELECOM zusammenarbeitet. Mit Hilfe eines ausgeklügelten Überwachungssystems, bestückt mit Computern und Funkanlagen, kontrolliert die ACDEGAM im Auftrag der Mafia die gesamte Region des südlichen Magdalena Medio.

Doch damit nicht genug: Ende 1988 entschlossen sich die Paramilitärs, ihren Terror durch internationales Know-how zu perfektionieren. Kurz vor Neujahr 1988 kamen auf Einladung des Rauschgiftkartells von Medellín fünf israelische Spezialisten ins Land und blieben 45 Tage in Kolumbien, um vor ca. 50 ausgewählten Mitgliedern paramilitärischer Gruppen in der Killerschule «El Cincuenta» in Puerto Boyacá Unterricht im Fach «Subversionsbekämpfung» zu geben.

Nach Abschluß des Kurses gaben die israelischen «Anti-Terrorspezialisten» bekannt, daß sie leider nicht länger bleiben könnten, da sie nun in Costa Rica und Honduras die gegen die Sandinisten Nicaraguas kämpfenden Contras unterrichten müßten. Doch für Ersatz war bald gesorgt: Nur einige Wochen später wurden elf britische «Spezialisten» angeworben, um die von den Israelis begonnene Ausbildung fortzusetzen.

Im August 1989 schließlich setzte der Interessenverband aus Drogenkartellen, militanten Viehzüchtern und Großgrundbesitzern einen weiteren Meilenstein in seiner blutigen Geschichte: Sein legaler Ableger ACDEGAM gründete eine eigene Partei, die neofaschistische «Bewegung der nationalen Erneuerung» (MORENA). Laut Informationen des kolumbianischen Geheimdienstes handelt es sich bei dieser rechtsradikalen Gruppierung um den verlängerten Arm der Mafia und deren paramilitärischer Gruppen. Ihr politisches Ziel sei, so der Parteiführer von MORENA, den Kommunisten und ihren Sympathisanten auch im Parlament Paroli bieten zu können. Wie dieses «Paroli bieten» – inner- und außerhalb des Parlaments – auch zukünftig aussehen wird, verdeutlicht das Emblem der Narco-Partei: ein Fadenkreuz im Zielfernrohr.

Bereits wenige Tage nach der Gründung der MORENA geriet einer der populärsten Politiker des Landes in dieses Fadenkreuz: Luís Carlos Galán, aussichtsreicher Präsidentschaftskandidat der Liberalen Partei und Verfechter eines entschlosseneren Vorgehens gegen die Drogenmafia, starb im August 1989 im Kugelhagel gedungener Mörder des Medellínkartells. Dieser Mord, der ganz Kolumbien erschütterte, war der Auftakt für den kolumbianischen «Drogenkrieg».

Der kolumbianische Drogenkrieg

Die Kolumbianer, und nach ihnen viele Zuschauer in aller Welt, konnten am 18. August 1989 die Mordaktion am heimischen Fernsehschirm verfolgen. Luís Carlos Galán, Präsidentschaftskandidat der Liberalen Partei, hielt gerade eine Rede vom Fenster des Rathauses von Saocha, einer Kleinstadt 15 Kilometer südlich von Bogotá, als mitten im Jubel der Menschenmasse MP-Salven aufpeitschten. Vor den Augen von über 12000 Personen und buchstäblich im Scheinwerferlicht der laufenden Fernsehkameras feuerte ein halbes Dutzend Killer auf den linksliberalen Senator. Von mehreren Kugeln getroffen, brach er schwerverletzt am Rednerpult zusammen. Während er von Helfern zu seiner Limousine geschleppt wurde, schossen die Leibwächter des sterbenden Galán auf die Attentäter, die jedoch im Gewühl verschwinden konnten.

Gegen 23 Uhr unterbrachen die Radio- und Fernsehstationen ihr laufendes Programm mit der Meldung, daß Luís Carlos Galán vor wenigen Minuten seinen Verletzungen erlegen sei. Der schmutzige Krieg, der seit vielen Jahren gegen Angehörige linker Oppositionsgruppen, unbestechliche Richter und mutige Journalisten ausgetragen wird, hatte nun auch einen der wichtigsten Repräsentanten der politischen Führungsschicht erreicht. 500000 Dollar sollen die Kokainkartelle für die Liquidierung Galáns ausgesetzt haben. Der Grund: Der linksliberale Hoffnungsträger galt als einer der entschiedensten Verfechter eines härteren Durchgreifens gegen die Mafia und hatte sich immer vehement für die Auslieferung der Drogenbosse an die USA eingesetzt.

Der Mord wurde von der Regierung sofort dem Medellinkartell angelastet und von Präsident Barco mit einer Kriegserklärung beantwortet. Noch bevor Galán im Krankenhaus verstarb, verkündete der liberale Staatschef den Belagerungszustand und setzte ein Maßnahmepaket zum Kampf gegen die Rauschgiftkartelle in Kraft: Der Auslieferungsantrag zwischen Kolumbien und den USA, der vom Obersten Gerichtshof wegen eines Formfehlers aufgehoben worden war, wurde wieder in Kraft gesetzt. (Seitdem kann die Regierung unter Umgehung der eigenen Justiz Drogenhändler an die USA ausliefern – ein völkerrechtlich einmaliger Vorgang, bei dem der kolumbianische Staat freiwillig seinen Anspruch auf Strafverfolgung an den mächtigen Nachbarn abtritt.) Die Ordnungskräfte wurden ermächtigt, Güter der Mafia ohne Verurteilung der betreffenden Person zu beschlagnahmen und Personen, die den öffentlichen Frieden stören, bis zu sieben Tagen ohne Kontakt zur Außenwelt in Haft zu halten.

Der US-Präsident proklamierte ein gigantisches Anti-Drogenprogramm, und US-Truppen stehen nun einsatzbereit zur Verfügung, um den Sicherheitskräften in Kolumbien im Kampf gegen das Rauschgift tatkräftig beizustehen.

In Bogotá, Medellin und anderen Großstädten des Landes stürmte das Militär Haciendas, Villen, Restaurants und Privatflughäfen. Über 1000 Feuerwaffen, 100 Flugzeuge und Hubschrauber, Luxuslimousinen und Jachten wurden beschlagnahmt. Fast 12000 Menschen wurden von den Sicherheitskräften festgenommen – doch die meisten waren Kleindealer, Leute ohne Papiere, gewöhnliche Kriminelle und politische Oppositionelle, die mit der angeblich existierenden «Narco-Guerilla» in Zusammenhang gebracht wurden. Lediglich zwei namhafte Mafiosi gingen den Häschern bei dieser spektakulären Aktion ins Netz: ein Finanzmakler des Medellinkartells und der minderjährige Sohn eines der Rauschgiftbosse. Alle anderen waren rechtzeitig ausgeflogen – offensichtlich gewarnt von Spitzeln in der Regierung und dem Militär.

So ergebnislos wie diese spektakulären Großaktionen, so hilflos waren die Stellungnahmen und Beileidsbekundungen der politischen Führungsriege des Landes. Präsident Barco, der während seiner bisherigen Amtszeit nicht den geringsten Versuch unternommen hatte, der Gewalt von paramilitärischen Mordbanden Einhalt zu gebieten, erklärte in markigen Worten: «Ganz Kolumbien muß sich wehren, auch wenn der Krieg gegen die Mafia Blut, Schmerz und Leid bringt.» Präsidentschaftskandidat Hernando Durán Dusán, der oftmals mit den Killern der Drogenmafia in Verbindung gebracht wird und der erklärter Wunschkandidat der faschistischen MORENA-Partei ist, stammelte verlegen: «Durch ein solches Verbrechen gerät die Demokratie in die Gefahr der Destabilisierung.» Und der Erzbischof der Drogenmetropole Medellín, Kardinal Alfonso López Trujillo, von dem bekannt ist, daß er die Wochenenden gern auf den Landgütern befreundeter Mafiosi verbringt, beschwor seine Landsleute: «Wenn in Kolumbien keine politische Einigkeit erzielt wird, zerbricht die Demokratie.»

Aktionistische Sofortmaßnahmen, Aufrufe und Appelle – zynischerweise oft abgegeben von Führungsfiguren, die selbst ein Bündnis mit der Mafia geschlossen haben – sind vielen Kolumbianern ebenso vertraut wie die Ergebnislosigkeit solcher nationaler Anstrengungen. Die kolumbianische Zeitschrift *Solidaridad* brachte es auf den Punkt, als sie angesichts vergossener Krokodilstränen und angekündigter Kokain-Kreuzzüge feststellte: «En este país no pasa nada» – «In diesem Land wird nichts passieren!»

Erinnern wir uns an den 30. April 1984, als der damalige Justizminister Rodrigo Lara Bonilla von der Mafia erschossen wurde und die Regierung mit einer pathetischen Kampfansage an den Drogenterrorismus reagierte. Flugs wurde die Auslieferung gefangener Drogenhändler an die USA beschlossen und die Militärgerichtsbarkeit für Rauschgiftdelikte eingeführt. Es kam zu Massenverhaftungen, wobei jedoch – von seltenen Ausnahmen abgesehen – die Drahtzieher der Kokainkartelle ungeschoren blieben. Als sich wenige Wochen später die Welle der Empörung in Kolumbien und den USA wieder glättete, sanken die Aktivitäten der Drogenbekämpfer schon bald auf den vorherigen Stand: auf Null.

Erst mit der Ermordung eines weiteren Mitglieds einer der einflußreichsten Familien Kolumbiens besann sich die Regierung erneut auf den Drogenkrieg: Als im Dezember 1986 Guillermo Cano, Verleger der zweitgrößten kolumbianischen Tageszeitung *El Espectador*, von gedungenen Mafiakillern ermordet wurde, weil er für eine schärfere Bekämpfung der Narcos plädierte, schwärmten abermals Tausende von Uniformierten im ganzen Land aus, ohne jedoch auch nur einen der Hintermänner des Terrors dingfest zu machen. Von der Effizienz und Schnelligkeit der Sicherheitskräfte, die sie so häufig beim Vorgehen gegen die politische Opposition unter Beweis stellen, war bei der Verfolgung der Mafiakiller nichts zu spüren.

Daß dies nicht an der Unverwundbarkeit der Drogenbosse, sondern an der Bestechlichkeit von Polizei und Armee lag, wurde im Januar 1987 unter Beweis gestellt: Eine Überprüfung der Stadtpolizei von Medellin ergab, daß 80 Prozent der Beschäftigten in den Drogenhandel verstrickt waren. Dennoch wurde am 4. Februar 1987 Carlos Léhder, einer der führenden Köpfe des Medellinkartells, verhaftet. Allgemein geht man in Kolumbien jedoch davon aus, daß es sich hierbei um ein freiwilliges Opfer des Kartells handelte, das den Polizeiskandal vertuschen und die Regierung in die Lage versetzen sollte, der empörten Weltöffentlichkeit ihren entschlossenen Willen zum Kampf gegen den Drogenhandel zu demonstrieren. Danach zumindest kehrte wieder die gewohnte Untätigkeit ein – und auch das Verbrechen an Guillermo Cano blieb bis heute ungesühnt.

Nächste Etappe: Im Januar 1988 entführten und ermordeten die «Extraditables» (die «Auslieferungskandidaten»), eine der berüchtigtsten Terrororganisationen der Mafia, den Generalstaatsanwalt Carlos Mauro Hoyos, weil er die Auslieferung mehrerer Rauschgifthändler an die USA befürwortet hatte. Einmal mehr ertönte daraufhin der Aufschrei der Empörung: «Bis hierher und nicht weiter», verkündeten auch damals Minister und Generäle. Doch als genau ein Jahr danach in Hoyos' Heimatort eine Büste des Ermordeten enthüllt wurde, mußte Innenminister Gaviria am Grabe des mutigen Staatsanwalts eingestehen, daß der Regierung noch immer kein entscheidender Schlag gegen die Rauschgiftkartelle gelungen war, und daß sich auch im Fall Hoyos die Verbrecher noch immer auf freiem Fuß befanden. Nur wenige Tage zuvor waren die drei einzigen Verdächtigen, die sich aufgrund sicherer Indizien in Haft befanden, freigelassen worden.

Nach einer Studie der unabhängigen «Comisión Andina de Juristas» wird in Kolumbien dem Drogenterror immer nur dann der Kampf angesagt, wenn die USA massiven Druck auf die kolumbianische Regierung ausüben und gleichzeitig ein führendes Mitglied der kolumbianischen Gesellschaft den Cocakillern zum Opfer fällt. Niemals wurden jedoch Reaktionen des Staatsapparates auf all die «namenlosen» Opfer erkennbar, die von paramilitärischen Todesschwadronen der Mafia oder deren heimtückischen Sicarios umgebracht wurden. Zu diesem alltäglichen Terror einige Beispiele:

Eine Woche vor der Ermordung Galáns fielen über 20 Gewerkschafter, Linkspolitiker und Menschenrechtler in verschiedenen Teilen des Landes den Paramilitärs zum Opfer – unter ihnen ein Gewerkschaftsvorsitzender und zwei Professoren der Universität von Antioquia.

Seit 1981 ließen die Drogenkartelle über 220 Richter und Justizangestellte ermorden.

Nur zwei Tage vor der Ermordung Galáns erschossen die Mafiakiller den Magistrat des kolumbianischen Gerichtshofes, Carlos Valencia García. Sein «Verbrechen»: Er hatte die Haftbefehle gegen zwei der mächtigsten Drogenbosse (Pablo Escobar und Gonzalo R. Gacha) bestätigt.

Auch die engagierte Richterin Maria Elena Diaz Pérez fiel einem Mordanschlag zum Opfer. Zuständig für die Untersuchung von Massakern an Bananenarbeitern in Urabá, hatte sie wenige Tage zuvor Haftbefehle gegen drei Mitglieder der Streitkräfte, den ehemaligen Bürgermeister von Puerto Boyacá sowie zwei Mafiabosse des Medellínkartells erlassen. Sie hatte Beweismaterial vorgelegt, wonach die Verantwortlichen für das Massaker in Urabá einer «gewaltigen Narco-terroristischen Organisation» angehörten – einer Allianz aus Drogenhändlern, Landeigentümern, Industriellen und Mitgliedern der Streitkräfte. Nach ihrer Ermordung wurden die Ermittlungen von ihrer Nachfolgerin Marta Lucía Gonzalez fortgeführt. Als auch sie Todesdrohungen erhielt, verließ sie das Land. Daraufhin wurde der Vater der Richterin, Alvaro Gonzalez Santana, im Mai 1989 von nicht identifizierten Bewaffneten umgebracht. Der Mord wurde von den Behörden als Vergeltungsakt bezeichnet.

All diese Drohungen, Entführungen und Morde, all die ungezählten Opfer des schmutzigen Krieges der Mafia und ihrer uniformierten Helfer veranlaßten die kolumbianische Regierung zu keiner Zeit, den Kampf gegen die Drogenkartelle zu proklamieren, Massenverhaftungen vorzunehmen oder Beileidsbekundungen auszusprechen. Solange die Kugeln lediglich gegen Oppositionelle, Studenten, Bauern und kleine Angestellte des Staatsapparates abgefeuert wurden, sah die Regierung keinen Grund, Notstandsdekrete zu erlassen und Drogenkreuzzüge auszurufen. Jahrelang haben Kolumbiens zivile Herrscher und das Militär der Menschenjagd tatenlos zugesehen und oftmals selbst mit Hand angelegt. Die Bereitschaft der Mafia, ihre paramilitärischen Killertrupps gegen «linkssubversive Elemente» ins Feuer zu schicken, brachte ihnen die unverhohlenen Sympathien mancher Generäle ein. Und die Regierung drückte gerne beide Augen zu: Sie legten ja «nur» Kommunisten um.

Nur wenn die Welle der Gewalt hin und wieder auch auf Repräsentanten der Oligarchie überschwappte, nahmen Minister und Medien Notiz von mörderischen Kartellen und gedungenen Killern und reagierten – wenn auch hektisch, hilflos und halbherzig.

Der Machtkampf zwischen alter und neuer Bourgeoisie

Erst seit der Ermordung des liberalen Präsidentschaftskandidaten Galán haben die gelegentlich aufflammenden Auseinandersetzungen zwischen Regierung und Mafia kriegsähnliche Züge angenommen. Das Bündnis der traditionellen Oligarchie mit den Rauschgiftbossen scheint endgültig zerbrochen zu sein: Die Regierung erklärte der Mafia den «totalen Krieg» und traf mit der wieder in Vollzug gesetzten Auslieferung von kolumbianischen Rauschgifthändlern an die USA deren empfindlichste Stelle. Die Mafia wiederum gab die Kriegserklärung prompt zurück und revanchierte sich mit Bombenanschlägen und Terroraktionen gegen Repräsentanten des Staates.

Der Konflikt zwischen Narcos und Regierung wurde noch nie so erbittert ausgetragen wie im zweiten Halbjahr 1989. Ein Bombenanschlag auf das Zentralbüro der kolumbianischen Sicherheitspolizei DAS richtete am 6. Dezember 1989 in Bogotá ein furchtbares Blutbad an: Über 50 Tote und 600 Verletzte wurden Opfer einer 500-Kilogramm-Dynamitbombe, die vor dem DAS-Gebäude in einem Lkw deponiert war. Eine Außenmauer und alle Innenmauern des DAS-Hauptquartiers stürzten ein, und mindestens hundert Geschäfte im Umkreis von mehreren Kilometern und Häuser bis zu fünf Straßenzüge weiter wurden schwer beschädigt oder zerstört. Zu dem Attentat bekannten sich die dem Medellinkartell angehörenden «Extraditables», die zum wiederholten Male einen Stopp der Auslieferung an die USA forderten und versicherten, daß der «Krieg gegen die Verfolgung» bis dahin unvermindert fortgesetzt werde. Nur wenige Tage zuvor hatte das skrupellose Kartell ein Bombenattentat auf eine Boeing 727 der kolumbianischen Fluggesellschaft AVIANCA verübt, bei dem auf einem Inlandsflug 107 Menschen getötet wurden.

Wie ist diese blutige Attentatsserie zu erklären? Wie ist es möglich, daß sich Regierung und Rauschgiftkartelle seit der Ermordung Galáns in einem erbarmungslosen «Drogenkrieg» bekämpfen, obwohl doch das Rauschgiftgeschäft integrierter Bestandteil des kolumbianischen Wirtschaftssystems ist und wichtige Sektoren der traditionellen Bourgeoisie ein festes Militär- und Wirtschaftsbündnis mit der Mafia eingegangen sind?

Die Antwort auf diese Frage muß in der Geschichte Kolumbiens gesucht werden – einer Geschichte, in der interne Differenzen innerhalb der Oligarchie immer mit Gewalt ausgetragen wurden. Trotz weitgehender ideologischer Übereinstimmung zwischen Liberalen und Konservativen und trotz vertraglich festgelegter Aufteilung der Pfründe und Posten kam es immer wieder zu grausamen Kriegen zwischen den beiden Führungseliten um die Verteilung der Macht im Staat. Und ähnlich wie das Interessenbündnis zwischen der liberalen und der konservativen Oligarchie ist auch der Pakt zwischen der traditionellen Bourgeoisie und den Rauschgiftkartellen nicht frei von Machtkämpfen und Rivalitäten, die immer wieder explosionartig zum Ausbruch kommen.

Durch das Eindringen der reichen Emporkömmlinge in nahezu alle wirtschaftlichen, kulturellen und gesellschaftlichen Bereiche geriet das exklusive Machtmonopol der alteingesessenen Familien mit den «guten Namen» zusehends ins Wanken. Die vornehmen Kaffeebarone und Finanzmagnaten sahen sich mit einemmal einer mächtigen Konkurrenz ausgesetzt, die sich mit Skrupellosigkeit und wirtschaftlichem Geschick in ihren Domänen einnistete. Zwar profitierten sie von den immensen Investitionen der Narcos und arrangierten sich schnell – wenn auch naserümpfend – mit den milliardenschweren «Underdogs». Als das Drogenkapital jedoch immer weiter in den Kaffeeanbau, die Bauwirtschaft, die Viehzucht und damit in bereits besetzte Sektoren der Volkswirtschaft vorzudringen begann, beschloß die alte Oligarchie, ihre Vormachtstellung zu verteidigen.

Das Verhältnis der traditionellen Bourgeoisie zur neuen Kokain-Bourgeoisie bewegt sich seit jeher zwischen zwei Polen:
– der Duldung des Geschäfts, ja der Zusammenarbeit und dem Profit am Kokainhandel einerseits, und
– der Abwehr politischer Ansprüche auf Teilhabe an der staatlichen Macht bis hin zur Verfolgung durch Polizei und Militär andererseits.

Als die Mafia sich schließlich seit 1982 nicht mehr damit begnügen wollte, ihren politischen Einfluß nur indirekt durch Bestechung von Politikern, Finanzierung von Wahlkämpfen und Stimmenkäufe auszuüben, und sich anschickte, persönlich die politische Bühne zu betreten – auch deshalb, um als Abgeordnete die begehrte Immunität zu erhalten –, begann der Terror: Der Mord an Justizminister Lara Bonilla, der dafür gesorgt hatte, daß dem stellvertretenden Kongreßabgeordneten und Rauschgiftboss Pablo Escobar das Mandat entzogen wurde, war der Auftakt für die gewaltsame Auseinandersetzung zwischen alter und neuer Elite, die in der Ermordung Galáns und dem folgenden «Drogenkrieg» ihren vorläufigen Höhepunkt fand.

Die Kartellbosse haben es nie verwinden können, daß sie trotz ihrer ökonomischen Verflechtung mit dem Wirtschaftssystem und ihrer Verdienste bei der Aufstandsbekämpfung noch immer außerhalb der Legalität leben müssen. Vehement fordern sie seit Jahren die Wiedereingliederung in die legale Gesellschaft und ihre Integration in das ehrenwerte kolumbianische Establishment – dessen Reichtum, wie nicht zu Unrecht bemerkt wird, ebenfalls illegalen Ursprungs ist: «Die heute so vornehme Oligarchie ist reich geworden, weil sie den Indios im letzten Jahrhundert das Land gestohlen hat. Auch die Kaffeebarone schmuggelten ihre Ware, um der Exportsteuer zu entgehen. Sogar der alte Kennedy ist durch Alkoholschmuggel reich geworden, und sein Sohn wurde Präsident der USA...»

Genau dieses Privileg will die kolumbianische Mafia auch für sich in Anspruch nehmen. Um der Regierung die Wiedereingliederung der Mafia in die legale Gesellschaft schmackhaft zu machen, erklärte das Medellínkartell am 17. Januar 1990 den «Waffenstillstand» und bot erneut an, den Kokainhandel vollständig einzustellen. Noch weiter ging die berüchtigte Terrorgruppe «Los Extraditables»: Im Februar 1990 spielten deren Anführer der Zeitung *El Tiempo* eine Erklärung zu, in der sie eine komplette Liste ihrer Kokainlabors, Flughäfen und Waffenlager anboten und ihre Bereitschaft erklärten, sich der kolumbianischen Justiz zu unterwerfen, sofern die Regierung sie nicht an die USA ausliefere.

Auf massiven Druck der USA verweigerte die Regierung bisher jedoch die Forderungen der Mafia und setzt – zumindest verbal – auf eine militärische Lösung des Konflikts.

«Drogenkrieg» und Repression

Die Konfrontation mit der Mafia kam der kolumbianischen Regierung nicht ganz ungelegen. Mit der Proklamation des «Drogenkrieges» ist es ihr gelungen, die internationale Öffentlichkeit von permanenten Menschenrechtsverletzungen, sozialer Gewalt und schmutzigem Krieg abzulenken. Indem sie die Mafia als gemeines Verbrechersyndikat, bestehend aus einer Handvoll krimineller Familien, darstellt und alle Welt zur Unterstützung ihres heroischen Krieges gegen die Unterwelt aufruft, verschleiert sie zudem bewußt die politische und wirtschaftliche Dimension des Konflikts und die jahrzehntelange Komplizenschaft mit den Drogenhändlern, die sich zwischenzeitlich als fester Bestandteil des kolumbianischen Herrschaftssystems etabliert hat.

Die Front des «Drogenkrieges» verläuft heute quer durch Rathäuser, Regierungspaläste und Kasernen, wo freilich weder nationale noch US-amerikanische Flugzeuge und Truppen helfen. Schon gar nicht dann, wenn die damit beauftragten Sicherheitskräfte bis in die höchsten Stellen in den Drogensumpf verstrickt und sogar aktiv an den paramilitärischen Killerkommandos der Mafia beteiligt sind. Das Bild von der zum Kampf gegen die Drogenkartelle entschlossenen Regierung Kolumbiens erweist sich von daher als wenig glaubwürdig:

– Bisher sind die Truppen, die angeblich im ganzen Land nach den untergetauchten Bossen fahnden, noch nicht einmal in die Nähe des Zentrums der Mafia, der Region des Magdalena Medio, vorgedrungen, wo sich neben riesigen Ländereien und der gesamten Infrastruktur des Medellínkartells auch deren berüchtigte paramilitärischen Ausbildungszentren befinden. Angesichts der offensichtlichen Verfilzung zwischen Sicherheitskräften und Mafia ist dies auch nicht verwunderlich; denn wie sollen Militärs und Polizei nun plötzlich den Krieg gegen ihre bisherigen Auftraggeber, Wohltäter und Kampfgefährten führten?

– Die «Eroberung» von Luxusvillen und prachtvollen Landgütern einiger Mafiosi produzierte selbst hierzulande große Schlagzeilen. Doch die Güter, die bisher beschlagnahmt wurden, haben nach amtlichen Schätzungen einen Gesamtwert von lediglich 400 Mio. US-Dollar, was bei einem Gesamtvermögen der kolumbianischen Mafia in Höhe von ca. 20 Mrd. Dollar gerade zwei Prozent ihres Kapitals ausmacht! Außerdem wurde nur die unproduktive Seite des Vermögens der Kokainhändler getroffen. Die produktive, der Handel mit Kokain selbst, hat durch die Beschlagnahme nur minimal gelitten und wurde zudem durch die in die Höhe geschnellten Weltmarktpreise des Kokains weitgehend wettgemacht.

– Die spektakulär angekündigte Auslieferung kolumbianischer Kokainhändler betraf bislang lediglich einige mittlere Kader. Zwar wurden von August 1989 bis März 1990 insgesamt vierzehn des Rauschgifthandels verdächtigte Kolumbianer von der Regierung Bogotás an die USA übergeben und im Januar 1990 sogar einer der führenden Köpfe des Medellínkartells, Rodríguez Gacha, bei einem Feuergefecht mit Sicherheitskräften getötet. Für Antonio Suarez, Vorsitzender des kolumbianischen Richterverbandes, spricht dies jedoch noch lange nicht für die Ernsthaftigkeit der kolumbianischen Regierung im Kampf gegen das Drogengeschäft: Wenn es ihr ernst sei mit dem Kampf gegen den Rauschgifthandel, so hält Suarez seiner Regierung vor, solle sie erst einmal Armee und Polizei von Komplizen der Kokainmafia säubern und für die Vollstreckung der bereits bestehenden Haftbefehle gegen Militärs sorgen, deren Verbindung zu den Drogenkartellen nachgewiesen sei.

– Immer wieder wird in Kolumbien auch auf den seltsamen Umstand hingewiesen, daß sich der «Drogenkrieg» fast ausschließlich auf einen Sektor der Rauschgiftszene bezieht: auf den des Medellínkartells. Alle anderen mächtigen Coca-Organisationen wie die Kartelle aus Cali, Bogotá und von der Atlantikküste bleiben von Verfolgungs- und Auslieferungsmaßnahmen vollständig verschont und wurden in der Kriegsrhetorik der Regierung nicht einmal erwähnt. Offensichtlich findet also der Konflikt nicht zwischen Regierung und «der» Mafia schlechthin statt, sondern erschöpft sich in der Kampfansage an ein einzelnes, in Ungnade gefallenes Kartell.

Mit der formellen Kriegserklärung an den Drogenhandel hat die Regierung zudem eine Reihe von Maßnahmen in Gang gesetzt, die nach Meinung kolumbianischer Menschenrechtsgruppen nicht die Bekämpfung der Kokainkartelle zum Ziel haben, sondern die Zerschlagung der legalen politischen Opposition. Über die berüchtigten «Dekrete zur Verteidigung der Demokratie» heißt es in einem Aufruf der kolumbianischen Menschenrechtsorganisation vom Oktober 1989:

«Obwohl diese wegen der durch den Drogenhandel verübten Morde erlassen wurden, hatten sie tatsächlich zum Ziel, die Anerkennung politischer Delikte zu eliminieren, das Recht auf die Verteidigung einzuschränken und die demokratischen Rechte des Protests und der freien Meinungsäußerung zu negieren. Die Mehrdeutigkeit in der Definition des Terrorismus hat dazu geführt, daß Volksführer, protestierende Studenten, Bauern- und Gewerkschaftsaktivisten eingesperrt wurden, die lediglich ihren Forderungen Ausdruck verliehen und für ihre Bedürfnisse einstanden.»

Anfang Dezember 1989 erklärte die im Exil lebende kolumbianische Richterin und ehemalige Vorsitzende der Justizgewerkschaft

ASONAL Judiciar, Nubia Serrano, in einem Interview auf die Frage, wie ihre Organisation die Maßnahmen der Regierung im Drogenkrieg einschätzt: «Wir glauben nicht, daß angemessene Maßnahmen ergriffen wurden. Innerhalb der ersten 14 Tage nach der Kriegserklärung wurden 12000 Menschen inhaftiert. Das ist bedenklich, denn man weiß, daß Kolumbien zu den Ländern mit den meisten ‹Verschwundenen› gehört... Die Dekrete gegen die Drogenbekämpfung verschärfen den Ausnahmezustand, sämtliche Großdemonstrationen wurden verboten, der Strafrahmen für politische Delikte wurde erhöht, die Verwaltungshaft ohne Kontakt zur Außenwelt ausgeweitet. Man hat die Unschuldsvermutung abgeschafft und geheime Gerichte geschaffen. Das alles beängstigt uns. Mit jeder Maßnahme wird noch ein Stück Freiheit mehr beschnitten...»

Gerade als sich der angebliche «Drogenkrieg» Ende August 1989 dem Höhepunkt zubewegte, wurde die Aussage eines Ex-Agenten des kolumbianischen Geheimdienstes (DIJIN), Ricardo Gómez Mazuera, bekannt, in der er zahlreiche Mitglieder der kolumbianischen Armee und Polizei der direkten Verantwortung bei der Planung und Durchführung schwerster Verbrechen wie Mord, Folter und Verschwindenlassen beschuldigte und Querverbindungen zwischen Drogenmafia, Industriellen, Polizei und Armee bei der Durchführung krimineller Handlungen aufzeigte. In dem Dokument sind die Namen mehrerer Personen aufgeführt, die vom Militärbataillon «Charry Solano» in Bogotá observiert werden und deren Leben nach wie vor in großer Gefahr ist. Zwei der bedrohten Personen sind auch in der Bundesrepublik bekannt, da sie bei Rundreisen in Europa mit vielen Menschen und Institutionen Kontakt aufgenommen haben: der Menschenrechtsanwalt Eduardo Umaña Mendoza und Angel Tolosa, Mitglied im nationalen Vorstand der Bauernorganisation ANUC.

Während die Regierung Barco alles unternimmmt, um die Aufmerksamkeit der internationalen Öffentlichkeit auf den Drogenkrieg in Kolumbien zu lenken, und sich als demokratische, wenn auch schwache, Regierung geschickt verkauft, werden weiterhin Oppositionelle von der staatlichen Armee – und nicht nur von der paramilitärischen Gruppe der Mafia! – mit dem Tode bedroht. «Der neuerdings verschärfte Kampf gegen den Drogenhandel ist nichts als eine Nebelwand zur Verschleierung der Verantwortung des kolumbianischen Staates für die Menschenrechtsverletzungen im Lande», stellt Antonio Suarez fest und ergänzt: «Unter dem Deckmantel des Drogenkrieges wird hier der Rechtsstaat demontiert.»

Tödliche Solidarität

«Der Drogenkrieg wird hart sein. Wir werden ihn Viertel um Viertel, Straße um Straße, Kind um Kind führen. Sieg, Sieg über das Rauschgift, ist unsere Sache, eine gerechte Sache, und mit Ihrer Hilfe werden wir gewinnen.» (US-Präsident Bush in einer Fernsehansprache an die Nation)

Es ist sicherlich kein Zufall: Fast zeitgleich mit der «Kriegserklärung» des kolumbianischen Präsidenten Barco an die einheimischen Rauschgiftkartelle hat auch dessen Amtskollege in Washington zur Schlacht gegen den internationalen Drogenhandel aufgerufen. Doch die Kriegsrhetorik des US-Präsidenten läßt nicht nur die Chefs der kolumbianischen Kokain-Kartelle erzittern, sondern beängstigt zunehmend auch liberale und konservative Politiker in Bogotá. Mit der Invasion in Panama und der Bombardierung ganzer Teile der Hauptstadt haben die USA ein unübersehbares Zeichen gesetzt. Für jeden kolumbianischen Politiker muß die pathetische Äußerung des US-Präsidenten «Die Lebenskraft unserer Nation ist vom Rauschgift bedroht» wie ein Warnsignal klingen: Die kolumbianischen Drogenschieber stellen eine Gefahr für US-amerikanische Sicherheitsinteressen dar – folgerichtig machen Pentagon und US-Geheimdienste die Zerschlagung der Mafia zu ihrer ureigensten Aufgabe.

Durch die Lieferung von Artilleriehubschraubern und modernem Kampfgerät nach Kolumbien, die Entsendung von Militärberatern, die angedrohte Verhängung einer Seeblockade und das «Angebot» der direkten militärischen Intervention haben die US-Strategen unmißverständlich deutlich gemacht, daß der Drogenkrieg nicht an der Heimatfront, sondern auf kolumbianischem Terrain ausgetragen werden soll. Der hauptamtliche Rauschgiftbekämpfer und Präsidentenberater William Bennett hat generalstabsmäßig auf 235 Seiten ein Strategiepapier entwickelt, das unter anderem den amerikanischen Elite-Einheiten (den Special Forces) ermöglichen soll, die nationalen

Streitkräfte im Kampf gegen die Armeen der Kokain-Mafia «unterstützend zu begleiten».

Selbst der US-hörigen kolumbianischen Oligarchie gehen diese Pläne entschieden zu weit. Daß ausgerechnet die USA, deren Geheimdienst CIA nachweislich auf die Hilfe des Medellínkartells zurückgriff, als es um den Transport von Waffen für die nicaraguanischen Contras ging, nun den kolumbianischen Generälen bei der Bekämpfung eben dieses Kartells Beine machen will, stößt bei vielen einflußreichen Kolumbianern auf unverhohlene Ablehnung.

Der eigentliche Zynismus der US-Kriegserklärung liegt jedoch in einem anderen Punkt: Die westliche Weltmacht propagiert eine fast ausschließlich «angebotsorientierte» Rauschgiftbekämpfung. Anstatt direkt die Nachfrage im eigenen Land ins Visier zu nehmen, verspricht man sich von der bloßen Vernichtung der Produktionsstätten das Schwinden des Kokainkonsums in den USA. Experten sind sich jedoch seit langem darin einig, daß der Versuch, die Zufuhr von Rauschgift zu stoppen, aussichtlos ist, solange die Nachfrage unvermindert anhält. Und diese Nachfrage kommt eben zum allergrößten Teil von den acht Millionen Kokain-Konsumenten in den Vereinigten Staaten.

Ein kolumbianischer Soziologe erklärte dazu in einem *taz*-Interview: «Solange es in den USA einen Kokainmarkt von über 100 Mrd. Dollar gibt, wird der Drogenhandel nicht aufhören. Und sollte er in Kolumbien abnehmen, würde er in anderen Ländern Südamerikas zunehmen. Es ist wie ein Krebs, der Metastasen treibt. Man kann ihn hier operieren, aber er wird woanders wieder auftauchen.»

Enrique Fawera, ehrwürdiges Mitglied der Handelskammer in Cali, formulierte bereits offen den Verdacht, den viele Kolumbianer angesichts der Militarisierung des Konflikts durch die USA hegen: «Vielleicht geht es den Amerikanern gar nicht so sehr um das moralische Problem des Drogenkonsums. Es schmerzt sie vielmehr, daß ihnen das Geschäft entgeht. Warum war Marihuana nur von Übel, solange es außerhalb der USA angebaut wurde?»

Unverständnis über die heuchlerische Drogenpolitik der USA äußerte auch der angesehene kolumbianische Wirtschaftswissenschaftler Salomon Kalmanovitz, der in der Zeitschrift *Cien Dias* darauf hinwies, wie sehr die USA selbst in die Drogengeschäfte verwickelt sind: «Die sogenannten ‹heißen Gelder› kompensieren das Handels- und Finanzdefizit der USA, und in den Akten der Kartelle finden sich öffentliche Schatzbriefe der USA, eine Tatsache, die bekannt, aber wenig untersucht ist. Die Akten beinhalten außerdem Investitionen in Ostasien, Einlagen in Schweizer, bundesdeutschen und spanischen Banken ... Die Angriffe (der US-Finanzaufsicht) waren immer selektiv, und hart bestraft wurden nur eine arabische Bank und kürzlich die Banco del Occidente aus Kolumbien. In der Mehrzahl der ermittelten Fälle von Geldwäsche bekamen die betroffenen US-Banken nur Geldstrafen wegen Steuerhinterziehung, aber nicht wegen anderer strafrechtlicher Verstöße.»

Um der allgemeinen Skepsis zu begegnen, stellt Präsident Bush bei jeder Gelegenheit die 65 Millionen Dollar Soforthilfe, die er der kolumbianischen Regierung zur Bekämpfung des Rauschgifthandels gewährte, als besonders großzügige Unterstützung heraus. Peinlich nur, daß er sich beim Drogengipfel in Cartagena/Kolumbien am 15. Januar 1990 von seinem Amtskollegen Barco erst vorrechnen lassen mußte, daß diese 65 Mio. Dollar gerade ein Sechstel der 400 Mio. Dollar sind, die Kolumbien durch die von den USA kurz zuvor herbeigeführte Kündigung des Kaffee-Exportabkommens an Devisen einbüßen wird. Auch die anderen Hilfsangebote entbehrten nicht einer gewissen Komik: Für die Umstellung der Agrarproduktion in den Coca-Anbauländern hatte der US-Präsident gerade noch einen Restposten von 250 Mio. Dollar übrig – aufzuteilen zwischen den Ländern Peru, Bolivien und Kolumbien, aus denen ca. 90 Prozent des in den USA konsumierten Kokains kommen.

Die Antidrogenkampagne besteht also neben dem Angebot der militärischen Invasion hauptsächlich darin, Kolumbien nahezulegen, auf etliche Prozente seines Bruttosozialprodukts freiwillig zu verzichten, ohne daß finanzielle Anreize und Alternativen zum Ausstieg aus der Kokain-Ökonomie angeboten werden. Welcher Bauer, so fragt man sich in Kolumbien, ist davon abzubringen, weiterhin heimlich Coca anzubauen, solange es hierfür einen lukrativen Markt gibt, der ihm – im Gegensatz zu agrarischen Produkten – eine weitgehend sichere Existenzgrundlage verschafft. Diejenigen, auf deren Boden Präsident Bush seinen Drogenfeldzug auskämpfen möchte, sind daher überwiegend der Meinung, daß die USA zunächst einmal die Ursachen des Drogenhandels auf dem eigenen Territorium bekämpfen sollten, bevor sie so tun, als läge das Problem allein in den abgelegenen Andentälern Kolumbiens oder anderer lateinamerikanischer Staaten.

Diese Kritik richtet sich zunehmend auch gegen die meisten westeuropäischen Staaten, die sich überwiegend dem Drogenbekämpfungsprogramm der USA angeschlossen haben, aber bisher weder den Nachschub an Chemikalien für die Kokainlaboratorien noch die Lieferung von Waffen an die Drogenkartelle unterbunden haben. Der Chef der nationalen Polizei Kolumbiens, General Gómez Pardilla, sagte Anfang September 1989 in einer niederländischen Fernsehsendung, er habe Beweise, wonach die Drogenmafia Chemikalien holländischer Betriebe benütze und auch die BRD ein wichtiger Lieferant der Kokain-Bosse sei. Ohne diese Chemikalien, so der Polizeichef, könne niemand in Kolumbien Kokain herstellen, da sie dort nirgendwo zu haben seien.

Anfang Oktober 1989 erschien in der liberalen kolumbianischen Tageszeitung *El Espectador* unter der zutreffenden Überschrift «Solidarität, die tötet» ein Kommentar der angesehenen Kolumnistin Maria Jimena Duzan über die internationalen Verwicklungen im kolumbianischen Drogenkrieg:

«Wird Kolumbien den Krieg gegen die Rauschgifthändler gewinnen können? fragen beharrlich die ausländischen Medien. Die Antwort ist eindeutig: Egal wieviel militärische Hilfe entsandt wird, Kolumbien kann einem internationalen Phänomen mit den Ausmaßen des Drogenhandels nicht den Garaus machen. Im besten Fall kann das Land die interne Gewalt bremsen, nie aber ein illegales Geschäft beendigen, das so lange existiert, wie es rentabel ist. Und sollte es wirklich geschafft werden, würden aller Voraussicht nach die Rauschgifthändler einfach umziehen – wahrscheinlich nach Brasilien – oder ihre terroristischen Aktionen außerhalb Kolumbiens in Gang setzen.

Die internationale Dimension des Rauschgifthandels darf nicht ignoriert werden. Sie besteht unabhängig von dem, was mit Kolumbien geschieht. Viele Fronten des Geschäftes sind noch gar nicht angegriffen worden: der Waffenhandel etwa. Die Industriestaaten, die in den letzten Jahren zugesehen haben, wie ihre Waffenindustrie anwuchs, sind nicht nur die wichtigsten Kokainkonsumenten, sondern auch die ersten, wenn es darum geht, den kolumbianischen Drogenhändlern Waffen zu liefern; manchmal sogar legal gekauft, als ob es sich um Getreide handele, kommen die Ladungen in Kolumbien an, ohne entdeckt zu werden. Von ihrer Existenz erfährt man nur durch die Betrachtung der leeren Schußhülsen, die um die unschuldigen kolumbianischen Leichen herum liegenbleiben. An die 400 Menschen wurden 1988 von paramilitärischen und mafiosen Schwadronen bei 38 Massakern niedergemetzelt. Die mörderischen Schüsse stammen aus den halbautomatischen AR-15 Gewehren der US-Firma Colt Industries.

Eine andere, bisher unterschätzte Front des internationalen Drogenkrieges ist das lukrative Geschäft des Dollarwaschens. Es ist ein offenes Geheimnis, daß die Kette der Operationen größtenteils außerhalb Kolumbiens abgewickelt wird, besonders in den Banken Panamas, der USA, der Schweiz und der Bundesrepublik. Obwohl die Antidrogengesetzgebung der USA in dieser Hinsicht neue Restriktionen aufweist, sind die Erfolge in der Bekämpfung dieses für den Rauschgifthandel lebenswichtigen Prozesses eher mager. Wo sind die ausländischen Banken, die das Geld waschen? Gibt es etwa nur kolumbianische Geldwäscher?

Was Europa anbelangt, wird weder dem Geldwaschen größere Aufmerksamkeit gewidmet noch der Kontrolle chemischer Substanzen wie Permanganat, Äther und Acetat. Dic Hauptlieferanten dieser Chemikalien, ohne die die Verarbeitung des Kokablattes kaum möglich ist, sind bekannt: die USA, die Bundesrepublik, Holland, die Volksrepublik China und neuerdings Brasilien. Kolumbien wird immer wieder darüber verhört, ob das Land denn nun zu einer Bekämpfung des Rauschgifthandels entschlossen sei oder nicht. Keiner aber fragt die anderen Länder, ob sie weiterhin den Schmuggel der Chemikalien nach Kolumbien und den Andenstaaten zulassen werden.

Sicher trägt Kolumbien als Verarbeiter und Zwischenhändler im Kokaingeschäft in diesem Krieg eine große Verantwortung. Und trotz aller Schwächen, der Abwesenheit der Parteien und der halbherzigen Beteiligung der Gesellschaft am Drogenkrieg hat das Land eher recht denn schlecht die Schlacht auf sich genommen wie kein anderer Staat. Der Beweis dafür ist der hohe Blutzoll, der entrichtet wurde und weiter entrichtet wird. Vielleicht wird deshalb von uns Kolumbianern Tag für Tag mehr verlangt. Aber wer fordert von der internationalen Öffentlichkeit ihren Teil der Verantwortung ein? Sie schicken uns Waffen und Geld als Zeichen der Solidarität mit dem tapferen Kampf Kolumbiens – damit wir nicht nur unseren Part in der Schlacht abwikkeln, sondern auch ihren. Vorsicht mit der Solidarität, die tötet. Wieviel Tote fehlen denn noch, damit die Welt merkt, daß dieser Krieg nicht nur der Krieg Kolumbiens ist?»

«Drogenkrieg» und Aufstandsbekämpfung

Immer mehr Kolumbianer fragen sich besorgt, ob auf ihrem Terrain tatsächlich nur eine Schlacht gegen das Rauschgift geschlagen werden soll. Pedro Alcántara, populärer Senator der UP, drückt das aus, was nicht nur die Linke in Kolumbien befürchtet: «Die Militärhilfe und die 100 US-Berater sind nur der Anfang einer schleichenden Intervention. Das Drogenproblem wird aufgeblasen, um in Kolumbien militärisch eingreifen zu können – das ist Narco-Politik.»

Nach dem Verblassen des antikommunistischen Feindbildes durch die Reformen in Osteuropa ist die Bekämpfung des Kokainhandels zu einer der wesentlichen Rechtfertigungen für Militäroperationen der USA geworden. Beispiele dafür sind die Entsendung von US-Streitkräften nach Bolivien im Jahr 1986 und der Überfall auf Panama im Dezember 1989. Beispiel ist aber auch das gigantische Militärprogramm, das die USA den Kolumbianern aufdrängt: Seit vielen Jahren schickt Washington Spezialisten für die Drogen- *und* Guerillabekämpfung nach Bogotá, nun folgen Waffen, Hubschrauber und Hunderte uniformierter «Berater».

Der von der internationalen Öffentlichkeit gebilligte «Krieg gegen die Droge» erweist sich als idealer Hintergrund der low intensity-Kriegführung gegen die bewaffnete Opposition in Kolumbien. Mit einer großangelegten Desinformationskampagne, die sich auf die dümmliche Formel: Rauschgift = Subversion reduziert, wird der kolumbianische Guerilla ein Interessenbündnis mit der Drogenmafia angedichtet und als Kriegsziel die militärische Vernichtung von Narcos (Drogenhändler) und Guerilla proklamiert.

Ausgerechnet der ehemalige US-Botschafter in Kolumbien, Levis Tambs, begann mit dem Verwirrspiel. Just in dem Moment, als sich Präsident Betancur mitten in Friedensverhandlungen mit den Rebellen befand, platzte der US-Statthalter mit seiner Anschuldigung heraus, die Aufständischen würden mit den Drogenhändlern gemeinsame Sache machen, und kreierte die diffamierende Wortschöpfung von der «Narcoguerilla». Doch während Tambs einen Nachweis für seine Behauptung nie erbringen konnte, wurde nur kurze Zeit später seine eigene Verwicklung in das Drogengeschäft auf höchst peinliche Weise bekannt: Der wackere US-Botschafter hatte nämlich kräftig bei der Iran-Contra-Affäre mitgemischt und US-Waffen gegen kolumbianisches Kokain getauscht.

Daraufhin verschwand zwar Tambs von der politischen Bildfläche – das Wort von der «Narcoguerilla» hält sich jedoch hartnäckig bis zum heutigen Tag. Immer wieder bemühten sich internationale Organisationen, wie zum Beispiel die «Juristenkommission Andina», Beweise oder zumindest Indizien für die angebliche Allianz von Rauschgift und Rebellen ausfindig zu machen – bisher jedoch ohne Erfolg.

Rechtsanwalt Eduardo Umaña Mendoza erklärt hierzu: «Überall in kolumbianischen Gefängnissen sind Personen inhaftiert, denen die Angehörigkeit zu den verschiedenen Guerillaorganisationen des Landes zum Vorwurf gemacht wird. Sie stehen unter der Anklage von Mord, Entführung, Rebellion, bewaffneter Aufstand, Terrorismus etc. Aber noch nie wurde in Kolumbien einem Mitglied der Guerilla auch der Prozeß gemacht wegen Delikten, die mit der Herstellung oder dem Handel von Rauschgift in Verbindung stehen. Wie ist dies zu erklären, angesichts der ständigen Behauptungen von Regierung und Militär, es gäbe eine Narcoguerilla in diesem Land? Warum werden dann die Rebellen nicht auch wegen Drogendelikten angeklagt, vor Gericht gestellt und verurteilt?»

Eines allerdings haben Rauschgifthändler und Guerilla tatsächlich gemeinsam: Beide stören aufs empfindlichste die US-amerikanischen Wirtschaftsinteressen in Kolumbien – die einen mit der Überschwemmung des US-Marktes mit Drogen, die anderen mit Sabotageaktionen gegen US-amerikanische Unternehmen. Nirgendwo gibt es so viele Anschläge auf US-amerikanische Einrichtungen wie in Kolumbien. Allein die ELN hat durch Sabotageakte gegen Öl-Multis aus den USA Schäden in Höhe von jährlich ca. 150 Mio. US-Dollar verursacht.

Kein Wunder also, daß die US-Administration eisern an ihrer Wortschöpfung «Narcoguerilla» festhält, um so die Grenzen zwischen Aufstands- und Drogenbekämpfung zu verwischen. Unter dem Deckmantel des Rauschgiftkrieges soll auch mit der Guerilla und anderen die US-amerikanischen Interessen störenden Subversiven aufgeräumt werden. Ende Oktober 1989 gestand Richard Brown, ein Vertreter des Pentagon, offen ein, daß die Zerschlagung der Guerilla in Kolumbien das «zweite Ziel» des US-amerikanischen Drogenkrieg-Plans ist.

Nach einer von der kolumbianischen Tageszeitung *El Tiempo* und dem amerikanischen *USA-Today* Anfang 1990 in Auftrag gegebenen Meinungsumfrage halten es 75 Prozent der Kolumbianer und ebensoviele US-Amerikaner für «sehr wahrscheinlich», daß die Vereinigten Staaten in Kolumbien einfallen könnten, «um den Drogenhandel zu beenden». Das Szenario eines lateinamerikanischen Alptraums nimmt allmählich Gestalt an.

Nicht die Regierung, sondern das Volk braucht Solidarität

Vor dem Hintergrund der Kriegserklärung der kolumbianischen Regierung, den Interventionsgelüsten der USA und dem verzerrten Bild der kolumbianischen Realität im Ausland haben kolumbianische Menschenrechtsorganisationen im September 1989 in einem Aufruf zur aktuellen Situation in ihrem Land Stellung genommen, um deutlich zu machen, welche Solidarität Kolumbien tatsächlich braucht. Aus diesem Dokument ein Auszug:

«Die fortschrittlichen Sektoren der internationalen Gemeinschaft dürfen die vereinfachende Version, wonach in Kolumbien eine rechtmäßige Regierung im Krieg gegen den Drogenhandel steht, nicht akzeptieren. Diese Version führt zu einer vorbehaltlosen Unterstützung des Staates, statt die demokratischen Kämpfe für die Menschenrechte zu unterstützen.

Die Solidarität mit Kolumbien muß eine Solidarität mit seinem Volk und nicht mit seiner Regierung sein. Das Volk hat den schmutzigen Krieg erlitten – und erleidet ihn weiterhin. Während die Regierung ihre Dekrete erließ, wurden folgende Personen ermordet: Armando Calle, der durch ein früheres Attentat, verübt von Militärs mit Verbindungen zur MAS (Todesschwadron), gelähmt war; Orlando Roal und Guillermo Callejas, beides aktive Mitglieder der UP. Wohnungen von Gewerkschaftsführern wurden durchsucht, so jene von Alvaro Solano in Barrancabermeja, und der Präsident der Bauernorganisation, Tulio Olivera, wurde willkürlich festgenommen. Während die Dekrete verabschiedet wurden, waren die Dörfer Yondo, Remedios, Segovia, Saragoza, Tame und Arauquita unter dem Vorwand der Guerillabekämpfung ständigen Bombardierungen und Feindseligkeiten von seiten der Armee ausgesetzt. Tausende von Bauern sehen sich dadurch zum Wegzug und zum Verlassen ihrer Güter gezwungen.

Internationale Solidarität mit Kolumbien bedeutet unter diesen Umständen:

1. Jegliche Form von ausländischer Intervention, sei sie militärisch oder politisch, abzulehnen, da sie die Staatshoheit verletzt und die aktuelle Krise verschärft;

2. von den internationalen Menschenrechtsorganisationen, die Reisen nach Kolumbien vorgesehen haben, zu verlangen, daß sie diese durchführen und gleichzeitig unparteiische Untersuchungen über die wirkliche Situation des schmutzigen Krieges veranlassen;

3. von der nationalen Regierung genaue Auskünfte über die Aktivitäten israelischer, englischer und anderer Söldner zu verlangen, die in Kolumbien tätig gewesen sind; Klarheit über deren Verbindungen zum Drogenhandel, zu den Paramilitärs, zu Mitgliedern staatlicher Institutionen oder zu Bereichen der nationalen Wirtschaft zu fordern;

4. von der kolumbianischen Regierung die Säuberung des Militärs und der Polizei zu verlangen; also die Entlassung und Bestrafung all jener Mitglieder dieser Institutionen, die in den schmutzigen Krieg verwickelt sind, Verbindungen zu paramilitärischen oder Selbstverteidigungsgruppen, Mörderbanden und Drogenhändlerorganisationen haben;

5. die Auflösung der paramilitärischen Gruppen, der Selbstverteidigungsgruppen und der Mörderbanden zu verlangen, von denen die Regierung zugibt, daß sie weitere Informationen über sie besitzt; diese Informationen müssen veröffentlicht werden;

6. von der kolumbianischen Regierung die Respektierung und die Finanzierung der Auffangstätten zu verlangen, in denen Flüchtlinge vor dem schmutzigen Krieg und den Bombardierungen Schutz suchen; außerdem die Entschädigung der Betroffenen und die Anwendung des internationalen humanitären Rechts zu fordern;

7. Respekt vor den Menschenrechten und den politischen und wirtschaftlichen Rechten der Zivilbevölkerung zu verlangen und daher die Aufhebung all jener Dekrete zu fordern, die diese Rechte verletzen, speziell jener, die die Bewegungs- und Ausdrucksfreiheit der sozialen Bewegungen und der Volksorganisationen verhindern.

Unterzeichner: Permanentes Menschenrechtskomitee, Advokatenkollektiv, Menschenrechtsbüro des CINEP, Menschenrechtsabteilung der CUT, Zeitschrift *Solidaridad*, Menschenrechtsbüro der Unión Patriótica, Andinische Juristenkommission – Sektion Kolumbien, Internationale Liga für die Rechte und die Befreiung der Völker, Bewegung für das Leben, Menschenrechtsbüro der Kommunistischen Partei, Grupo Enlace.

Bogotá, 8. September 1989»

Die deutsche Bundesregierung reagierte prompt auf diesen Solidaritätsappell: Im Zuge der Vereinheitlichung der Einreisebestimmungen für den geplanten europäischen Binnenmarkt kündigte sie für 1990 die Einführung einer Visumspflicht für Kolumbianer an. Betroffen davon werden gerade Vertreter dieser Menschenrechtsorganisationen sein, denen als potentielle Opfer des schmutzigen Krieges Hindernisse in den Weg gelegt werden, sich in der Bundesrepublik in Sicherheit zu bringen.

Die Bundesrepublik und Kolumbien

«Menschenrechtsverletzungen in Kolumbien sind nicht Folge staatlich angeordneter Gewalt... Ob einzelne Mitglieder oder einzelne Einheiten der Streitkräfte Menschenrechtsverletzungen begangen haben, konnte die Bundesregierung mit den ihr zur Verfügung stehenden Bekenntnisquellen bisher weder bestätigen noch ausschließen.»

Auswärtiges Amt
der Bundesrepublik Deutschland,
23. 2. 1988

Die Politik der Bundesregierung

Am 4. März 1988 hielt Bundesaußenminister Hans-Dietrich Genscher bei einem Mittagessen zu Ehren seines kolumbianischen Amtskollegen Julio Londoño Paredes in der Redoute in Bonn-Bad Godesberg eine bemerkenswerte Ansprache:

«Herr Minister, mit Respekt beobachten wir Deutschen die wirtschaftliche Leistung Ihres Landes. Zu der uns angehenden Frage der Verschuldung trägt Kolumbien nicht ein Problem, sondern eine Lösung bei. Ein konsequenter marktwirtschaftlicher Kurs und verantwortungsvolle Wirtschaftspolitik haben Ihr Land zu einer Bastion wirtschaftlicher Stabilität in Lateinamerika werden lassen. (...)

Wir Deutschen wissen aus eigener, bitterer Erfahrung, welche Gefahren von der Gewalt in der politischen Auseinandersetzung ausgehen. Präsident Barco hat auf diese Herausforderung eine Antwort gegeben, der wir nur unsere Anerkennung zollen können: mehr Demokratie, wirtschaftliche und soziale Reformen, Stärkung der Legitimität der staatlichen Institutionen. Herr Minister, Ihre Regierung kann der Unterstützung der Bundesregierung bei diesem Bemühen sicher sein. Eines der wirksamsten Mittel dieser Unterstützung ist die entwicklungspolitische Zusammenarbeit. (...) Die Ausgangsbedingungen zur Lösung der sozialen Probleme durch wirtschaftliche Entwicklung sind in Kolumbien besonders günstig. (...) Die Vorliebe der Deutschen für den kolumbianischen Hochlandkaffee hat dazu geführt, daß sie allein ein Drittel des Kaffee-Exports Ihres Landes abnehmen. (...)

Ich erhebe mein Glas mit Ihnen, auf eine friedliche Zukunft Kolumbiens...!»

Nur wenige Wochen nach Genschers Lobeshymne auf die kolumbianische Demokratie und die Anstrengungen Präsident Barcos, «denen wir nur unsere Anerkennung zollen können», gab amnesty international in einer Presseerklärung bekannt: «Tausende von Menschen sind in den letzten Jahren getötet worden oder ‹verschwanden› – Opfer von Militär, Polizei und deren Hilfstruppen.» In der Kolumbienbroschüre vom April 1988 dokumentiert amnesty eine Fülle schwerster Menschenrechtsverletzungen, die unter Präsident Barco von Angehörigen der Streitkräfte verübt oder zumindest von ihnen gedeckt wurden. Doch die Bundesregierung ist nicht gewillt, diese Berichte zur Kenntnis zu nehmen. Für sie gibt es keinen Staatsterror in Kolumbien.

Auf Nachfragen von Abgeordneten und Initiativen über Menschenrechtsverletzungen und die Zunahme politischer Morde antworten Regierungsstellen meist wie folgt: «Die kolumbianische Regierung hat stets zum Ausdruck gebracht, daß sie sich ihrer rechtsstaatlichen Verpflichtungen bewußt ist. Strukturelle und materielle Schwächen der staatlichen Institutionen erschweren jedoch die Durchsetzung rechtsstaatlicher Normen.» (Staatsminister H. Schäfer, 9.12.1987)

Trotz vielfältiger Informationsmöglichkeiten ignoriert man die systematische Verletzung der Menschenrechte durch Armee, Polizei und Paramilitärs und spricht die Regierung von jeder Verantwortung für die Verhältnisse frei: «Die Bundesregierung hat keinen Zweifel, daß die kolumbianische Regierung alles in ihrer Macht Stehende tun wird, um die Menschenrechtslage des Landes zu verbessern.» (Auswärtiges Amt, 9.12.1987)

Entgegen aller Erkenntnisse diverser Menschenrechtsorganisationen schließt sich die Bundesregierung ohne Einschränkung der offiziellen Interpretation der kolumbianischen Regierung an, derzufolge diese ein bedauernswertes Opfer der Gewalt und in keiner Weise an der Verletzung der Menschenrechte beteiligt sei. In ihrem Kolumbien-Flugblatt vom Juni 1989 hat die Kolumbien-Koordination Hamburg die Argumente und «Analysen» der Bundesregierung und ihrer Vertretung in Kolumbien zusammengestellt und kritisch kommentiert. Der folgende Text ist eine gekürzte Version dieses Flugblatts:

«1. Die Bundesregierung behauptet, die Gewalt in Kolumbien sei privater Natur, ihr eigentliches Opfer die Regierung.

‹Es gebe in Kolumbien in der Tat bestürzende Formen von Gewalt und dies in einem demokratischen Staat. Es handele sich hierbei jedoch um private Gewalt in einer Gesellschaft, die mit sich selber kämpfe.› (Vertreter des Auswärtigen Amtes im Unterausschuß für Menschenrechte des Deutschen Bundestages am 2.12.1987)

(...)

2. Menschenrechtsverletzungen des Militärs und der Sicherheitskräfte werden von der Bundesregierung als Einzelfälle abgetan.

‹Auch wenn die Verwicklung von Angehörigen des Heeres und der Polizei in die Unterstützung oder Durchführung einzelner Verbrechen gegen die Menschenrechte in der Vergangenheit immer wieder festgestellt worden ist, so erlaubt die Gesamtschau auf die Streitkräfte doch keineswegs den Schluß, daß Heer oder Polizei systematisch mit Duldung oder sogar Auftrag ihrer Führung Menschenrechtsverletzungen begehen.› (Botschaftsbericht vom 28. 12. 1988)

(...)

3. Die Bundesregierung attestiert der kolumbianischen Regierung generell den guten Willen, alles Mögliche zur Einstellung der Menschenrechtsverletzungen zu tun, und spricht sie von jeder Verantwortung für die Situation frei. Die mangelnde Strafverfolgung, vor allem von Militär- und Polizeiangehörigen, wird weitgehend geleugnet, dort wo sie zur Kenntnis genommen wird, mit der Unzulänglichkeit der staatlichen Autoritäten begründet.

‹Wichtig ist in diesem Zusammenhang, die Ernsthaftigkeit der Regierung, Fällen von Menschenrechtsverletzungen durch die Ordnungskräfte nachzugehen und sie zu bestrafen, anzuerkennen.› (Botschaftsbericht 28. 12. 1988)

(...)

4. Die Bundesregierung vermeidet weitgehend Kritik am Vorgehen der kolumbianischen Regierung und unterläßt jede Art von Druckausübung. Anstelle dessen wird die Aufrichtigkeit und Ernsthaftigkeit der Bemühungen um eine Verbesserung der Situation unterstrichen und auf die Notwendigkeit der äußeren Hilfe verwiesen.

‹Es sollte unsere Aufgabe mit sein, diesen geschwächten Staat zu stärken und die Grenzen zu erkennen, die der Kritik von außen gesetzt sind, wenn nicht ein Sättigungsgrad überschritten werden soll, oberhalb dessen nur noch wenig auch von dieser gutwilligen, um ihr Ansehen in der Welt peinlich bemühten Regierung zu erreichen ist.› (Botschaftsbericht 28. 12. 1988)

Kolumbianische Menschenrechtsorganisationen und andere Vereinigungen von Betroffenen, wie auch internationale Menschenrechtsorganisationen, Politiker u. a. betonen demgegenüber stets die Notwendigkeit, die kolumbianische Regierung durch diplomatischen Druck von außen zu einem energischen Vorgehen gegen die Menschenrechtsverletzungen zu bewegen. Internationale Hilfe sollte an die Praxis der Regierung in diesem Bereich gebunden werden. (...)

5. Der Grund für die eskalierende Gewalt wird vorrangig im Krieg zwischen Guerilla und Drogenmafia und für letztere agierende Todesschwadronen gesehen. Dort, wo von einer Gleichsetzung der extremistischen Gewalt von links und rechts abgesehen wird, wird der Guerilla die Hauptverantwortung zugesprochen, wobei die Ursache für die fast vierzigjährige Existenz des bewaffneten Kampfes in Kolumbien ignoriert wird. (...)

‹Die ‚Violencia' wird (von der kolumbianischen Regierung, d. V.) schlüssig als ein Bündel verschiedenster Einzelkonflikte dargestellt, die ihre Ursachen haben in

– der verzerrten sozialen Entwicklung...
– den politischen Radikalismen, zunächst von links
– und in der Antwort darauf auch von rechts
– der traditionellen Neigung zur Selbstjustiz
– ...dem heutigen Wachstum und den Wanderungsbewegungen der Bevölkerung...
– und als neuestem, mittlerweile beherrschendem Phänomen der mit Drogenhandel und -herstellung einhergehenden Kriminalität.›

(Gesprächsergebnisse und Interpretation der Botschaft an das Auswärtige Amt über eine Reise von vier Mitgliedern des Unterausschusses für Menschenrechte nach Kolumbien, 6.4.1989)

‹Die Menschenrechtslage in Kolumbien sei gekennzeichnet durch verstärkte Aktivitäten der Guerilla, durch zunehmende – zum Teil politische – Morde und Mordanschläge, blutige Gewaltakte der Rauschgiftmafia und durch ein Ansteigen der allgemeinen Gewaltkriminalität. Die Urheberschaft für einzelne Menschenrechtsverletzungen sei oft schwierig.› (Vertreter des Auswärtigen Amtes im Unterausschuß für Menschenrechte, 2.12.1987)

(...)

7. Die Nachsicht gegenüber den Verbrechen rechtsgerichteter Militärs und Sicherheitskräfte und entlassener Mitglieder dieser Einheiten (Todesschwadronen) korrespondiert mit der Verurteilung der Guerilla und harter Kritik an den Kräften der politischen Linken im Land, wobei i. d. R. auf eine Unterscheidung zwischen bewaffneter Guerilla und zivil-politischer linker Opposition verzichtet wird. (...)

‹Die extreme Linke, die bisher schon durch eine Reihe von Fassadenorganisationen (Gewerkschaften, Menschenrechtsorganisationen) geschützt worden war, kann mittlerweile nicht nur auf Parlamentsabgeordnete der UP, sondern auch auf 19 UP-Bürgermeister zählen, die in den Wahlen im März frei gewählt wurden. Ferner haben die Guerillaorganisationen EPL und ELN ihre eigenen ‚brazos políticos' (politische Arme, d. V.) in den Bewegungen ‚Fuerza Popular' und ‚A Luchar' gegründet (die im Sommer 1988 mit der UP ein Aktionsbündnis eingegangen sind). Dies schwächt die Fähigkeit des demokratischen Rechtsstaates zur Selbstverteidigung nicht unerheblich.› (Botschaftsbericht 28. 12. 1988)

Unabhängig davon, daß offensichtlich laut Botschafter Schlaich die Demokratie dort ihre Grenzen haben soll, wo linke Kräfte sie beanspruchen wollen und an ihr teilhaben, hat die mangelnde Unterscheidung zwischen bewaffneter Linker und ziviler Opposition für die Betroffenen in Kolumbien gravierende Folgen. Botschafter Schlaich verwechselt Ursache und Folge, wenn er die Opfer der Menschenrechtsverletzungen wie die zahlreichen ermordeten UP-Mitglieder und Gewerkschafter für die Gewalteskalation verantwortlich macht.

(...)

8. Zur Legitimierung der eigenen Politik werden die Kritiker der Menschenrechtsverletzungen – wie amnesty international – kritisiert. Zur Aufrechterhaltung der eigenen, unhaltbaren Position werden ihre Berichte als politisch interessierte Aussagen im Dienst der Linken abgetan.

‹Offenkundig ist darüber hinaus, daß die Darstellung des ai-Berichts sich völlig mit den Darstellungen der (kommunistischen) Unión Patriótica, der linken Gewerkschaft CUT und deutlich weit links stehenden Menschenrechtsorganisationen wie ASFADDES (Organisation der Familienangehörigen der Verschwundenen und Verhafteten Kolumbiens) deckt ... Zusammenfassend ist daher festzustellen, daß ... im Gegensatz zur Auffassung von ai den Streitkräften Kolumbiens nicht die umfassende Verantwortung für die Menschenrechtslage zugewiesen werden kann. Aus dem Gesamtbild ergibt sich indessen der Verdacht, daß ai sich, sehr zum Nachteil der von ihr verfolgten Ziele, in die parteipolitische Argumentation der linksextremen und undemokratischen Kräfte im Lande hat einbinden lassen.› (Botschaftsbericht 28. 12. 1988)

Der Wirklichkeit weitaus näher kommt die Behauptung, daß sich die Analysen von Botschafter Schlaich fast wörtlich mit Vorgaben und Ausführungen von Mitgliedern der kolumbianischen Regierung decken und der begründete Verdacht naheliegt, daß Schlaichs Informationsquellen in nicht unerheblichem Umfang aus Armee- und Polizeikreisen stammen. Die politische Befangenheit und ideologische Ausrichtung der ‹Analysen› liegt eher auf der Seite der Bundesregierung und vor allem der Botschaft selbst.»

Die bundesdeutsche Botschaft in Kolumbien

Die Botschaft in Bogotá ist eine der zentralen Informationsquellen der Bundesregierung über die Menschenrechtslage in Kolumbien. Sie liefert nicht nur konkrete Details zu Ereignissen, sondern auch generelle politische Einschätzungen der Situation als Grundlage für das politische Verhalten der Bundesregierung. Mit falscher und verzerrter Berichterstattung vertritt Botschafter Schlaich in der Frage der Menschenrechte völlig unkritisch die Position der kolumbianischen Regierung und beeinflußt auf diese Weise nachhaltig die Einstellung der Bundesregierung.

Daß die bundesdeutsche Botschaft nicht das geringste Interesse an der Vermittlung eines objektiven Bildes über die Menschenrechtssituation in Kolumbien hat, beweist ihr skandalöses Verhalten während der Delegationsreise des Unterausschusses für Menschenrechte und humanitäre Hilfe des Deutschen Bundestages im März/April 1989. Nicht nur, daß das offizielle Besuchsprogramm der Botschaft einseitig auf Kontakte mit regierungsnahen Gesprächspartnern ausgerichtet wurde, um die Anstrengungen der kolumbianischen «Demokratie» vorzuführen. Als der Bundestagsabgeordnete der Grünen, German Meneses, um eine Erweiterung des offiziellen Programms nachsuchte und Kontakte mit unabhängigen Menschenrechtlern, Gewerkschaftern und Linksoppositionellen vorschlug, denunzierte der Botschafter zudem zahlreiche Organisationen aus dem kolumbianischen Oppositionsspektrum als «Guerilla-nahe Gruppen» und verweigerte den Abgeordneten via Telex die Besuchstermine mit folgender Begründung:

Es handele sich bei den gewünschten Organisationen um Gruppen, «die fast durchweg der linksextremen, guerillanahen Opposition nahestehen... Wie erwähnt, stehen diese Organisationen wiederum politischen Gruppen nahe..., welche ihrerseits als ‹politische Arme› der verschiedenen Guerillagruppen angesehen werden. Dies gilt selbst für die KP Kolumbiens und die linke Sammelpartei UP (die beide zur größten Guerillaorganisation FARC enge Verbindung pflegen).»

Unter den von Meneses gewünschten Gruppen, so führt die Kolumbien-Koordination Hamburg aus, «befanden sich das Rechtsanwältekollektiv, das Solidaritätskomitee mit den politischen Gefangenen, die große Bauernorganisation ANUC und die Indianerorganisation ONIC, der größte Gewerkschaftsverband CUT, das Sozialforschungsinstitut der Jesuiten CINEP, die Organisation der Angehörigen der Verschwundenen ASFADDES, sowie das linke Parteienbündnis im kolumbianischen Parlament, die Unión Patriótica.

Viele der genannten Gruppen unterhalten enge Kontakte zu Organisationen in der BRD. So wird das kirchliche Menschenrechtsinstitut CINEP von der Bonner Evangelischen Zentralstelle für Entwicklungshilfe mit Geldern der Bundesregierung unterstützt. Die Verschwundenenorganisation ASFADDES unterhält u. a. Kontakte zu Justitia et Pax der katholischen Kirche. Die Generalsekretärin von ASFADDES, Janet Bautista, berichtete am 9.3. 1988 dem Unterausschuß für Menschenrechte über die Lage in Kolumbien und erbat Hilfe vom Deutschen Bundestag. Noch im April empfing der Vorsitzende des Unterausschusses, der CDU-Abgeordnete Friedrich Vogel, sowie das Auswärtige Amt den Parlamentsabgeordneten der Unión Patriótica Pedro Alcántara in Bonn. Die Gewerkschaftszentrale CUT pflegt Beziehungen zu hiesigen DGB-Gewerkschaften. Der CUT-Präsident und ehemalige Arbeitsminister Jorge Carillo war im Mai 1989 als Gast der Friedrich-Ebert-Stiftung in der Bundesrepublik. Alle genannten Gruppen gehören im weitesten Sinne der linksorientierten zivilen Opposition an, deren Mitglieder den größten Anteil der Opfer politischer Morde stellen.

‹Oppositionelle in die Nähe der Guerilla zu rücken, kann für diese unter den gegenwärtigen Bedingungen in Kolumbien eine akute Gefahr für Leib und Leben sein›, so amnesty international über die generelle Lage der Opposition. ‹Häufig ist es in der Vergangenheit so gewesen, daß Übergriffe von Todesschwadronen auf Oppositionelle mit eben dieser angeblichen Nähe zur Guerilla begründet wurden.›

Kontakte zu diplomatischen Vertretungen wie zur bundesdeutschen Botschaft könnten eine gewisse Schutzfunktion für die Betroffenen darstellen. Doch Botschafter Schlaich verweigert dies beständig, was nicht nur kirchliche Einrichtungen in der BRD verlauten ließen, sondern auch kolumbianische Oppositionelle beklagen. Die Angehörigen der Verschwundenen – ASFADDES – antworteten auf Nachfrage der Kolumbiengruppe in der BRD in einem Brief vom 27.4. 1989, daß sie anläßlich des Besuchs der Bundestagsdelegation des Unterausschusses für Menschenrechte im März 1989 die Botschaft um einen Gesprächstermin gebeten hatten. ‹Trotz unserer wiederholten Bitten hat uns die Botschaft jedoch kein Treffen ermöglicht.›»

Neben der verantwortungslosen und für die Betroffenen lebensgefährlichen Verleumdung der kolumbianischen Opposition machte der Botschafter auch keinen Hehl aus seiner diskriminierenden Haltung gegenüber bundesdeutschen Oppositionsparteien: Im Gespräch mit Abgeordneten der Liberalen Partei Kolumbiens bezeichnete er die Grünen als eine «Sandía-Partei (Wassermelonen-Partei): grün nach außen, aber rot nach innen». Mit ihnen verliere man nur seine Zeit.

Wirtschaftliche «Zusammenarbeit»

Der schmutzige Krieg stört die «freundschaftlichen Beziehungen» zwischen den Regierungen in Bonn und Bogotá wenig. In seinem «Länderbericht Kolumbien» verlautbarte das Bundesministerium für wirtschaftliche Zusammenarbeit im Mai 1989:

«Die Bundesrepublik Deutschland und Kolumbien sind durch eine lange und traditionelle Freundschaft verbunden, wozu u. a. die qualifizierte Einwanderung, die deutschen Industrien, kulturelle Einrichtungen und schließlich die umfangreiche entwicklungspolitische Zusammenarbeit beigetragen haben. Bilaterale politische Probleme bestehen nicht. Kolumbien hat die Anliegen der Bundesrepublik in internationalen Organisationen – nicht selten auf der Basis der Gegenseitigkeit – unterstützt. (...)

Die Bundesrepublik Deutschland blieb auch 1988 zweitwichtigster Handelspartner Kolumbiens (nach den USA) und dessen größter Kaffeekäufer. (...)

Außer Kaffee werden vornehmlich Bananen, Blumen, Tabak und Baumwolle importiert.»

Seit 1965 erhielt Kolumbien 350 Mio. DM Kapitalhilfe als Entwicklungshilfekredit und eine in etwa gleich hohe Summe als technische Hilfe. Die stattliche Entwicklungshilfe, die vor allem die infrastrukturelle Erschließung Ost-Kolumbiens zum Ziel hat, dient laut Außenminister Genscher der Lösung «wirtschaftlicher und sozialer Strukturprobleme». Er bestätigte im März 1988 seinem Amtskollegen in Kolumbien: «Wir sind zu weiterem Engagement auf dem Gebiet bereit.»

Wie dieses bundesdeutsche «Engagement» in Kolumbien bisher aussah, verdeutlichen die Untersuchungen der Kolumbien-Koordination Hamburg vom März 1989:

«Polizeihilfe zwecks Rauschgiftbekämpfung

‹Das Bundeskriminalamt hat Ausbildungshilfe in Form von drei Kursen von jeweils dreizehnmonatiger Dauer für je zwei kolumbianische Polizeibeamte geleistet (Sprachausbildung und Fachausbildung auf dem Gebiet der Rauschgiftbekämpfung)› (Antwort der Bundesregierung vom 25.6.1987 auf eine Kleine Anfrage der Grünen). Die Kurse liefen in den Jahren 1983 bis 1989 und dienten ‹sowohl der Verbesserung der kriminalistischen Ausbildungsstandards der kolumbianischen Polizei als auch der Beschleunigung des erforderlichen Informationsaustausches zwischen deutschen und kolumbianischen Behörden bei der Bekämpfung der Rauschgiftkriminalität.› (Bundesministerium für wirtschaftliche Zusammenarbeit, 8.2.1989) Was aus den in der BRD ausgebildeten Polizisten geworden ist, wo und was sie arbeiten, weiß die Bundesregierung nicht. (Antwort vom 7.2.1989 auf eine Kleine Anfrage der Grünen)

Am 13. April 1988 teilte die Bundesregierung im Innenausschuß des Bundestages mit, daß für 1988 – wie im Haushalt geplant – 100000 DM für die kolumbianische Polizei zum Kauf von technischen Geräten zwecks Rauschgiftbekämpfung vorgesehen seien. Einzelheiten der Förderung sollten durch einen Informationsbesuch von zwei BKA-Beamten nach Kolumbien 1988 geklärt werden. Nach Presseveröffentlichungen, die auf das Thema aufmerksam machten, und Anfragen der Grünen an die Bundesregierung teilte das Bundesinnenministerium am 2.12. 1988 mit, daß die 1988 geplante Ausrüstungshilfe an Kolumbien ‹nach einer zwischenzeitlichen Prüfung in diesem Jahr und auch 1989 nicht weiter verfolgt› wird. Der vorgesehene Besuch der BKA-Beamten sei entfallen.

Rüstungsexport

Am 14.6. 1982 wurden in Kiel bei den Howaldtswerken-Deutsche Werft AG (HDW) zwei Kriegsschiffe (Korvetten) von der Gattin des kolumbianischen Präsidenten Turbay Ayala feierlich getauft. Die Auslieferung von vier Korvetten (Almirante Padilla FS-1500) an Kolumbien erfolgte 1983/84. Sie waren zusätzlich mit vier Hubschraubern BO-105 CB der Firma Messerschmidt-Bölckow-Blohm (MBB) ausgerüstet. Die Ausbildung von 95 Besatzungsmitgliedern der Marine an den Korvetten fand bei der HDW statt.

Bereits 1975 hatte Kolumbien zwei U-Boote (1200 t, Typ 209) aus der BRD erhalten, die von der HDW und dem Ingenieurkontor Lübeck (IKL) gebaut worden waren. Die Armee verfügt darüber hinaus über 120 Radpanzerwagen (Typ Cascavel EE 9) und 80 Radpanzer (Typ Urutu EE 11) sowie mehrere schwere Militärlastwagen der brasilianischen Firma ENGESA, die mit Motoren von Daimler-Benz ausgerüstet sind. Daimler-Benz und Volkswagen lieferten Lastwagen und Jeeps für die Armee.

Bundesdeutsche Kredite für die Aufrüstung

Am 10. 5. 1984 veröffentlichte die kolumbianische Zeitung *De Frente*, daß Regierung und Verteidigungsministerium Kolumbiens während der Jahre 1973 bis 1983 Auslandskredite im Wert von 645 Mio. US-Dollar für Anschaffungen und Programme von Armee und Polizei aufgenommen haben.

Die Kredite kamen auch aus der BRD:

– Siemens gab 1975 für die Installierung von Kommunikationseinrichtungen für Armee und Polizei 3,68 Mio. Dollar; 1977 nochmals 7,16 Mio. Dollar, 1983 nochmals 8,81 Mio. Dollar;

– die Ferrostahl AG gab 1978 für Anschaffungen der Marine 4,87 Mio. Dollar und 1980 nochmals für denselben Zweck 1,37 Mio. Dollar. Für den Kauf der vier Korvetten aus Kiel gab Ferrostahl 222,1 Mio. Dollar, was 90 Prozent des Preises ausmachte.

– Die Bayrische Vereinsbank gab 1980 für die Reparatur von französischen Mirage-Jägern 5,84 Mio. Dollar und 1982 9,98 Mio. Dollar für die Marine;

– die bundeseigene Kreditanstalt für Wiederaufbau gab für zwei Forschungsschiffe der Marine 1980 15,88 Mio. Dollar;

– Die Berliner Handels- und Frankfurter Bank gab 1982 für Antiaufstandsbekämpfungsausrüstung für die Polizei 21 Mio. Dollar und 1983 1,5 Mio. Dollar für Kommunikationseinrichtungen von Armee und Polizei.

Heckler und Koch

Die kolumbianische Armee war bis in die achtziger Jahre mit dem bundesdeutschen Standardgewehr G 3 der Oberndorfer Waffenfirma Heckler und Koch ausgerüstet. Die Munition für das G 3-Gewehr wird von den Militärs in Kolumbien selbst hergestellt. Das Geschäft für die Bundesdeutschen ließ nach, als Israel den kolumbianischen Waffenmarkt betrat und nach und nach das G 3 durch das israelische Galil-Gewehr ersetzt wurde. Bevor es zwischen Israel und Kolumbien zur Vertragsunterzeichnung kam, offerierte Heckler und Koch dem Verteidigungsministerium, in Kolumbien selbst das G 3-Gewehr herzustellen, um von da aus den lateinamerikanischen Markt zu beliefern. Die Regierung lehnte das Angebot ab, Heckler und Koch eröffnete die Waffenproduktion in Mexiko. Das Büro in Bogotá wird weiter unterhalten, denn Heckler und Koch hat einen Wartungsvertrag mit dem Verteidigungsministerium, um die verbleibenden Gewehre G 3 der Armee zu ‹betreuen›.

Im Januar 1989 wurden rund zehn Tonnen Waffen in Jamaika entdeckt, die als Schmuggelware für Kolumbien bestimmt und in Portugal eingeschifft worden waren. Die kolumbianische Armee behauptete, die Waffen seien von der Drogenmafia bezahlt und für die Guerillagruppe FARC bestimmt gewesen. Die Guerilla dementierte. Der größte jemals in Kolumbien entdeckte Waffenschmuggel bestand u. a. aus G 3-Gewehren, Mörsern und Munition, die laut kolumbianischer Presse und dem Monitor-Dienst (11.1.89) aus der Produktion von Heckler und Koch stammten. Heckler und Koch dementierte dies energisch, räumte jedoch ein, daß Teile des G 3 per Lizenzvertrag in Portugal produziert werden, von wo die Waffen verschifft wurden.

Das Auswärtige Amt, das aufgrund der Verdächtigungen gegen die bundesdeutsche Waffenfirma ebenfalls mit dem Fall betraut war, vermutete inoffiziell, daß die Waffen nicht für die Guerilla, sondern für die Drogenmafia bestimmt gewesen seien.

Bundesdeutsche als Ausbilder bei Paramilitärs?

Am 19. 10. 1988 fand im kolumbianischen Kongreß eine Debatte über die Verflechtung von Drogenhändlern, Großgrundbesitzern und Militärs statt. Dort wurde eine Untersuchung der kolumbianischen Sicherheitsbehörde DAS veröffentlicht, die detaillierte Angaben über die Organisierung, Finanzierung und Ausbildung von Killerbanden (Todesschwadronen) in der Region Magdalena Medio im Dienste der Drogenmafia und Großgrundbesitzer machte. In die Organisierung der Todesschwadronen verwickelt waren nicht nur örtliche Polizeikommandanten, sondern auch ausländische Ausbilder für die Killer.

Nachweislich beteiligt sind: US-Amerikaner, Israelis und Bundesdeutsche.

Auf Nachfrage der Grünen antwortete die Bundesregierung am 7.2. 1989, daß sie keinerlei Kenntnis über die Beteiligung Bundesdeutscher an der Ausbildung von Todesschwadronen in Kolumbien habe, zu dem Sachverhalt insgesamt nichts sagen könne und ebenfalls keine ‹abschließenden Erkenntnisse› über die Verbindung von bundesdeutschen rechtsextremen Kreisen zur Drogenmafia und den Paramilitärs in Kolumbien vorliegen habe. Bereits am 7.12. 1988 teilte das Auswärtige Amt einem Abgeordneten mit, daß die Deutsche Botschaft schon über die ‹Beteiligung Deutscher an der Ausbildung krimineller paramilitärischer Organisationen in Kolumbien berichtet hat›. Die Bundesregierung prüft inzwischen weiter, ob sie aktiv werden soll.»

«SCHREIBEN UNS DIE REGELN DER DIPLOMATIE WIRKLICH VOR, MIT VERTRETERN VON REGIERUNGEN, DIE IHRE MACHT AUF FOLTER BAUEN, SO FREUNDSCHAFTLICH UND FORMVOLLENDET HÖFLICH UMZUGEHEN, ALS WÜSSTEN WIR VON NICHTS?»

(Ex-Innenminister Hans Matthöfer)

Das internationale Schweigen hat die Ermordung und Verschleppung Tausender in Kolumbien begünstigt und wird es weiterhin tun, wenn nicht äußerer Druck von Regierungen wie der unsrigen zu einer Beendigung der Massaker ausgeübt wird. Der Protest der bundesdeutschen Öffentlichkeit wäre ein wirksames Mittel, um die gleichgültige Haltung der Bundesregierung in der Frage der Menschenrechte zu verändern. Die kolumbianische Bevölkerung erhofft und erwartet diese Solidarität von uns.

Urs Fiechtner – Solange . . .

Solange die Verschleppten nicht
eines Morgens an die Tür klopfen
und sagen ich bin gesund und am Leben
Solange die Ermordeten nicht
ein anständiges Grab finden und
ihre Mörder einen gerechten Prozeß
Solange die Komplizen nicht
vertrieben werden von einer Hand
aus unendlichen Schreien
Solange die Geschundenen nicht
ihre Narben sehen und sagen können
daß es sich niemals wiederholen wird
nie wieder, und
es sagen können in allen unseren Sprachen
auf jedem Territorium
für alle Zeit
Solange die Kinder nicht
Gewißheit haben
daß ihre Eltern weder Täter waren
noch Opfer
weder schweigsame Ignoranten sind
noch Opfer

Solange wird es keinen Frieden geben
und nichts darf verziehen werden
und nichts vergessen.
Nichts wird in Ordnung sein.

Bis wir die Narben sehen
und sagen können
daß es sich niemals wiederholen wird.

Danksagung

Das kolumbianische Anwaltsbüro «José Alvear Restrepo» und zahlreiche Menschenrechtsgruppen in Kolumbien haben mir für dieses Buch wichtige Unterlagen und Dossiers zur Verfügung gestellt. Sehr hilfreich waren auch die Materialien der Kolumbien-Komitees West-Berlin und Nürtingen, der Kolumbien-Koordination Hamburg und der amnesty-Kolumbien-Ko.-Gruppe in West-Berlin. Gudrun Tiemann-Urban unterstützte mich engagiert bei Übersetzungs- und Schreibarbeiten und stand mir mit inhaltlicher Kritik und Anregungen zur Seite, Alfred Urban besorgte die technische Gestaltung des Manuskripts. Thomas Becker war mir als Lektor und kenntnisreicher Berater eine große Hilfe.
Ihnen allen gebührt mein herzlicher Dank.

Literatur

KAI AMBIS: Terrorismo y Ley, Peru 1989

America's Watch: The MAS case in Colombia. Taking on the Death Squads, New York 1983

amnesty international: Jahresberichte 1979, 1986, 1988

amnesty international: Kolumbien – ein Land im Ausnahmezustand, Frankfurt 1988

amnesty international: Nicht die Erde hat sie verschluckt, Frankfurt 1982

OLGA BEHAR: Las guerras de la paz, Bogotá 1985

VICTOR DANIEL BONILLA: Los Indigenas y los Derechos, Bogotá 1988

WALTER J. BRODERICK: Camila, el cura guerillero, Bogotá 1987

Bundesministerium für wirtschaftliche Zusammenarbeit: Länderbericht Kolumbien, Mai 1989

ALFREDO VAZQUEZ CARRIZOSA: La Filosofia de los derechos humanos, Bogotá 1989

ALFREDO VASQUEZ CARRIZOSA: Politica Internacional y Proceso de Paz, Bogotá 1987

FABIO CASTILLO: Los jinetes de la cocaina, Bogotá 1988

CINEP (Centro de Investigacion y Educacion Popular), *Cien dias*, 1988–1990

Comision Andina de Juristas: Coca, Cocaina y Narcotrafico, Lima 1989

Comision Andina de Juristas: Colombia – El derecho a la justicia, Lima 1988

Comision de estudios sobre la Violencia: Colombia, Violencia y democracia, Bogotá 1988

Colombia Hoy, 1988–1990

Corporación Colectivo de Abogados: Los derechos universales, Bogotá 1986

DANE: Buletin Mensual de Estadistica, 1988–1990

RAINER DOMBOIS: Coca, Recht und Gewalt, Frankfurt 1988

RAINER DOMBOIS: Kokainökonomie in Kolumbien, in: *Mehrwert*, Zeitschrift für politische Ökonomie, Nr. 31

URS FIECHTNER: Am Rande, Tübingen 1984

EDUARDO GALEANO: Die offenen Adern Lateinamerikas. Die Geschichte eines Kontinents von der Entdeckung bis zur Gegenwart, 5. Aufl., Wuppertal 1986

Eduardo Galeano: Erinnerungen an das Feuer. Das Jahrhundert des Sturms, Wuppertal 1989

Pena Gomez: Las dos tomas, Bogotá 1987

German Guzman, Orlando Fals Borda: La violencia en Colombia, Bogotá 1972

ila-info (Informationsstelle Lateinamerika), diverse Nummern

Salomón Kalmanovitz: Die Rauschgiftökonomie, in: *Solidaridad*, Nr. 100, Nov. 1988

Salomón Kalmanovitz: Economía de la violencia, Bogotá 1985

Salomón Kalmanovitz: La economía del tráfico de cocaína, in: *cien días*, Nr. 6, Juni 1989

Kolumbien-Flugblatt der Kolumbien-Koordination Hamburg, März 1989/Juni 1989

Kolumbien-Rundbrief, diverse Nummern

Lateinamerika-Nachrichten, diverse Nummern

Josef Lawoezki: Simon Bolívar, Köln 1981

Carlos Pizarro Leon-Gomez: Guerra a la Guerra, Bogotá 1988

Libro Negro de la Represion: Frente Nacional 1958–1974, Bogotá 1974

Liga Colombiana y Colectivo de Abogados: El camino de la niebla, Bogotá 1988

Angelika Löw: «Was wird aus uns, wenn keine sich wehrt?» Kolumbien: Die alltäglichen Kämpfe der Frauen, Reinbek 1982

Eduardo Umana Luna: La Tramoya Colombiana, Bogotá 1988

Eduardo Umana Luna: Los derechos humanos en Colombia, Bogotá 1985

Gabriel Garcia Marquez: Hundert Jahre Einsamkeit, Köln 1967

Klaus Meschkat, Petra Rhode, Barbara Töpper: Kolumbien – Geschichte und Gegenwart eines Landes im Ausnahmezustand, Berlin 1983

Peter Mossmann: Campesinos und Ausbeutungsstrukturen im internationalen Konflikt. Das kolumbianische Beispiel, Saarbrücken 1979

Pogrom Nr. 28/1986, Report Nr. 14, Südamerikas Tieflandindianer, Teil 1

Bettina Reis: Die Provinzen sind erwacht, in *ila-info* (Informationsstelle Lateinamerika), März 1989

Solidaridad: Aportes Cristianos para la Liberacion, 1988–1990

Hartwig Weber: Die Opfer des Kolumbus: 500 Jahre Gewalt und Hoffnung, Reinbek 1982

Wolfgang Wimmer: Die Sklaven. Herr und Knecht – eine Sozialgeschichte mit Gegenwart, Reinbek 1979

Gloria Lucy Zamora: Los moradores de la represion, Bogotá 1983

Adressen

Amnesty International
Kolumbien-Koordinationsgruppe
I. Fernandez de Castillejo
Emdenerstraße 47 a
1000 Berlin 21

Diözesanrat der Katholiken im
Bistum Aachen
Postfach 210
5100 Aachen

Fundación Amigos de la Paz
c/o Christlicher Friedensdienst
Rendelerstraße 9–11
6000 Frankfurt/Main 1

Kolumbiengruppe e. V.
–Kolumbienbüro–
Postfach 1347
7440 Nürtingen

Terre des Hommes Deutschland e. V.
Postfach 4126
4500 Osnabrück

Verein für entwicklungsbezogene
Bildung zu Kolumbien e. V.
Postfach 120517
5300 Bonn 1

Spendenkonto: 116464–506
BLZ: 37010050
Postgiroamt 5000 Köln

Dritte Welt

Aharon Barnea/Amalia Barnea
Freunde trotz Terror und Tod
Der Israeli und der Palästinenser
(12259)

Claus Biegert (Hg.)
Der Erde eine Stimme geben
Indianische Welten. Texte von
Indianern aus Nordamerika.
Lesebuch (5219)

Willy Brandt (Hg.)
Hilfe in der Weltkrise
Ein Sofortprogramm
Der 2. Bericht der
Nord-Süd-Kommission (5238)

Gisela Frese-Weghöft
Ein Leben in der Unsichtbarkeit
Frauen im Jemen (5645)

Susan George
Sie sterben an unserem Geld
Die Verschuldung der Dritten Welt
(12316)

Ivesa Lübben/Käthe Jans
Kinder der Steine
Vom Aufstand der Palästinenser (12556)

12381

12734

Herausgegeben
von
Ingke Brodersen

aktuell rororo

C 2373/2 a

frauen aktuell

A. Baumgartner-Karabak/
G. Landesberger
Die verkauften Bräute
Türkische Frauen zwischen Kreuzberg und Anatolien (4268)

Martha Mamozai
Schwarze Frau, weiße Herrin
Frauenleben in den deutschen Kolonien (12506)

Saliha Scheinhardt
Träne für Träne werde ich heimzahlen
Kindheit in Anatolien (12234)

Awa Thiam
Die Stimme der schwarzen Frau
Vom Leid der Afrikanerinnen (4840)

Ruth Weiss (Herausgeberin)
Frauen gegen Apartheid
Zur Geschichte des politischen Widerstandes der Frauen (5914)

Barbara Yurtdas
Wo mein Mann zuhause ist . . .
Tagebuch einer Übersiedlung in die Türkei (5137)

12380

12789 (Sept.'90)

Herausgegeben von Ingke Brodersen
Begründet von S.v. Paczensky

frauen rororo aktuell

C 2078/10 b

Soziale Konflikte

Frank Matakas
Sprünge in der Seele
Psychische Erkrankungen und was man dagegen tun kann
Ein Handbuch (12516)

Klaus Pacharzina (Herausgeber)
AIDS
und unsere Angst (5741)

Christine Swientek
«Ich habe mein Kind fortgegeben»
Die dunkle Seite der Adoption (5119)
Das trostlose Leben der Karin P.
Geschichte einer Pennerin (5633)
Wenn Frauen nicht mehr leben wollen
Frauen aktuell (12785) Juni '90

Jürgen Wolff/Sabine Mehlem/
Stefan Reiß
Rechtsratgeber AIDS
Konfliktfälle im Alltag (12471)

12553

12517

Herausgegeben
von
Ingke Brodersen

rororo aktuell

C 2009/13

Blickpunkt DDR

Rolf Henrich
Der vormundschaftliche Staat
Vom Versagen des real existierenden Sozialismus
aktuell essay 12536 / DM 20,–

Walter Janka
Schwierigkeiten mit der Wahrheit
aktuell essay 12731 / DM 10,–

Charles Schüddekopf (Hg.)
«Wir sind das Volk!»
Flugschriften, Aufrufe und Texte einer deutschen Revolution
sachbuch 8741 / DM 12,80

Hubertus Knabe (Hg.)
Aufbruch in eine andere DDR
Reformer und Oppositionelle zur Zukunft ihres Landes
aktuell 12607 / DM 11,80

Michael Naumann (Hg.)
«Die Geschichte ist offen»
DDR 1990: Hoffnung auf eine neue Republik
aktuell 12814 / DM 9,80

Robert Havemann
Die Stimme des Gewissens
Texte eines Antistalinisten
aktuell essay 12813

AKTUELL rororo

C 2384/2